Fidel Castro **Reflexionen**

D1930158

Fidel Castro

Reflexionen

herausgegeben von Heinz Langer

mit einem Vorwort von Gerardo Peñalver,
Botschafter der Republik Kuba

2008 • Verlag Wiljo Heinen, Berlin

Inhalt

Kuba

An die deutschen Leser

Ein Staatsmann und Führer der Dritten Welt sagte einmal mit weiser Vernunft, dass Fidel die Fähigkeit hat, in die Zukunft zu gehen, um dann zurückzukommen und uns diese zu erläutern. Unser »Außenminister der Würde«, Raúl Roa, der die seltene Begabung hatte, eine reiche Kultur mit einer großen Volksweisheit zu verbinden, bezog sich auf unseren Comandante en Jefe[1], der »das Gras wachsen hört, wenn er es noch nicht sieht«. Er (Raúl Roa) charakterisiert damit die Eigenschaften und visionären Gaben des Führers der kubanischen Revolution.

Als Kubaner hatten wir während eines halben Jahrhunderts das Privileg, mit Fidel Castro einen Führer von weltweitem Format zu haben, der es verstand, den Willen eines Volkes zu formen und darauf zu richten, die möglichst gerechteste und humanistischste sozialistische Gesellschaft zu errichten. Und dieses nur 90 Meilen von der gewaltigen nordamerikanischen Macht entfernt, die uns während 50 Jahren angegriffen hat und mit ihren vergeblichen Anstrengungen zur Vernichtung der kubanischen Revolution schließlich gescheitert ist.

Fidel ist der Größte Kubaner des XX. Jahrhunderts, wie José Martí des XIX., und seit seiner Genesung zeigt er uns den Weg, um erfolgreich die Herausforderungen und Bedrohungen, die uns das XXI. Jahrhundert beschert, zu begegnen.

1 Oberkommandierenden

Wenn wir seine wegweisenden Reden lesen und – seit Kurzem – wenn wir die »Reflexiones del compañero Fidel« lesen, finden wir nicht nur meisterhafte Analysen über die kubanische und internationale Gegenwart, sondern auch vielfach Voraussagen, Prognosen und Besorgnis über die Zukunft der Menschheit.

Themen wie die globale Erwärmung, die Umweltverschmutzung, die widersinnige Nutzung von Lebensmitteln für Biotreibstoffe, die galoppierende Finanzspekulation – die heute droht, die Welt in eine Wirtschaftsdepression viel größeren Ausmaßes zu stürzen, als der Bankenzusammenbruch von 1929 – wie auch die Kriege für die Weltherrschaft und für die Kontrolle der Lagerstätten der immer kärglicher werdenden Kohlenwasserstoffe wurden von Fidel in seinen kürzlich verfassten Reflexionen vorausgesehen und verurteilt, einige von ihnen sind in dieser ersten Zusammenfassung veröffentlicht.

Auf dieser Weise wird es dem deutschen Leser möglich sein, seine Kenntnisse von den komplexen Erscheinungen der heutigen Welt, die wenig von den Massenmedien behandelt oder manipuliert worden sind, zu vertiefen. Die hier dargelegten Gedanken bieten überzeugende Argumente für eine breite Palette von Themen, die im Zentrum der Aufmerksamkeit der europäischen und deutschen öffentlichen Meinung stehen.

Am Vorabend des 50. Jahrestages des Sieges der kubanischen Revolution ist die Veröffentlichung dieser Reihe von Reflexionen in deutscher Sprache auch eine erneute und würdige Ehrung für denjenigen, der heute als ein Kämpfer der Ideen die Schlacht für die Festigung der kubanischen Revolution und für das Überleben der Menschheit in der Überzeugung fortsetzt, dass eine bessere Welt nicht nur möglich ist, sondern auch unumgänglich.

Ich wünsche Ihnen, dass Sie die Lektüre dieser Auswahl von Reflexionen Fidel Castros genießen und darüber nachsinnen, die Ihnen sicherlich interessant erscheint, sowie dazu beiträgt, Ihren Schatz an politischen, historischen und kulturellen Wissen zu bereichern.

S.E. Gerardo Peñalver
Botschafter der Republik Kuba in Deutschland
27. Oktober 2008

(Übersetzung: Heinz Langer)

Über die Reflexionen

Reflexion über die Reflexionen

Wenn sie kurz gefasst sind, haben sie den Vorteil, dass die einhundertundzwölf in unserem Land akkreditierten ausländischen Medien- und Pressevertretungen, die sie vorher erhalten, wichtige Bestandteile ihrer Texte veröffentlichen. Wenn sie ausführlich sind, habe ich die Möglichkeit, bestimmte Konzepte so tief greifend wie ich es möchte zu behandeln. Konzepte, die meines Erachtens wichtig sind, damit unser Volk, wichtigster Protagonist zur Abwehr jeglicher Aggression, und andere Länder unter ähnlichen Umständen ausreichend Argumente vermittelt bekommen, um sich ein Urteil bilden zu können. Dieses Dilemma bereitet mir viel Kopfzerbrechen.

Auch bin ich über den Platz besorgt, der hierfür auf den ersten Seiten unserer Presse verwendet wird und der so notwendig für die täglichen Aktivitäten der Nation ist.

Schlussfolgerung: Ich werde sie in kurze und ausführliche aufteilen. Wenn sie kurz sind, dann werden die Reflexionen im Voraus jenen Medien übergeben, die sie empfangen. Wenn sie ausführlich sind, werden sie nicht im Voraus übergeben, sondern auf irgendeiner inneren Seite der Zeitung *Granma*, als offiziellem Organ, veröffentlicht werden.

Wenn andere Medien der politischen und Massenorganisationen es möchten, können sie sie veröffentlichen, ohne ihre wichtigsten Plätze zu opfern.

Die Abteilung für ideologische Fragen der Partei und der Leiter des Staatsratsbüros können in konkreten Fällen irgendeine andere Variante vorschlagen.

Ich habe diese Arbeit nicht auf der Grundlage eines vorher erarbeiteten Programms begonnen, sondern aufgrund meines starken Bedürfnisses nach Verständigung mit dem wichtigsten Protagonisten unseres Widerstandes, in dem Maße wie ich die dummen Handlungen des Imperiums beobachte. Ich habe jetzt während der Dauer meiner Rehabilitation ein riesiges Bedürfnis zu studieren und nachzudenken, genau wie zu jener Zeit, die als fruchtbare Gefängniszeit bezeichnet wurde.

Fidel Castro Ruz
22. Juni 2007

Ich hoffe, mich nicht schämen zu müssen

Diese Zeilen werden morgen, am 29. Februar, veröffentlicht werden. Demnächst wartet eine Menge Aufgaben auf uns. Am Montag, dem 3., beginnt das 10. Internationale Treffen der Wirtschaftswissenschaftler über Globalisierung und Entwicklungsprobleme, an denen ich immer teilgenommen und bei denen ich verschiedene Standpunkte zum Ausdruck gebracht habe. Aufgrund der jetzigen internationalen Geschehnisse wird dieses sicherlich durch die Anwesenheit anerkannter Ökonomen, darunter einige Nobelpreisträger und zwei herausragende Staatschefs, von großer Tragweite sein.

Ich möchte bei dem, was ich heute schreibe, ein bestimmtes Thema ansprechen.

In diesen Tagen der freiwilligen Ruhepause habe ich eine Großzahl Agenturmeldungen sowohl von traditionellen Nachrichtenagenturen der Printmedien als auch über Internet gelesen. Darunter eine Meldung aus Kuba der BBC World-Website, die aufgrund ihres beleidigenden persönlichen Angriffs abstößt. Veröffentlicht am 25. Februar, einen Tag nach der Wahl des Staatsratsvorsitzenden, behauptet sie unter dem Titel *Die Last der Reflexionen* Folgendes:

»Es scheint so, als ob Fidel Castro die neue Regierung beruhigen wolle und so verspricht er, dass er mit den Meinungsäußerungen in seinen Leitartikeln ›vorsichtig sein werde‹, die in allen Medien des Landes, einschließlich Funk und Fernsehen, veröffentlicht werden.

Bei seinen Reflexionen macht er eine neue Bescheidenheitsübung, er bittet nicht nur darum, ihn ›Genosse Fidel‹ zu nennen, sondern ebenfalls, dass seine Schriften nicht auf den Titelseiten der offiziellen Tageszeitungen erscheinen, und besteht darauf, dass die anderen Medien nur eine Zusammenfassung bringen.«

»... Hierbei handelt es sich um eine reine Formalität; selbst wenn seine Reflexionen auf der Sportseite erscheinen würden, wäre ihr Gewicht deshalb nicht geringer. Sowohl im Inland als auf internationaler Ebene wird jeglicher Kommentar des ›Genossen Fidel‹ tiefgehend Widerhall finden.

In gewisser Weise ist es ein Damoklesschwert über den Köpfen der Führungskräfte. Sie alle wissen, dass es äußerst schwer wäre, irgendeine Politik voranzubringen, die öffentlich von Castro verurteilt werden würde ...«

»Die Beziehungen zwischen den Castro-Brüdern sind in Kuba ein Geheimnis, das mit den verschiedensten Gerüchten gewürzt ist ...«

»Es wird erzählt, dass sie sich allein eingeschlossen und mehrere Stunden so diskutiert haben, dass man das Geschrei Beider außerhalb von Fidels Büro hören konnte.«

»Nichts davon kann bestätigt werden, es gibt keine Beweise, nur angebliche Zeugen; aber in Kuba gilt, mehr als in jedem anderen Land, dass an jedem Gerücht etwas Wahres ist und dass der ›Buschfunk‹, die mündliche Informationsübermittlung, fast immer das Richtige trifft.«

Andere bedeutende Organe der großen US-amerikanischen Presse, *The New York Times*, *The Washington Post* und *The Wall Street Journal*, haben ihre Enttäuschung zum Ausdruck gebracht, aber ohne auf plumpe Beleidigungen zurückzugreifen.

Für Viele war unser Land wie ein hochgefahrener Dampfkessel kurz vor dem Explodieren. Das halbe Jahrhundert heldenhaften Widerstandes schockiert sie.

Die intelligenten und gelassenen Worte von Raúl, nachdem die 609 anwesenden Abgeordneten der Nationalversammlung ihn einstimmig zum Staatsratsvorsitzenden gewählt hatten, seine aufrichtigen Argumente, haben den Wirrwarr der bezüglich Kuba geschaffenen Illusionen entwirrt. Diejenigen, die sowohl Raúl als auch mich gut kennen, wissen, dass aufgrund eines elementaren Gefühls der Würde und Achtung solcherart Zusammenkunft nie stattfinden könnte. Es sind nicht Wenige, die wünschten, einen plötzlichen Zusammensturz der heldenhaften Revolution zu erleben, die ein halbes Jahrhundert der imperialistischen Aggression widerstand und weiter widersteht.

Jetzt hört man das Geheul der am Schwanz in der Falle hängenden Wölfe. Was für eine Wut verursacht bei ihnen besonders die Wahl von Machadito, Organisationssekretär der Kommunistischen Partei Kubas, als Erster

Vizepräsident, dem die Verfassung die Hauptaufgabe bei der Führung des Volkes zum Sozialismus erteilt.

Da in der Welt der Nebel und Protokolle das, was zählt, das Amt des Regierungschefs ist, und die Parteiorganisation als ein unerwünschter Eindringling angesehen wird, und so also ein inneres Prinzip, müsste für sie im spezifischen Fall von Kuba ausreichend sein zu wissen, dass Raúl über alle legale und verfassungsmäßige Befugnisse und Vorrechte verfügt, um unser Land zu regieren. Wie er selbst erläutert hat, wurde das von ihm inne gehabte Amt des Ersten Vizepräsidenten – und aus dem niemand verdrängt wurde – während des Prozesses zur Zusammenstellung der Einheits-Kandidatur mit mir beraten. Das beruhte nicht darauf, dass ich gefordert hatte, zu Rate gezogen zu werden; es war eine Entscheidung von Raúl und den hauptsächlichen Führungskräften des Landes, mich um Rat zu fragen. Es war aber meine Entscheidung den Ausschuss zur Aufstellung der Kandidatenliste aufzufordern, in die Liste für den Staatsrat Leopoldo Cintras Frías und Álvaro López Miera aufzunehmen, welche sich den Kämpfern der Rebellenarmee angeschlossen hatten, als sie gerade 15 Jahre alt waren. Beide sind viel jünger als McCain und haben größere Erfahrungen als Militärchefs, die sie bei siegreichen internationalistischen Großtaten bewiesen haben.

Polito hat die Schlacht von Cuito Cuanavale im Südosten und die Gegenoffensive im Südwesten geleitet, und zwar mit über 40000 freiwilligen kubanischen Kämpfern und über 30000 angolanischen Soldaten, welche die letzten Invasoren der Apartheid-Armee aus Angola vertrieben haben.

Die Regierung der Vereinigten Staaten hat die Voraussetzungen geschaffen, damit das rassistische Südafrika unter bestimmten Bedingungen die Atomwaffe gegen jene Truppen verwenden sollte.

López Miera hat sich einmal selbst bombardiert, als er in der Nähe von Luanda der mit Mehrfachraketenwerfern ausgerüsteten Artillerie befahl, auf die eigenen Positionen zu schießen, die von jenen südafrikanischen Kräften erstürmt und schon fast eingenommen worden waren, die Angola im Jahr 1975 zum ersten Mal überfielen.

Das Schachbrett verwies auf diese Varianten. Das beruhte weder auf angeblichen militaristischen Tendenzen von Raúl, noch ging es um verschiedene Generationen oder Parteien, die sich um die weltliche Macht rissen. Ich meinerseits bekräftige, dass ich, wie ich in der Botschaft an das Volk vom 18. Februar 2008 ausgedrückt habe, keinerlei Amt bekleide.

Zu denjenigen, denen der Atem ausgegangen ist, gehört der theoretische Vater der »Unabhängigkeit« von Kosovo. Bei meinen Reflexionen vom 22. Februar habe ich ihn als »eine erlauchte spanische Persönlichkeit, ehemals Minister für Kultur und jetzt untadeliger Sozialist und schon eine ganze Weile Sprecher der Waffen und des Krieges« beschrieben. (Er war außerdem, zu verschiedenen Zeitpunkten, Regierungssprecher, Minister für Erziehung, Bildung und Wissenschaft und Außenminister).

Was hat er gesagt? »Die gestrigen Nachrichten hätten offener, besser sein können. Ich bin mir nicht sicher, dass die Wende vom politischen Gesichtspunkt aus gesehen eingeleitet worden wäre... Alles das, was in Richtung einer politischen Wende zur Demokratie geht, ist willkommen.«

Er hat so gesprochen, als ob wir im Spanien des Francisco Franco, einem engen Verbündeten der Vereinigten Staaten, leben würden, und nicht in Kuba, wo sie über einhundert Milliarden Dollar investiert haben – die viel mehr Wert waren, als die jetzigen – um es der Blockade auszusetzen und zu zerstören.

Was für ein Mensch! Man kann ihn nicht zum Schweigen bringen! Wie heißt er? Die Podiumsgespräch-Sendung vor zwei oder drei Tagen hat die Sünde und den Sünder beim Namen genannt: Javier Solana.

Zu welcher Partei gehört er? Er ist Mitglied der Spanischen Sozialistischen Arbeiterpartei. Er würde nicht in unser Land reisen, da Kuba anlässlich des Krieges gegen die Serbische Republik die Welt dazu aufgerufen hat, ihn als Kriegsverbrecher vor ein internationales Gericht zu stellen. Als Außenminister von Spanien empfing er mich auf dem Madrider Flughafen anlässlich des 2. Iberoamerika-Gipfels, der in der Hauptstadt von Spanien abgehalten wurde. Er schien ein Engel zu sein!

Selbst Aznar, der Clinton angeraten hatte, den Fernsehsender von Serbien zu bombardieren, was den Tod von mehreren Dutzend Menschen verursacht hat, begreift, dass zum jetzigen Augenblick, am Vorabend der Wahlen, mit Vorsicht mit der Nationalitätenfrage umzugehen ist, denn jedermann versteht, dass sich bei so einem Präzedenzfall das Baskenland und Katalonien innerhalb der Europäischen Union auf solch ein Prinzip berufen könnten, und sie sind innerhalb von Spanien zwei der industriell am meisten entwickelten Nationen. Dasselbe können die Schotten und die Irländer tun.

Während sich das Schicksal der menschlichen Gattung in solchen Händen befindet, ist es so, als ob man fröhlich am Rande eines Abgrunds tanzen würde, wo der Dünkel von nicht Wenigen der Mächtigen der globalisierten kapitalistischen Welt herrscht, die alle Länder in Gefahr bringen. Die humanitären, erzieherischen und künstlerischen Werte, die von der Kubanischen Revolution, die sie zerstören wollen, mit ihren eigenen Mitteln erreicht wurden, bedeuten nichts für sie, wenn sie sich nicht der Tyrannei der freien Marktwirtschaft unterwirft. Diese und ihre blinden Gesetze sind es, welche die menschliche Gattung in eine unhaltbare Wirtschaftskrise versenken und in eine Veränderung der natürlichen Lebensbedingungen, die irreversibel werden können.

Um hiergegen zu kämpfen, schreibe ich Reflexionen. Vielleicht, wenn reichlich Zeit vorhanden wäre, wäre ich bereit Memoiren zu schreiben, um Erinnerungen aufzufrischen, die jetzt auf Reden, Interviews, Dialoge, Erklärungen, Versammlungen, Reflexionen und ähnliche Dinge verteilt sind. Ich habe Tonnen von Papier und Tonnen von Tonaufzeichnungen verbraucht – wenn ich das so symbolisch ausdrücken darf –, aber ich habe keinen Grund, mich zu schämen.

Fidel Castro Ruz
28. Februar 2008

»Eine sofortige Energierevolution ist unbedingt notwendig«

Mehr als 3 Milliarden Menschen auf der Welt durch Verhungern und Verdursten vorzeitig zum Tode verurteilt

Das ist keine übertriebene Zahl, eher eine vorsichtige. Ich habe viel darüber nachgedacht seit dem Treffen von Präsident Bush mit den US-amerikanischen Automobilherstellern.

Die unheilvolle Idee, die Nahrungsmittel in Kraftstoff zu verwandeln, wurde am vergangenen Montag, dem 26. März, endgültig als Wirtschaftsleitlinie der Außenpolitik der Vereinigten Staaten festgelegt.

Eine Kabelnachricht der AP, einer US-amerikanischen Nachrichtenagentur, die alle Winkel der Welt erreicht, lautet wörtlich wie folgt:

»WASHINGTON, 26. März (AP). Während einer Zusammenkunft mit Automobilherstellern, bei der den Plänen für Alternativkraftstoffe Impulse verliehen werden sollten, lobte Präsident Bush am Montag die Vorteile der Autos, die mit Äthanol und Biokraftstoff betrieben werden.«

Bush sagte, dass eine Übereinkunft der führenden einheimischen Automobilhersteller darüber, ihre Produktion der mit Alternativkraftstoffen betriebenen Fahrzeuge zu verdoppeln, helfen würde, dass die Autofahrer von den Benzinmotoren abkommen und sich damit die

Abhängigkeit des Landes vom importierten Erdöl vermindern würde.

»›Das ist ein großer technologischer Fortschritt für das Land‹, sagte Bush, nachdem er drei mit Alternativkraftstoffen betriebene Autos angeschaut hatte. Damit der Benzinverbrauch der Nation gesenkt werden kann, muss der Verbraucher die Möglichkeit haben, eine rationelle Entscheidung zu treffen.«

»Der Präsident drängte das Repräsentantenhaus, jene von der Regierung kürzlich vorgelegte Gesetzesvorlagen schnell zu verabschieden, die bis zum Jahr 2017 die Verwendung von 132 Milliarden Litern (35 Milliarden Gallonen) Alternativkraftstoffe anordnen und strengere Standards zur Kraftstoffeinsparung bei Autos auferlegen.«

»Bush hatte ein Treffen mit dem Vorstandsvorsitzenden und Generaldirektor der General Motors Corp, Rich Wagoner; dem Generaldirektor der Ford Motor Co., Alan Mulally und dem Generaldirektor der Gruppe Chrysler der Daimler Chrysler AG, Tom LaSorda.«

»Die Teilnehmer der Zusammenkunft diskutierten über Maßnahmen zur Unterstützung der Herstellung von Alternativkraftstoff-Autos, Versuche zur Äthanolherstellung ausgehend von solchen Quellen wie Rasen oder Sägemehl und einen Antrag zur Verminderung des Benzinverbrauchs um 20 % in zehn Jahren.«

»Diese Diskussionen fanden zu einem Zeitpunkt statt, an dem die Benzinpreise gestiegen sind. Eine kürzliche Studie der Organisation Lundberg Survey zeigte auf, dass der einheimische Durchschnittspreis für Benzin in den letzten zwei Wochen um 6 Cent pro Gallone (3,78 Liter) gestiegen ist, und zwar auf 2,61 Dollar.«

Ich meine, dass die Verminderung und außerdem das Recycling aller Strom und Kraftstoff verbrauchenden

Motoren eine elementare und dringliche Notwendigkeit der Menschheit insgesamt ist. Die Tragödie besteht nicht darin, diesen Energieverbrauch zu senken, sondern in der Idee, die Nahrungsmittel in Kraftstoff zu verwandeln.

Jetzt ist schon genau bekannt, dass eine Tonne Mais im Durchschnitt nur 413 Liter Äthanol (in Abhängigkeit der Dichtewerte) erzeugen kann, das entspricht 109 Gallonen.

Der Durchschnittspreis von Mais ab US-amerikanischen Häfen beträgt 167 Dollar pro Tonne. Es werden 320 Millionen Tonnen Mais benötigt, um 35 Milliarden Gallonen Äthanol zu erzeugen.

Angaben der FAO zufolge betrug die Maisernte von 2005 in den Vereinigten Staaten 280,2 Millionen Tonnen.

Obwohl der Präsident davon spricht, Kraftstoff ausgehend von Rasen oder Sägemehl zu erzeugen, kann jedermann begreifen, dass diese Worte absolut wirklichkeitsfremd sind. Man muss das verinnerlichen: 35 Milliarden Gallonen, das sind eine 35 und anschließend neun Nullen!

Dann werden wunderschöne Beispiele darüber angeführt, was die erfahrenen und gut organisierten Landwirte in den Vereinigten Staaten als Produktivität pro Person und pro Hektar erreichen: der Mais in Äthanol verwandelt; die Rückstände von diesem Mais in Viehfutter mit 26 % Protein verwandelt, die Exkremente der Tiere als Rohstoff zur Gaserzeugung verwendet. Natürlich wird alles das nach reichlichen Investitionen erreicht, die nur den mächtigsten Unternehmen möglich sind, bei denen sich alles um den Strom- und Kraftstoffverbrauch drehen muss. Wendet man dieses Rezept in den Ländern der Dritten Welt an, sieht man wie viele Menschen unter den Hunger leidenden Massen unseres Planeten dann keinen Mais mehr essen können. Oder noch schlimmer: Wenn man den armen Ländern Finanzierung zur Äthanolherstellung aus

Mais oder irgendeinem anderen Nahrungsmittel verleiht, dann wird kein Baum übrig bleiben, um die Menschheit vor dem Klimawechsel zu schützen.

Andere der reichen Länder der Welt haben vorgesehen, nicht nur Mais, sondern auch Weizen, Sonnenblumenkerne, Rapssamen und andere Nahrungsmittel zur Herstellung von Kraftstoff zu verwenden. Für die Europäer wäre es zum Beispiel ein gutes Geschäft, alle Sojabohnen der Welt zu importieren, um den Kraftstoffverbrauch ihrer Autos zu verringern und ihr Vieh mit den Rückständen dieser Hülsenfrucht zu ernähren, die besonders reich an jeder Art essenzieller Aminosäuren ist.

In Kuba wurden die Alkoholarten als Nebenprodukte der Zuckerrohrindustrie hergestellt, nachdem das Zuckerrohr dreimal ausgepresst wurde. Der Klimawechsel schädigt schon unsere Zuckerproduktion. Große Dürreperioden im Wechsel mit Rekordniederschlägen ermöglichen kaum eine Zuckerproduktion mit ausreichendem Ertrag über einhundert Tage während unseres sehr milden Winters, sodass aufgrund der langen Dürreperioden in den Aussaat- und Anbaumonaten nicht genügend Zucker pro Tonne Zuckerrohr erzeugt wird, oder nicht genügend Zuckerrohr pro Hektar.

Soweit ich weiß, wird der Alkohol in Venezuela nicht zur Ausfuhr bestimmt sein, sondern um die Umwelteigenschaften ihres eigenen Kraftstoffs zu verbessern. Deshalb, und unabhängig von der vorhandenen ausgezeichneten brasilianischen Technologie zur Alkoholherstellung, stellt für Kuba die Anwendung einer Technologie zur Alkoholherstellung direkt aus dem Zuckerrohrsaft nur einen Traum dar oder einen Fieberwahn derjenigen, die sich mit dieser Idee falsche Hoffnungen machen. In unserem Land können die zur direkten Alkoholerzeugung verwendeten Ländereien viel nützlicher zur Nahrungsmittelherstellung für die Bevölkerung und für den Umweltschutz genutzt werden.

Alle Länder auf der Welt, reiche und arme ohne jegliche Ausnahme, könnten Abermillionen Dollar an Investitionen und Kraftstoff sparen allein durch das Auswechseln aller Glühbirnen durch Leuchtstofflampen, etwas, das Kuba in allen Haushalten des Landes getan hat. Das würde eine Atempause bedeuten, um dem Klimawechsel standzuhalten ohne die armen Bevölkerungsmassen der Welt an Hunger sterben zu lassen.

Wie man beobachten kann, habe ich keine Adjektive verwendet, um das System und die Beherrscher der Welt zu beurteilen. Die ehrlichen Informationsexperten und Vertreter der sozioökonomischen und politischen Wissenschaften verstehen es ausgezeichnet dieser Aufgabe nachzukommen. Sie sind zahlreich auf der Welt und bohren ständig in der Gegenwart und Zukunft unserer Gattung nach. Es reicht ein Computer und die steigende Anzahl von Netzen im Internet.

Heutzutage kennen wir zum ersten Mal eine wirklich globalisierte Wirtschaft und eine auf wirtschaftlichem, politischem und militärischem Gebiet dominierende Macht, die dem Rom der Imperatoren überhaupt nicht ähnelt.

Manche fragen sich, warum ich über Hunger und Durst spreche. Darauf antworte ich: hierbei geht es nicht um die eine Kehrseite der Medaille, sondern um mehrere Kehrseiten von etwas anderem, wie es zum Beispiel bei einem Würfel mit sechs Seiten der Fall ist, oder bei einem Polyeder mit vielen Seiten.

Ich greife in diesem Fall auf eine öffentliche Nachrichtenagentur zurück, die 1945 gegründet wurde und im Allgemeinen gut über die wirtschaftlichen und sozialen

Probleme der Welt informiert ist: die TELAM[2]. Sie schreibt wörtlich wie folgt:

»Ungefähr 2 Milliarden Menschen werden in knapp 18 Jahren in Ländern und Regionen leben, wo das Wasser nur noch eine entfernte Erinnerung darstellt. Es kann sein, dass zwei Drittel der Weltbevölkerung an Orten leben werden, wo die Knappheit soziale und wirtschaftliche Spannungen solcher Größenordnung hervorruft, dass es zu Kriegen um das geschätzte ›blaue Gold‹ zwischen den Völkern kommen könnte.«

»Während der letzten 100 Jahre wies der Wasserverbrauch eine zweimal größere Wachstumsrate als das Bevölkerungswachstum auf.«

»Im Jahr 2015 wird gemäß Statistiken des Weltwasserrats (WWC in der englischen Abkürzung) die von dieser schwerwiegenden Situation betroffene Einwohnerzahl 3,5 Milliarden Menschen betragen.«

»Die Organisation der Vereinten Nationen hat am 23. März den Weltwassertag begangen und dabei dazu aufgerufen, ab diesem Tag der weltweiten Wasserknappheit unter Koordinierung der Organisation der Vereinten Nationen für Landwirtschaft und Ernährung (FAO) zu begegnen, um die wachsende Bedeutung der Wasserknappheit auf Weltebene hervorzuheben und die Notwendigkeit von mehr Integration und Zusammenarbeit zu unterstreichen, welche es ermöglichen, eine nachhaltige und effiziente Verwaltung der Wasserressourcen zu garantieren.«

»Viele Gebiete des Planeten leiden an kritischer Wasserknappheit und müssen mit weniger als 500 Kubikmetern pro Person jährlich auskommen. Immer mehr Gebiete leiden an chronischem Mangel an diesem vitalen Element.«

---

2 Nachrichtenagentur der Republik Argentinien

»Hauptsächliche Folgen dieser Wasserknappheit sind die ungenügende Menge dieser kostbaren Flüssigkeit zur Nahrungsmittelproduktion, die Unmöglichkeit der industriellen, städtebaulichen, touristischen Entwicklung und Gesundheitsprobleme.«

Soweit die Kabelnachricht von TELAM.

Ich habe es in diesem Fall ausgelassen, weitere wichtige Tatsachen zu nennen, wie die schmelzenden Eismassen von Grönland und der Antarktis, die Schäden der Ozonschicht und die zunehmende Menge an Quecksilber in vielen Fischarten, die gewöhnlich verzehrt werden.

Man kann noch andere Themen behandeln, aber ich beabsichtige mit diesen Zeilen nur, die Zusammenkunft von Präsidenten Bush mit den wichtigsten Führungskräften von US-amerikanischen Automobilgesellschaften zu kommentieren.

Fidel Castro Ruz
28. März 2007

Die Internationalisierung des Völkermords

Das Treffen von Camp David ist gerade zu Ende gegangen. Wir haben alle mit Interesse die Pressekonferenz der Präsidenten der Vereinigten Staaten und von Brasilien verfolgt, sowie die Nachrichten rund um dieses Treffen und die geäußerten Meinungen.

Bush sieht sich den Forderungen seines brasilianischen Gastes bezüglich der Zolltarife und Subventionen gegenüber, welche die US-amerikanische Äthanol-Erzeugung schützen und unterstützen, hat aber in Camp David keinerlei Zugeständnisse gemacht.

Präsident Lula schreibt das der Verteuerung des Mais zu, dessen Preis seinen Worten nach um mehr als 85 % gestiegen ist.

Die Zeitung *The Washington Post* hatte bereits den Artikel der höchsten Autorität Brasiliens veröffentlicht, in dem die Idee, Nahrungsmittel in Kraftstoff zu verwandeln, dargelegt wird.

Es ist weder meine Absicht, Brasilien zu verletzen, noch mich in Angelegenheiten der Innenpolitik dieses großen Landes zu einzumischen. Gerade in Rio de Janeiro, dem Austragungsort des Internationalen Umweltgipfels vor genau 15 Jahren, war es, wo ich mit Nachdruck in einer 7-minütigen Rede die Umweltgefahren anprangerte, welche die Existenz unserer Gattung bedrohten. Zu jenem Treffen war Bush Senior als Präsident der Vereinigten Staaten anwesend und applaudierte aus Höflichkeit jene Worte, wie alle anderen Präsidenten.

Niemand in Camp David hat die grundlegende Frage beantwortet. Wo und wer wird die mehr als 500 Millionen Tonnen Mais und anderer Getreidearten liefern, welche die Vereinigten Staaten, Europa und die reichen Länder benötigen, um die Anzahl Gallonen Äthanol zu erzeugen, welche die großen US-amerikanischen Unternehmen und die anderer Länder als Gegenleistung ihrer reichlichen Investitionen fordern? Wo werden die Sojabohnen, die Sonnenblumenkerne und Rapssamen angebaut werden, deren essentielle Öle eben jene reichen Länder in Kraftstoff verwandeln werden und wer wird dies tun?

Eine gewisse Anzahl Länder erzeugen und exportieren ihre Nahrungsmittelüberschüsse. Das Gleichgewicht zwischen Exporteuren und Verbrauchern war schon gespannt und so stiegen die Preise derselben. Um mich kurz zu fassen, habe ich keine andere Möglichkeit, als mich darauf zu beschränken, Folgendes aufzuzeigen:

Die fünf hauptsächlichen Erzeuger von Mais, Gerste, Moorhirse, Roggen, Hirse und Hafer, welche Bush in Rohstoff zur Äthanolerzeugung verwandeln will, beliefern, neuesten Angaben zufolge, den Weltmarkt mit 679 Millionen Tonnen. Gleichzeitig benötigen die fünf hauptsächlichen Verbraucher, von denen einige auch die größten Erzeuger dieser Körner sind, zurzeit jährlich 604 Millionen Tonnen. Der zur Verfügung stehende Überschuss schrumpft auf weniger als 80 Millionen Tonnen.

Diese kolossale Verschwendung an Getreide zur Kraftstofferzeugung, ohne die ölhaltigen Samen mit einzubeziehen, würde nur dazu dienen, den reichen Ländern weniger als 15 Prozent des Jahresverbrauchs ihrer gefräßigen Autos einzusparen.

Bush hat in Camp David seine Absicht erklärt, diese Formel im Weltmaßstab anzuwenden, was nichts anderes als die Internationalisierung des Völkermords bedeutet.

Der Präsident von Brasilien hat in seiner von *The Washington Post* am Vortag des Camp David-Treffens veröffentlichten Botschaft behauptet, dass weniger als ein Prozent der bebaubaren brasilianischen Ackerflächen dem gewidmet wird, Zuckerrohr zur Äthanolherstellung zu erzeugen. Diese Fläche ist fast das Dreifache derjenigen, die in Kuba verwendet wurde, als man fast 10 Millionen Tonnen Zucker erzeugte, vor der Krise der UdSSR und dem Klimawechsel.

Unser Land erzeugt und exportiert längste Zeit Zucker, erst auf der Grundlage der Arbeit der Sklaven, deren Zahl in den ersten Jahren des 19. Jahrhunderts bis auf mehr als 300000 stieg und welche die spanische Kolonie in den primären Exporteur der Welt verwandelten. Fast einhundert Jahre darauf, zu Beginn des 20. Jahrhunderts, in der mediatisierten Republik, deren vollständige Unabhängigkeit durch die US-amerikanische Intervention vereitelt wurde, trugen nur Immigranten aus den Antillen und kubanische Analphabeten an der Last von Zuckerrohranbau und -ernte. Die Tragödie unseres Volkes war die so genannte Leerzeit aufgrund des zyklischen Anbaus. Die Zuckerrohrländereien waren Eigentum von US-amerikanischen Unternehmen oder großen Großgrundbesitzern kubanischer Herkunft. Sodass wir also mehr Erfahrung als jeder andere über die soziale Auswirkung dieses Anbaus gesammelt haben.

Am vergangenen Sonntag den 1. April informierte CNN über die Meinung brasilianischer Fachleute, die behaupten, dass viele der Ländereien zur Zuckerrohranbau von reichen US-Amerikanern und Europäern erworben wurden.

Bei meinen am 29. März veröffentlichten Überlegungen habe ich die Auswirkungen des Klimawechsels in Kuba erläutert, zu denen noch andere, traditionelle Merkmale unseres Klimas hinzukommen.

Auf unserer Insel, die arm und weit entfernt vom Konsumdenken ist, wäre nicht einmal ausreichend Personal vorhanden, um die Härte des Anbaus und der Betreuung der Zuckerrohrfelder inmitten von zunehmender Hitze und immer mehr Regen und Dürre auszuhalten. Wenn die Wirbelstürme Verwüstungen anrichten, können dann nicht einmal die besten Maschinen das am Boden liegende und verhedderte Zuckerrohr ernten. Über Jahrhunderte pflegte man weder, es zu verbrennen, noch verdichteten sich die Böden durch das Gewicht der komplexen Maschinen und riesigen Lastwagen; die stickstoff- und kalihaltigen und phosphorigen Düngestoffe, die heutzutage sehr teuer sind, gab es nicht einmal und die trockenen und feuchten Monate wechselten sich in normalem Rhythmus ab. In der modernen Landwirtschaft sind ohne Fruchtfolge keine hohen Erträge möglich.

Die Französische Nachrichtenagentur übermittelte am Sonntag den 1. April beunruhigende Informationen über den Klimawechsel. Dieser wird von den durch die Vereinten Nationen versammelten Experten schon als etwas Unvermeidbares und mit schwerwiegenden Folgen während der kommenden Jahrzehnte angesehen.

»Der Klimawechsel wird dem amerikanischen Kontinent bedeutenden Schaden zufügen, da er mehr gewaltige Stürme und Hitzewellen hervorbringen wird, die in Lateinamerika Dürreperioden hervorrufen werden, begleitet vom Aussterben von Tier- und Pflanzenarten und sogar von Hunger, wie die UNO in dem Bericht informiert, der nächste Woche in Brüssel angenommen werden soll.«

»Am Ende des jetzigen Jahrhunderts wird jede Hemisphäre unter Problemen bezüglich des Wassers leiden, und wenn die Regierungen keine Maßnahmen treffen, dann könnte der Temperaturanstieg die Risiken von ›Sterblichkeit, Verseuchung, Naturkatastrophen und Infektionskrankheiten‹ erhöhen, warnt die Zwischenstaatliche Gruppe für Klimawechsel (IPCC).«

»In Lateinamerika schmelzen aufgrund der Erwärmung schon die Gletscher der Anden und der Amazonas-Wald ist bedroht, dessen Umland zu einer Savanne werden kann«, bestätigt das Kabel weiter.

»Aufgrund der großen Bevölkerungsmenge in Küstennähe sind die Vereinigten Staaten ebenfalls den extremen Naturerscheinungen ausgesetzt, wie der Hurrikan Katrina im Jahr 2005 bewies.«

»Dies ist der zweite Bericht der IPCC aus einer Reihe von dreien, die im vergangenen Februar mit einer ersten wissenschaftlichen Diagnose begonnen wurde, bei der man die Gewissheit des Klimawechsels feststellte.«

»Bei dieser zweiten Übergabe von 1.400 Seiten, in denen der Wechsel nach Bereichen und Regionen analysiert wird, und von der AFP eine Kopie erworben hat, wird es so gesehen, dass der Temperaturanstieg auf dem gesamten Planeten in den nächsten Jahrzehnten schon eine Tatsache ist, selbst wenn radikale Maßnahmen getroffen werden, um die Kohlenstoff-Emissionen in die Atmosphäre zu vermindern«, endet die Nachricht der französischen Nachrichtenagentur.

Wie zu erwarten, erklärte Dan Fisk, Berater für Nationale Sicherheit für die Region, am Tag des Treffens von Camp David selbst, dass »bei der Diskussion von regionalen Fragen unter anderen das Thema Kuba zur Debatte stünde und zwar nicht gerade um das Thema Äthanol zu behandeln – über das der genesende Präsident Fidel Castro am Donnerstag einen Artikel schrieb – sondern über den Hunger, den es im kubanischen Volk hervorgerufen hat«.

Da ich mich gezwungen sehe, diesem Herrn eine Erwiderung zukommen zu lassen, ist es meine Pflicht, ihn daran zu erinnern, dass die Kindersterblichkeitsrate in Kuba geringer ist, als die in den Vereinigten Staaten. Es kann versichert werden, dass es keinen Bürger gibt, der ohne kostenfreie medizinische Betreuung bleibt. Alle lernen und studieren und niemandem fehlt es an einem Angebot für eine nützliche Arbeit, trotz der Wirtschaftsblockade von fast einem halben Jahrzehnt und dem Versuch der Regierungen der Vereinigten Staaten, das kubanische Volk durch Hunger und wirtschaftliche Erdrosselung zu besiegen.

China würde niemals auch nur eine einzige Tonne Getreide oder Hülsenfrüchte dazu verwenden, Äthanol zu erzeugen. Es ist eine Nation mit einer blühenden Wirtschaft, die Wachstumsrekorde schlägt, wo jeder der Bürger die notwendigen Einnahmen für essentielle Konsumgüter erhält, obwohl 48 Prozent der Bevölkerung, die 1,3 Milliarden Einwohner übersteigt, in der Landwirtschaft arbeiten. Im Gegenteil, es hat sich vorgenommen bedeutende Energieeinsparungen vorzunehmen, indem tausende Fabriken beseitigt werden, die einen unannehmbaren Verbrauch an Strom und Kohlenwasserstoffen aufweisen. Viele der genannten Nahrungsmittel importiert es aus jeglichem Winkel der Welt und nach einem Transport über tausende Kilometer.

Dutzende Länder fördern keinen Kohlenwasserstoff und können weder Mais oder andere Körner, noch ölhaltige Samen erzeugen, da sie selbst zur Deckung ihrer elementarsten Bedürfnisse nicht ausreichend Wasser zur Verfügung haben.

Zu einem in Buenos Aires von der Kammer der Speiseölindustrie und dem Zentrum für Exporteure über die Äthanolherstellung einberufenen Treffen hat der Holländer Loek Boonekamp, Direktor für Agrarmarkt und -handel der Organisation für Zusammenarbeit und Entwicklung (OCDE), vor der Presse erklärt:

»Die Regierungen waren sehr begeistert; sie sollten einen kühlen Blick darüber bewahren, ob es eine solch starke Unterstützung für das Äthanol geben sollte.«

»Die Äthanolerzeugung ist nur in den Vereinigten Staaten machbar; in keinem anderen Land, es sei denn, man würde Subventionen anwenden.«

»Das ist kein Geschenk des Himmels und wir brauchen uns nicht blind zu verpflichten«, lautet das Kabel weiter.

»Heutzutage veranlassen die entwickelten Länder, dass die fossilen Kraftstoffe mit ca. 5 Prozent Biokraftstoff gemischt werden und das übt schon Druck auf die

Agrarpreise aus. Wenn dies auf 10 Prozent gehoben würde, würde man 30 Prozent der angebauten Landwirtschaftsfläche in den Vereinigten Staaten und 50 Prozent der von Europa benötigen. Deshalb frage ich, ob das nachhaltig ist. Der steigende Bedarf an Pflanzungen für Äthanol wird höhere und schwankendere Preise hervorrufen.«

Die Schutzzollmaßnahmen erreichen heutzutage 54 Cent pro Gallone und die realen Subventionen erreichen viel höhere Ziffern.

Wenn wir die einfache Arithmetik anwenden, die wir im Gymnasium gelernt haben, dann würde man feststellen, dass ein einfacher Ersatz der Glühbirnen durch Leuchtstofflampen, wie ich es bei meinen vorangegangenen Überlegungen ausgedrückt habe, eine Einsparung an Investitionen und Energieressourcen in Billionenhöhe beitragen würde, ohne auch nur einen einzigen Hektar landwirtschaftlichen Bodens zu verwenden.

Währenddessen bestätigen öffentliche, über AP verbreitete Nachrichten aus Washington wörtlich Folgendes:

»Das mysteriöse Verschwinden von Millionen Bienen im gesamten Gebiet der Vereinigten Staaten hält die Bienenzüchter am Rande eines Nervenzusammenbruchs und macht sogar dem Repräsentantenhaus Sorgen, das am heutigen Donnerstag die kritische Situation eines Insekts debattieren wird, das eine Schlüsselposition im Agrarsektor einnimmt.«

»Die ersten ernsthaften Zeichen dieses Rätsels tauchten kurz nach Weihnachten im Staat Florida auf, als die Bienenzüchter feststellten, dass die Bienen verschwunden waren.«

»Seitdem hat das Syndrom, das die Experten als Problem des Zusammenbruchs der Bienenstöcke (englische Abkürzung: CCD) benannt haben, die Bieneschwärme des Landes um 25 Prozent vermindert.«

»Wir haben mehr als eine halbe Million Bienenstöcke mit einer Bevölkerung von je ungefähr 50.000 Bienen verloren, sagte Daniel Weaver, Präsident des US-amerikanischen Bienenzüchterverbandes, der darauf hinwies, dass die Plage 30 der 50 Bundesstaaten befallen hat. Das merkwürdige des Phänomens ist, dass in vielen Fällen keine sterblichen Überreste aufgefunden werden.«

»Die fleißigen Insekten bestäuben Pflanzungen, die zwischen 12 und 14 Milliarden Dollar geschätzt werden, wie eine Studie der Universität Cornell berichtet.«

»Die Wissenschaftler ziehen aller Art Hypothesen in Betracht, darunter die, dass irgendein Schädlingsbekämpfungsmittel den Bienen neurologische Schäden zugefügt und ihren Orientierungssinn beeinträchtigt haben kann. Andere geben der Dürre die Schuld, und sogar den Handy-Strahlen, aber die Wahrheit ist die, dass niemand genau weiß, wodurch es wirklich ausgelöst wurde.«

Das Schlimmste kann uns noch bevorstehen: ein neuer Krieg zur Absicherung der Ergas- und Erdöllieferungen, der die menschliche Gattung an den Abgrund des vollkommenen Holocaust brngen kann.

Einige russische Presseorgane, die sich auf Geheimdienstquellen berufen, haben berichtet, dass der Krieg gegen Iran seit mehr als drei Jahren in allen Details vorbereitet wird, das heißt seit dem Tag, an dem die Vereinigten Staaten beschlossen, Irak vollkommen zu besetzen, indem sie einen endlosen und widerlichen Bürgerkrieg auslösten.

Währenddessen vergibt die Regierung der Vereinigten Staaten Hunderte Milliarden für die Entwicklung von technologisch hoch entwickelten Waffen, wie diejenigen, die auf der Grundlage von mikroelektronischen Systemen funktionieren, oder von neuen Atomwaffen, die sich eine Stunde nach Befehlserhalt über dem Ziel befinden können.

Die Vereinigten Staaten ignorieren vollkommen, dass die Weltöffentlichkeit gegen jede Art Atomwaffen ist.

Die iranischen Fabriken bis auf die letzte zu zerstören, das ist technisch gesehen eine relativ einfache Aufgabe für eine Macht wie die Vereinigten Staaten. Das Schwierige kann anschließend kommen, wenn ein neuer Krieg gegen eine weitere moslemische Glaubensrichtung entfacht wird, die all unsere Achtung verdient, genau wie die anderen Religionen der Völker des Nahen, Mittleren und Fernen Ostens, sowohl vorchristliche als auf das Christentum folgende.

Die Festnahme der englischen Soldaten in Hoheitsgewässern des Iran scheint genau so eine Provokation zu sein, wie die der so genannten »Hermanos al Rescate«, bei der man, die Befehle des Präsidenten Clinton verletzend, auf unseren Hoheitsgewässer vorrückte und bei der die vollkommen legitime Verteidigungshandlung von Kuba der Regierung der Vereinigten Staaten zum Vorwand diente, um das bekannte Helms-Burton-Gesetz zu verabschieden, das die Souveränität von anderen Ländern verletzt. Mächtige Massenmedien haben jenes Ereignis in die Vergessenheit versenkt. Nicht Wenige schreiben den am vergangenen Montag erreichten Erdölpreis von fast 70 Dollar pro Barrel den Befürchtungen bezüglich eines Angriffs auf Iran zu.

Woher werden die armen Länder der Dritten Welt die Minimalressourcen zum Überleben nehmen?

Weder übertreibe ich, noch verwende ich exzessive Worte. Ich halte mich an die Tatsachen.

Wie man sieht, befinden sich viele der Seiten des Polyeders im Verborgenen.

Fidel Castro Ruz
3. April 2007

Eine sofortige Energierevolution ist unbedingt notwendig

Ich habe nichts gegen Brasilien. Für nicht wenige Brasilianer - denen man unaufhörlich solche Argumente in dem einen oder anderen Sinn einhämmert, die vielleicht Menschen verwirren können, die traditionell Freunde Kubas sind – würden wir als Miesmacher dastehen, denen es nichts ausmacht, das Nettoeinkommen in ausländischer Währung dieses Landes zu beeinträchtigen. Ein Schweigen meinerseits wäre für mich so, als ob ich zwischen der Idee einer Welttragödie und einem angeblichen Nutzen für das Volk dieser großen Nation wählen würde.

Ich werde nicht Lula und den Brasilianern die Schuld an den objektiven Gesetzen geben, die die Geschichte unserer Gattung beherrscht haben. Es sind kaum siebentausend Jahre vergangen, seitdem der Mensch klare Spuren davon hinterließ, was zu einer an Bildung und technischen Kenntnissen unermesslich reichen Kultur wurde. Ihre Fortschritte wurden weder gleichzeitig noch am gleichen geographischen Ort erreicht. Man kann behaupten, dass aufgrund der anscheinend unermesslichen Größe unseres Planeten in vielen Fällen das Vorhandensein der einen oder anderen Kultur unbekannt war. Nie zuvor während einigen tausend Jahren lebte der Mensch in Städten mit zwanzig Millionen Einwohnern wie z.B. Sao Paulo oder Mexico-City, oder in solchen Großstädten wie Paris, Madrid, Berlin und anderen, in denen man Züge auf Schienen und Luftkissen bei Geschwindigkeiten über 400 Stundenkilometern verkehren sieht.

Zu Zeiten von Christoph Kolumbus, vor kaum 500 Jahren, gab es einige dieser Städte noch nicht oder ihre

Bevölkerungszahl betrug weniger als einige Zehntausend. Keine von ihnen verbrauchte auch nur ein Kilowatt, um ihre Haushalte zu beleuchten. Wahrscheinlich zählte die Weltbevölkerung damals weniger als 500 Millionen Einwohner. Es ist bekannt, dass sie 1830 die erste Milliarde erreichte, einhundertdreißig Jahre danach hatte sie sich verdreifacht und noch sechsundvierzig Jahre später betrug die Bevölkerung unseres Planeten 6,5 Milliarden. Die riesige Mehrheit hiervon sind Arme, die ihre Nahrungsmittel mit den Haustieren teilen müssen und von jetzt an mit den Biokraftstoffen.

Damals verfügte die Menschheit nicht über solche Fortschritte wie die bis zum jetzigen Zeitpunkt erreichten bei der EDV und den Medien. Obwohl schon die ersten Atombomben über zwei große Menschensiedlungen abgeworfen worden waren, was einen brutalen Terrorakt gegen die wehrlose Zivilbevölkerung darstellte, und zwar aus rein politischen Erwägungen.

Heute gibt es auf der Welt zehntausende Atombomben, die fünzigmal wirkungsvoller sind, auf Trägern, die eine mehrfache Schallgeschwindigkeit erreichen und absolute Präzision besitzen und mit denen unsere hoch entwickelte Gattung sich selbst zerstören kann. Gegen Ende des Zweiten Weltkrieges, den die Völker gegen den Faschismus führten, entstand eine neue Macht, die sich der Welt bemächtigte und die jetzige absolutistische und grausame Weltordnung aufzwang.

Bevor Bush nach Brasilien reiste, legte der Chef des Imperiums fest, dass der Mais und andere Nahrungsmittel die angebrachten Rohstoffe zur Herstellung von Biokraftstoffen seien. Lula erklärte seinerseits, dass Brasilien vom Zuckerrohr ausgehend soviel liefern könne, wie notwendig sei. Er sah in dieser Formel eine Zukunft für die Dritte

Welt und als einziges zu lösendes ausstehendes Problem dabei, die Lebensbedingungen der Zuckerrohrarbeiter zu verbessern. Es war ihm wohl bewusst, und so erklärte er es, dass die Vereinigten Staaten ihrerseits die Zollschranken und Subventionen aufheben müssten, die die Ausfuhr des Äthanols in die Vereinigten Staaten behindern.

Bush antwortete, dass die Tarife und Subventionen für die Landwirte in einem Land wie den Vereinigten Staaten, dem weltgrößten Äthanol-Hersteller aus Mais, unantastbar seien.

Die großen transnationalen US-Unternehmen, die Hersteller dieses Biokraftstoffes sind und die beschleunigt Dutzende Milliarden Dollar investieren, hatten vom Chef des Imperiums den Vertrieb von mindestens fünfunddreißig Milliarden (35 000 000 000) Gallonen dieses Kraftstoffs pro Jahr auf dem US-amerikanischen Markt gefordert. Schutzzolltarife und reale Subventionen zusammen werden pro Jahr fast einhundert Milliarden Dollar erreichen.

Unersättlich in ihrem Bedarf hatte das Imperium die Losung in die Welt lanciert, Biokraftstoffe zu erzeugen, um die Vereinigten Staaten, den größten Energieverbraucher der Welt, von jeglicher äußerlicher Abhängigkeit bezüglich der Kohlenwasserstoffe zu befreien.

Die Geschichte zeigt, dass die Zuckerrohr-Monokultur eng an die Sklaverei der Afrikaner gebunden war, die mit Gewalt ihren natürlichen Gemeinschaften entrissen und nach Kuba, Haiti und auf andere Inseln der Karibik gebracht wurden. In Brasilien geschah genau dasselbe mit dem Zuckerrohranbau.

Heutzutage wird in diesem Land fast 80 % des Zuckerrohrs handgeschlagen. Von brasilianischen Forschern beigesteuerte Quellen und Untersuchungen behaupten, dass ein Zuckerrohrschläger, ein Akkordarbeiter, mindestens zwölf Tonnen erzeugen muss, um elementare Bedürfnisse zu decken. Dieser Arbeiter muss 36 630 Kniebeugen machen, 800 Mal kleine Wegstrecken laufen und dabei 15 Kilo Zuckerrohr mit seinem Armen tragen und bei seiner schweren Arbeit 8 800 Meter laufen. Sein durchschnittlicher täglicher Wasserverlust beträgt 8 Liter. Nur bei abgebrannten Zuckerrohrfeldern kann diese Produktivität pro Arbeiter erreicht werden. Das hand- oder maschinengeschnittene Zuckerrohr wird normalerweise abgebrannt, um das Personal vor schädlichen Bissen und Stichen zu schützen und vor allem, um die Produktivität zu erhöhen. Obwohl es eine festgelegte Arbeitszeit von 8 bis 17 Uhr gibt, um diese Aufgabe zu erfüllen, muss man bei Akkordarbeit um die 12 Stunden arbeiten. Die Temperatur erreicht mittags manchmal bis zu 45 Grad Celsius.

Ich persönlich habe recht oft aus moralischer Verpflichtung Zuckerrohr geschnitten, genau wie viele andere leitende Genossen des Landes. Ich kann mich an den Monat August des Jahres 1969 erinnern. Ich hatte einen Ort in der Nähe der Hauptstadt gewählt. Ich ging jeden Tag sehr früh dorthin. Das nicht abgebrannte Zuckerrohr war grün, eine zeitige Sorte mit hohem landwirtschatlichen und industriellen Ertrag. Ich schnitt vier Stunden ohne eine Minute Pause. Jemand übernahm das Schärfen der Machete. Nicht ein einziges Mal habe ich weniger als 3,4 Tonnen täglich geschnitten. Anschließend duschte ich, aß in aller Ruhe zu Mittag und erholte mich an einem Ort ganz in der Nähe. Ich gewann mehrere Kupons für die berühmte Zuckerrohrernte von 1970. Ich war damals gerade 43 Jahre alt geworden. Die restliche Zeit bis zum Schlafengehen widmete ich meinen revolutionären Pflichten. Ich unterbrach jene persönlichen Anstrengungen, als ich mir eine Wunde am linken Fuß zuzog. Die gut geschliffene Machete hatte die Schutzstiefel durchbohrt. Das Ziel des gesamten Landes war es, ungefähr 10 Millionen Tonnen Zucker zu erreichen und 4 Millionen Tonnen Melasse als Nebenprodukt. Das wurde nie erreicht, obwohl wir diesem Ziel nahe kamen.

Die UdSSR war noch nicht verschwunden, das schien unmöglich zu sein. Die Sonderperiode, die uns in einen Kampf ums Überleben führte und wirtschaftliche Ungleichheiten mit den ihnen innewohnenden Korruptionsbestandteilen brachte, war noch nicht aufgekommen. Der Imperialismus glaubte, die Stunde sei gekommen, um der Revolution den Gnadenstoß zu versetzen. Es muss auch ehrlicherweise bekannt werden, dass wir in den Jahren des wirtschaftlichen Aufschwungs zu verschwenden lernten und das Maß an Idealismus und Träumen, die unseren heroischen Prozess begleiteten, war nicht gering.

Die hohen landwirtschaftlichen Erträge der Vereinigten Staaten wurden durch Fruchtfolge der Körnerfrüchte (Mais, Weizen, Hafer, Hirse und andere ähnliche Körner) mit den Hülsenfrüchten (Sojabohnen, Luzerne, Bohnen usw. usf.) erreicht. Diese bringen Stickstoff und organische Substanzen in den Boden ein. Angaben der Welternährungsorganisation der Vereinten Nationen (FAO) zufolge erreichten die Vereinigten Staaten im Jahr 2005 bei Mais Erträge von 9,3 Tonnen pro Hektar.

In Brasilien erreicht man nur 3 Tonnen dieses Korns auf der gleichen Landfläche. Die verbuchte Gesamtproduktion dieses Bruderlandes betrug dieses Jahr vierunddreißig Millionen sechshunderttausend Tonnen, die im Land als Nahrungsmittel verbraucht wurden. Es kann keinen Mais für den Weltmarkt beisteuern.

Die Preise dieses Korns, das Hauptnahrungsmittel zahlreicher Länder dieser Region ist, haben sich fast verdoppelt. Was wird geschehen, wenn hunderte Millionen Tonnen

Mais zur Herstellung von Biokraftstoffen verwendet werden? Und ich werde nicht die Mengen an Weizen, Hirse, Hafer, Gerste, Moorhirse und anderen Getreidearten nennen, welche die Industrieländer als Kraftstoffquelle für ihre Motoren verwenden werden.

Hierzu kommt noch, dass es für Brasilien sehr schwierig ist, die Rotation von Mais mit Hülsenfrüchten durchzuführen. Von den brasilianischen Bundesstaaten, die ihn traditionell erzeugen, erreichen acht von ihnen neunzig Prozent der Produktion: Paraná, Minas Gerais, Sao Paulo, Goiás, Mato Grosso, Río Grande do Sul, Santa Catarina und Mato Grosso do Sul. Andererseits erfolgt 60 % des Zuckerrohranbaus, einer Pflanzenart, die nicht in Fruchtfolge mit anderen Pflanzungen angebaut werden kann, im Bundesstaat Sao Paulo und außerdem wird diese in den Bundesstaaten Paraná, Pernambuco und Alagoas angebaut.

Die Motoren von Traktoren, Erntemaschinen und Schwertransportern zur Erntemechanisierung würden in wachsendem Maße Kraftstoffe verbrauchen. Die zunehmende Mechanisierung würde nicht dazu beitragen, die Erderwärmung zu verhindern. Das ist etwas, was von den Spezialisten bewiesen wurde, die seit mehr als 150 Jahren die Jahrestemperatur messen.

Aber Brasilien erzeugt ein ausgezeichnetes Nahrungsmittel, das besonders reich an Proteinen ist, die Soja: fünzig Millionen einhunderfünfzehntausend (50 115 000) Tonnen und exportiert siebenundzwanzig Millionen dreihunderttausend (27 300 000). Heißt das etwa, dass ein Großteil dieser Soja in Biokraftstoff verwandelt werden wird?

Schon unmittelbar jetzt beginnen die Rinderzüchter sich zu beschweren, dass die als Weiden genutzten Flächen in Zuckerrohrfelder umgewandelt werden.

Der ehemalige Landwirtschaftsminister von Brasilien, Roberto Rodríguez – ein wichtiger Verteidiger der jetzigen Regierungspolitik und jetzt Mitvorsitzender der Interamerikanischen Äthanol-Kommission, die 2006 auf der Grundlage eines Abkommens mit dem Bundesstaat Florida und der Interamerikanischen Entwicklungsbank (IDB) geschaffen wurde, um die Verwendung von Biokraftstoffen auf dem amerikanischen Kontinent zu fördern – erklärte, dass das Mechanisierungsprogramm der Zuckerrohrernte nicht mehr Jobs schaffen wird, sondern dass im Gegenteil ein Überschuss an unqualifiziertem Personal entstehen wird.

Es ist bekannt, dass die ärmsten Arbeiter aus den verschiedenen Staaten aus dringender Notwendigkeit zur Zuckerrohrernte kommen. Manchmal sind das Menschen, die sich viele Monate lang von ihren Familien trennen müssen. So war es in Kuba vor dem Sieg der Revolution, als das Zuckerrohr per Hand geschnitten und eingebracht wurde und es kaum mechanische Anbauweise und Beförderung gab. Als das brutale, unserer Gesellschaft aufgezwungene System verschwand, verließen die Zuckerrohrarbeiter, die massenweise alphabetisiert worden waren, ihr Herumwandern in wenigen Jahren und es wurde notwendig, sie durch hunderttausende freiwillige Arbeitskräfte zu ersetzen.

Zu all dem kommt noch der letzte Bericht der Vereinten Nationen über die Klimawechsel hinzu, in dem bestätigt wird, was in Südamerika in dem Maße mit dem Wasser der Gletscher und dem Grundwasserbecken des Amazonas geschehen wird, in dem die Temperatur weiter steigen wird.

Es gibt kein Hindernis dafür, dass das US-amerikanische und europäische Kapital die Biokraftstofferzeugung finanziert. Sie könnten sogar Brasilien und Lateinamerika die Fonds schenken. Die Vereinigten Staaten, Europa und die anderen Industrieländer würden jedes Jahr mehr als einhundertvierzig Milliarden Dollar einsparen, ohne sich um die Folgen für das Klima und den Hunger zu sorgen, die in erster Linie den Ländern der Dritten Welt schaden würden. Sie würden immer Geld für den Biokraftstoff übrig haben und um zu jedem Preis die wenigen auf dem Weltmarkt zur Verfügung stehenden Nahrungsmittel zu erwerben.

Eine sofortige Energierevolution ist unbedingt notwendig. Diese besteht nicht nur im Ersatz aller Glühlampenbeleuchtungen, sondern auch im massenhaften Recycling aller Haushaltsgeräte, der Gerätschaften und Anlagen in Handel, Industrie, Verkehrswesen und des gesellschaftlichen Gebrauchs, die mit den althergebrachten Technologien zwei- und dreimal mehr Energie verbrauchen.

Es ist schmerzhaft daran zu denken, dass jährlich 10 Milliarden Tonnen fossiler Kraftstoffe verbraucht werden. Das bedeutet, dass jedes Jahr das verschwendet wird, wozu die Natur eine Million Jahre benötigte, um es zu schaffen. Die Volkswirtschaften haben enorme Aufgaben zu erfüllen und hiermit die Beschäftigungszahlen zu erhöhen. So könnte etwas Zeit gewonnen werden.

Eine Wirtschaftsrezession in den Vereinigten Staaten ist ein weiteres Risiko für die Welt, aber von anderer Art. In den letzten Tagen haben die Dollar jeden Rekord an Wertverlust geschlagen. Aus dieser Papierwährung und den US-amerikanischen Bons setzen sich die meisten konvertierbaren Devisenwährungen aller Länder zusammen.

Morgen, am Ersten Mai, ist ein guter Tag, diese Überlegungen den Werktätigen und allen Armen der Welt nahe zu bringen, und zwar zusammen mit dem Protest gegen ein ebenso unwahrscheinliches und beleidigendes Ereignis wie das folgende: die Freilassung eines Monsters des Terrorismus, gerade jetzt, da der 46. Jahrestag des Revolutionären Sieges von Playa Girón (Schweinebucht) begangen wird.

Gefängnishaft für den Henker!
Freiheit für die Fünf Helden!

Fidel Castro Ruz
30. April 2007

Die Debatte weitet sich aus

Der namhafte Denker der Linken Atilio Borón, der bis vor Kurzem den Lateinamerikanischen Rat der Sozialwissenschaften (CLACSO) führte, schrieb für das kürzlich in Havanna beendete VI. Hemisphäre-Treffen zum Kampf gegen die TLC und für die Integration der Völker einen Artikel, den er mir freundlicherweise mit einem Begleitschreiben zusandte.

Ausgehend von wortgetreu übernommenen Sätzen und Abschnitten seines Artikels habe ich den Kern seiner Ausführungen folgendermaßen zusammengefasst:

Bereits die vorkapitalistischen Gesellschaften kannten das Erdöl, das in Oberflächendepots lagerte und das sie zu nicht kommerziellen Zwecken wie zum Imprägnieren des Holzes für Schiffsrümpfe oder von Textilien oder für die Beleuchtung durch Fackeln. Daher auch seine ursprüngliche Bezeichnung »Erdöl«.

Gegen Ende des 19. Jahrhunderts – die großen Vorkommen in Pennsylvania waren entdeckt und die technischen Entwicklungen realisiert, angekurbelt durch die allgemeine

Einführung des Verbrennungsmotors – mutierte das Petroleum zum Energiewunder des 20. Jahrhunderts.

Die Energie gilt als eine Ware. Wie Marx warnte, geschieht dies nicht infolge der Verderbtheit oder Herzlosigkeit dieses oder jenes einzelnen Kapitalisten, sondern es ist die Folge der Logik des Akkumulationsprozesses, der zum unaufhörlichen »Merkantilismus« sämtlicher Bestandteile, materiellen Güter und Symbole des gesellschaftlichen Lebens neigt. Dieser Merkantilsystemprozess hat auch bei den Menschen nicht Halt gemacht und gleichzeitig auch die Natur mit einbezogen. Der Boden und seine Produkte, die Flüsse, Berge und Wälder waren Gegenstand seines unaufhaltsamen Raubzuges. Natürlich entgingen auch die Nahrungsmittel dieser höllischen Dynamik nicht. Der Kapitalismus macht alles zur Ware, was er in Reichweite bekommt.

Nahrungsmittel werden zu Energieträgern, um die Irrationalität einer Zivilisation zu ermöglichen, die zur Wahrung von Vermögen und Privilegien einiger Weniger die Umwelt und die ökologischen Bedingungen, denen das Entstehen von Leben auf der Erde zu verdanken ist, brutal attackiert.

Das Verwandeln von Nahrungsmitteln in energetisches Material ist ein monströser Akt.

Der Kapitalismus schickt sich an eine massive Euthanasie der Armen zu praktizieren; speziell der Armen des Südens, denn gerade hier befinden sich die größten Bestände der Erde an der zur Herstellung von Biobrennstoff erforderlichen Biomasse. Mögen auch die offiziellen Reden noch so stark versichern, es handle sich nicht um eine Wahl zwischen Nahrungsmitteln und Brennstoffen, so beweist doch die Realität, dass eben diese und keine andere die Alternative ist: der Boden wird entweder zur

Nahrungsmittelproduktion oder zur Herstellung von Biobrennstoff benutzt.

Zum Thema der landwirtschaftlichen Nutzfläche und dem Verbrauch an Düngemitteln sind den Veröffentlichungen der FAO folgende Lehren zu entnehmen:

- In den kapitalistischen Industrieländern beträgt die landwirtschaftliche Nutzfläche pro Kopf der Bevölkerung das Doppelte der Fläche in der unterentwickelten Welt: 1,36 Hektar pro Person im industrialisierten Norden gegen 0,67 Hektar im Süden. Das erklärt sich aus der einfachen Tatsache, dass in der unterentwickelten Peripherie etwa 80 Prozent der Weltbevölkerung leben.
- Brasilien übersteigt leicht die Angaben der entwickelten Welt zur landwirtschaftlichen Nutzfläche pro Kopf der Bevölkerung. Es liegt auf der Hand, dass dieses Land riesige Stücke seiner riesigen Fläche darauf verwenden soll, um den Anforderungen des neuen energetischen Paradigma zu entsprechen.
- China und Indien verfügen über jeweils 0,44 und 0,18 Hektar pro Kopf.
- Die kleinen Antillenstaaten, die seit jeher die Monokultur des Zuckerrohrs betreiben, präsentieren beredt dessen Erosionswirkung, verdeutlicht an dem zur Aufrechterhaltung der Produktion erforderlichen extremen Düngemittelverbrauch pro Hektar. In den Ländern der Peripherie liegt der durchschnittliche Verbrauch bei 109 kg/ha (in den Industrieländern sind es 84 kg/ha), in Barbados sind es 187,5 kg, in Dominica 600 kg, in Guadalupe 1016 kg, in St. Lucía 1325 und in Martinique 1609 kg. Erwähnt man Düngemittel, so nimmt man damit auch Bezug auf verstärkten Erdölverbrauch. So scheint also der viel gepriesene Vorteil

der Agroenergiestoffe zur Verminderung des Verbrauchs von Kohlenwasserstoffen mehr illusorisch als real.

Die landwirtschaftliche Nutzfläche der Europäischen Union insgesamt würde kaum für die Deckung von 30 Prozent des heutigen, nicht des künftigen Bedarfs – der voraussichtlich noch höher liegen wird –, ausreichend sein. In den Vereinigten Staaten müssten zur Deckung des heutigen Bedarfs an fossilen Brennstoffen für die Produktion von Agro-Energieressourcen 121 Prozent der gesamten landwirtschaftlichen Nutzfläche des Landes zur Verfügung gestellt werden.

Demzufolge wird das Angebot von Agrobrennstoff aus dem Süden kommen müssen, aus der armen und neokolonialen Peripherie des Kapitalismus. Die Berechnungen lügen nicht. Weder die Vereinigten Staaten noch die Europäische Union verfügen über entsprechenden Boden, um eine Erhöhung der Produktion von Nahrungsmitteln und Agrobrennstoffen gleichzeitig zu erzielen.

Die Entwaldung unserer Erde könnte – wenn auch nur zeitweilig – eine Vergrößerung der Anbaufläche bedeuten, doch im Höchstfalle nur für einige wenige Jahrzehnte. Dieses Land würde dann verwüsten, und die Situation wäre schlimmer als zuvor und würde das Dilemma zwischen der Produktion von Nahrungsmitteln und der von Äthanol oder Biodiesel nur noch verschärfen.

Der Kampf gegen den Hunger – etwa zwei Milliarden Menschen der Welt leiden Hunger – wird starke Auswirkungen der Erweiterung der Anbaufläche für Biobrennstoffe zu spüren bekommen. Die Länder, in denen diese Geißel ein allgemeines Phänomen ist, werden die schnelle Umwandlung der Landwirtschaft bezeugen, die die unersättliche Nachfrage nach Brennstoffen stillen will, wie sie von einer Zivilisation gefordert wird, die diese Brennstoffe vernunftlos einsetzt. Das Ergebnis kann kein anderes sein als die Verteuerung der Nahrungsmittel und demzufolge die Verschlechterung der sozialen Lage in den Ländern des Südens.

Außerdem nimmt die Weltbevölkerung jedes Jahr um 76 Millionen zu, die verständlicherweise Nahrungsmittel fordern werden, die von Mal zu Mal teurer und für sie nicht erreichbar sein werden.

In *The Globalist Perspective* prognostizierte Lester Brown vor weniger als einem Jahr, dass im Jahr 2006 der größte Teil der Steigerung der Weltgetreideproduktion von den Autos absorbiert werde. Von den 20 Millionen Tonnen Zuwachs, die zu den im Jahr 2005 vorhandenen kamen, wurden 14 Millionen für die Produktion von Brennstoff verwandt und nur sechs Millionen Tonnen für die Deckung der Bedürfnisse der Hungernden bestimmt. Der Autor versichert, der Appetit der Welt nach Treibstoff für die Autos sei unersättlich. Abschließend sagt Brown, es sei ein Szenarium in Vorbereitung, auf dem es unweigerlich zu einem Frontalangriff zwischen 800 Millionen glücklichen Autobesitzern und den Konsumenten der Nahrungsmittel kommen werde.

Die verheerenden Auswirkungen der Verteuerung der Nahrungsmittel, die auf jeden Fall eintreten wird und zwar in dem Maße wie die Benutzung des Bodens erfolgt, für den Anbau von Nahrungsmitteln oder für die Produktion von Brennstoff, behandelten C. Ford Runge und Benjamin Senauer, zwei angesehene Akademiker der Universität Minnesota, in einem Artikel, veröffentlicht in der englischsprachigen Ausgabe der Zeitschrift *Foreign Affairs*. Die Überschrift des Artikels spricht für sich: »Die Art, wie die Biobrennstoffe die Armen aushungern«. Die Autoren führen aus, dass in den Vereinigten Staaten das Wachstum der Agrobrennstoff-Industrie nicht nur zu Preissteigerungen bei Mais, Ölsamen und anderen Getreidearten führt, sondern auch bei Kulturpflanzen und Produkten, die offenbar nichts damit zu tun haben. Die Benutzung des Landes für den Anbau von Mais, der den Äthanolschlund nährt, beschneidet die Fläche anderer Pflanzungen. Die Verarbeiter von Nahrungsmitteln, die Erbsen und zarten Mais benutzen, mussten, um die Lieferungen zu sichern, höhere Preise zahlen. Langfristig werden diese Kosten den Verbrauchern zufallen. Von den höheren Nahrungsmittelpreisen werden auch die Industrien der Vieh- und Geflügelzucht betroffen. Die höheren Kosten hatten einen steilen Fall der Einnahmen zur Folge, speziell in den Bereichen Geflügel- und Schweinezucht. Sinken die Einnahmen weiter, wird selbiges auch in der Produktion zu verzeichnen sein, und die Preise für Hühnchen, Pute, Schweinefleisch, Milch und Eier werden steigen. Es wird vorausgesagt, dass die verheerendsten Auswirkungen der Preiserhöhung bei Nahrungsmitteln speziell in den Ländern der Dritten Welt zu spüren sein werden.

Laut einer Studie des Belgischen Amtes für Wissenschaftliche Angelegenheiten bewirkt Biodiesel mehr Schaden für Gesundheit und Umwelt, denn er schafft eine noch feiner pulverisierte Verschmutzung und setzt mehr die Ozonschicht zerstörende Schadstoffe frei.

Zum Argument der vermeintliche Gutartigkeit der Agrobrennstoffe, bewies Victor Bronstein, Dozent der Universität Buenos Aires:

- Es stimmt nicht, dass Biobrennstoffe eine erneuerbare und ewige Energiequelle sind, denn der wesentliche Faktor für das Wachstum der Pflanzen ist nicht das Sonnenlicht, sondern die Verfügbarkeit von Wasser und die geeignete Bodenbeschaffenheit. Wäre dem nicht so, dann könnte Mais und Zuckerrohr in der Sahara angebaut werden. Die Auswirkungen einer Großproduktion von Biobrennstoffen werden verheerend sein.

- Es stimmt nicht, dass sie nicht verschmutzen. Wenn auch Äthanol weniger Kohlenstoffemission bewirkt, so verschmutzt andererseits sein Herstellungsprozess die Oberfläche und das Wasser mit Nitraten, Herbiziden, Pestiziden und Abfall, und die Luft wird verschmutzt mit krebserregenden Aldehyden und Alkoholen. Die Annahme eines »grünen und sauberen« Brennstoffs ist Betrug.

Der Vorschlag der Agrobrennstoffe ist nicht gangbar und außerdem ist er ethisch und politisch gesehen nicht akzeptierbar. Doch ihn zurückweisen, reicht nicht aus. Wir sind zur Umsetzung einer neuen Energierevolution berufen, die jedoch im Dienste der Völker und nicht im Dienst der Monopole und des Imperialismus stehen muss. Diese ist wahrscheinlich die bedeutendste Herausforderung der Stunde, schließt Atilio Borón.

Wie man sieht, hat die Zusammenfassung doch Raum in Anspruch genommen. Wir brauchen Raum und Zeit. Fast ein Buch. Es heißt, das Meisterwerk des Schriftstellers Gabriel García Márquez, *Cien Años de Soledad* (Hundert Jahre Einsamkeit), das ihn berühmt machte, erforderte von ihm fünfzig Seiten für jede einzelne an den Verleger gesandte Seite. Wieviel Zeit brauchte also meine arme Feder, um die aus materiellem Interesse, aus Unwissen, aus Indifferenz oder mitunter aus allen diesen drei Gründen agierenden Verfechter dieser verhängnisvollen Idee zu widerlegen und die stichhaltigen und ehrenhaften Argumente derer zu verbreiten, die für das Leben der Gattung Mensch kämpfen?

Es gibt sehr bedeutende Meinungen und Standpunkte, die auf dem Treffen in Havanna dargelegt wurden. Man wird über jene sprechen müssen, die in einem Dokumentarfilm ein reales Bild vom Handschneiden des Zuckerrohrs mitbrachten. Der Film scheint ein Abbild von Dantes »Hölle«. Täglich wächst die Anzahl von Meinungen, die in die Medien überall auf der Welt einfließen, von Institutionen wie den Vereinten Nationen bis hin zu nationalen Gesellschaften von Wissenschaftlern. Ich sehe schlicht und einfach, dass die Debatte um sich greift. Die Tatsache, dass über das Thema diskutiert wird, ist an sich bereits ein bedeutsamer Fortschritt.

Fidel Castro Ruz
9. Mai 2007

Niemand will den Stier bei den Hörnern packen

Am 28. März, d.h. vor weniger als zwei Monaten, als Bush nach einer Zusammenkunft mit den wichtigsten US-amerikanischen Automobilherstellern seine teuflische Idee zur Herstellung von Kraftstoff aus Nahrungsmitteln verkündete, schrieb ich die erste Überlegung.

Der Chef des Imperiums prahlte damit, dass die Vereinigten Staaten als Hersteller von Äthanol aus dem Rohstoff Mais schon die erste Stelle auf der Welt einnahmen. Zu diesem Zweck war man dabei, hunderte von Fabriken in ihrem Land entweder zu bauen oder zu erweitern.

In jenen Tagen hegten die industrialisierten und reichen Länder schon dieselbe Idee, aber unter Verwendung der verschiedenen Getreidearten und ölhaltigen Samenkörner, einschließlich die der Sonnenblume und der Sojabohne, die ausgezeichnete Protein- und Speiseölquellen sind. Deshalb wählte ich den Titel jener Überlegung: »Mehr als 3 Milliarden Menschen auf der Welt durch verhungern und verdursten vorzeitig zum Tode verurteilt«.

Die Gefahren für die Umwelt und die menschliche Gattung sind ein Thema, über das ich seit Jahren Überlegungen anstellte. Ich hatte mir aber niemals vorgestellt, dass die Gefahr so nahe bevorstand. Die neuen wissenschaftlichen Daten über die Geschwindigkeit des Klimawechsels und seine unmittelbaren Folgen waren noch nicht bekannt.

Am 3. April, nach dem Besuch von Bush in Brasilien, schrieb ich meine Überlegungen zur »Internationalisierung des Völkermords«.

Ich habe gleichzeitig darauf aufmerksam gemacht, dass die tödlichen und hoch entwickelten Waffen, die in den Vereinigten Staaten und anderen Ländern hergestellt werden, dem Leben der menschlichen Gattung innerhalb von wenigen Tagen den Garaus machen könnten.

Wenn es darum gehen würde, der Menschheit eine Atempause und der Wissenschaft und der zweifelhaften Vernunft der Entscheidungsträger eine Chance zu gönnen, wäre es nicht notwendig, zwei Dritteln der Bewohner des Planeten die Nahrungsmittel wegzunehmen.

Wir haben, ausgehend von Überschlagsrechnungen, Angaben darüber vermittelt, welche Energieeinsparung nur allein der Ersatz von Glühbirnen durch Leuchtstofflampen bedeutet. Die Zahlen haben Größenordnungen, die in 11 bis 12 Nullen enden. Die erste entspricht hunderten von Milliarden Dollar durch Kraftstoffeinsparung jedes Jahr, und die zweite den Billionen eingesparter Dollar für die notwendige Investition zur Erzeugung dieses Stroms, da man nur die Glühlampen austauschen muss, was weniger als 10 Prozent der Gesamtausgaben und eine bedeutende Zeiteinsparung bedeutet

Mit vollkommener Klarheit haben wir zum Ausdruck gebracht, dass die CO_2-Emissionen, abgesehen von anderen umweltverschmutzenden Gasen, beschleunigt zum Klimawechsel führen, und zwar schnell und unerbittlich.

Das waren aufgrund ihres dramatischen und beinahe verhängnisvollen Inhalts keine Themen, die einfach zu behandeln sind.

Die vierte Überlegung stand unter dem Titel: »Eine sofortige Energierevolution ist unbedingt notwendig«. Es ist ein Beweis für die Energieverschwendung in den Vereinigten Staaten und für die ungleiche Verteilung auf der Welt, dass es im Jahr 2005 in China weniger als 15 Autos je eintausend Einwohner gab, in Europa 514 und in den Vereinigten Staaten 940.

Das letztgenannte Land, eines der Länder, welche die reichsten Kohlenwasserstoffvorkommen haben, leidet heutzutage an einem großen Erdöl- und Erdgasdefizit. Diese Kraftstoffe müssen, so hat es Bush beschlossen, aus den Nahrungsmitteln gewonnen werden, die für die immer hungrigeren Mägen der Armen der Erde gebraucht werden.

Am ersten Mai 2006 beendete ich meine Rede vor dem Volk mit folgenden Worten:

»Wenn alle anderen Länder die Anstrengungen unternehmen würden, die Kuba heutzutage durchführt, dann würde Folgendes geschehen:

1. Die bewiesenen und wahrscheinlichen Vorkommen an Kohlenwasserstoffen würden doppelt so lange reichen.

2. Die umweltverschmutzenden Bestandteile, welche diese heutzutage in die Atmosphäre abgeben, würden sich auf die Hälfte vermindern.
3. Der Weltwirtschaft würde eine Atempause gegönnt, da ein riesiges Volumen an Transportmitteln und elektrischen Geräten aufbereitet werden müssen.
4. Ein Moratorium von 15 Jahren für den Bau von neuen elektronuklearen Anlagen könnte verkündet werden.«

Das Auswechseln der Glühlampen war das erste, was wir in Kuba getan haben und wir haben mit mehreren Ländern der Karibik zusammengearbeitet, um dies durchzuführen. In Venezuela hat die Regierung in 95 % der mit Strom versorgten Haushalte 53 Millionen Glühlampen durch Leuchtstofflampen ersetzt. Alle weiteren Energiesparmaßnahmen werden entschlossen durchgeführt.

Alles was ich sage, wurde nachgewiesen.

Warum hört man weiter nichts als Gerüchte, ohne dass die Regierungen der Industrieländer sich offen zu einer Energierevolution verpflichten, die Veränderungen der Konzepte und Illusionen über Wachstum und Konsumismus bedeuten, von denen nicht wenige arme Länder sich haben anstecken lassen?

Gibt es etwa irgendeine andere Art und Weise, den so schwerwiegenden Gefahren zu begegnen, die alle bedrohen?

Niemand will den Stier bei den Hörnern packen.

Fidel Castro Ruz
22. Mai 2007

In Kurzform die Erklärungen der FAO vom 16. Mai 2007 in Rom, dem Sitz dieser Organisation.

In der Weltgetreideproduktion zeichnet sich für das Jahr 2007 ein Rekordniveau ab. Ungeachtet dessen werden die Lieferungen nur knapp ausreichend sein, um die wachsende Nachfrage, angekurbelt durch die Entwicklung der Industrie der Biokraftstoffe, zu decken.

Im Zeitraum 2006/2007 verzeichneten die Weltmarktpreise der Getreidearten einen signifikanten Anstieg und aller Voraussicht nach werden sie sich auch 2007/2008 auf diesem hohen Stand halten, wie in unserem entsprechenden Bericht »Ernteperspektiven und Ernährungslage« ausgeführt wird. Es wird vorausgesehen, dass in den Ländern mit niedrigen Einkommen und Nahrungsmitteldefizit die Rechnung für Getreideimporte einen nahezu 25 Prozent höheren Betrag als zum jetzigen Zeitpunkt ausweisen wird.

Es wird vorhergesagt, dass die rasche Zunahme der Nachfrage nach Äthanol, hergestellt auf der Basis von Mais, die industrielle Nutzung des Korns 2007/2008 um neun Prozent steigern wird.

Die Aussichten der Weizenernte der Welt haben sich – gegenüber den Angaben in unserem Bericht vom April – leicht verschlechtert.

Für den afrikanischen Norden wird eine rasante Talfahrt der Getreideproduktion vorausgesagt, verursacht durch die Dürre, die Marokko heimsuchte und in deren Folge die Weizenproduktion dieses Landes auf die Hälfte sinken kann.

In Südafrika wird eine nun schon zum zweiten Mal reduzierte Ernte erwartet. In Simbabwe wird aufgrund der

Dürre ein starker Preisanstieg bei Mais vorausgesehen, wobei dieser für Millionen Menschen ein Grundnahrungsmittel darstellt. Demgegenüber wird Malawi nach einer guten Ernte mit einem für den Export bestimmten Überschuss rechnen können.

In Bolivien benötigt eine große Anzahl Bauern dringende Hilfe infolge der durch Dürre und Überschwemmungen 2007 auf den Feldern und im Viehbestand angerichteten Schäden, wodurch die Ernte beeinträchtigt wurde.

Das erneute Aufkommen von Gewalt in Südsomalia führte zur Abwanderung Hunderttausender und könnte das Ausmaß der Anbauflächen reduzieren.

Eine erste und provisorische Vorhersage der FAO hinsichtlich der Reisproduktion der Welt im Jahr 2007 schätzt eine leicht höhere Ernte von etwa 422 Millionen Tonnen, die dem Ernterekord des Jahres 2005 gleichkäme.

Die Hauptproduzenten China und Indien ausgenommen, wird die Getreideernte der übrigen Länder insgesamt einen leichten Rückgang verzeichnen.

Die FAO hat die Folgen der Produktion von Kraftstoff aus Nahrungsmitteln als Ausgangsmaterial erkannt. Immerhin etwas.

Doch auch sehr beachtlich ist die Meldung, wonach der US-Kongress beschloss, in seinen Büros 23 000 Glühlampen durch Leuchtstofflampen zu ersetzen. Es wird bestätigt, dass US-amerikanische Familien aus eigener Initiative heraus beschlossen, 37 Millionen Glühlampen durch Leuchtstofflampen auszuwechseln. In ein paar Monaten werden diese 37 Millionen ausgetauschte Lampen einen Verbrauch eingespart haben, der dem Benzin für 260 000 Autos gleichkommt. Man berechne die Einsparung an Kraftstoff bei einem Ersatz von Milliarden Glühlampen.

An dieser Stelle will ich zu einem Thema übergehen, das mit meiner Person zu tun hat, und ich bitte dafür um Entschuldigung.

In den Meldungen ist von einer Operation die Rede. Meinen Landsleuten wollten meine mehrfachen Äußerungen, eine Genesung sei nicht frei von Risiken, nicht recht behagen. Man sprach generell von einem Termin, an dem ich in meiner gewohnten olivgrünen Uniform wieder öffentlich auftreten werde. Also gut, es wurde nicht nur eine sondern mehrere Operationen vorgenommen, anfangs ohne Erfolg, und dadurch kam es zu der recht langen Rekonvaleszenz.

Viele Monate lang hing ich am Tropf und Kathetern, einen bedeutenden Teil meiner Nahrung über diesen Weg erhaltend, und ich wollte unser Volk nicht unangenehmen Enttäuschungen aussetzen. Heute wird alles für meine Genesung Erforderliche verabreicht. Keine Gefahr ist größer als die, die mit dem Alter im Zusammenhang steht, sowie eine Gesundheit, mit der ich in der unheilvollen Zeit, in der ich lebte, Missbrauch trieb. Einstweilen nun tue ich das, was ich muss, speziell stelle ich Betrachtungen an und schreibe zu Fragen, die meines Erachtens von gewisser Bedeutung und Tragweite sind. Auf mich wartet noch viel Material. Für Filme und Fotos, wofür man mir ständig Kopfhaar, Bart und Schnurrbart schneiden und ich mich alltäglich herausputzen müsste, habe ich jetzt keine Zeit. Außerdem multiplizieren derartige Auftritte die Interviewanträge. Allen sage ich schlicht: Es geht mir besser und mein Gewicht halte ich unverändert um die 80 kg.

Ich versuche, diese Betrachtungen kurz zu fassen, um weder der Presse noch den Fernsehnachrichten Raum zu stehlen. In der übrigen Zeit lese ich, erhalte Informationen, führe Telefongespräche mit vielen Genossen und Kollegen und führe die einschlägigen Rehabilitationsübungen durch. Ich kann nicht alles, was mir bekannt ist, zum Ausdruck bringen und kritisieren. Auf diese Weise wären ja die zwischenmenschlichen und internationalen Beziehungen unmöglich, auf die man nicht verzichten kann. Doch ich werde der Devise treu bleiben, niemals eine Lüge zu schreiben.

Fidel Castro
23. Mai 2007

Die Erdölrechnung und die Entwicklung

Chávez sagte es mit aller Deutlichkeit in Riad: die Erdöl- und Erdgasrechnung der Entwicklungsländer erreicht eine Billion Dollar. Er machte der OPEC, die kurz vor ihrer Auflösung gestanden hatte vor der Machtübernahme der bolivarianischen Regierung, die ihr dann acht Jahre vorstand und sie am Leben erhielt, den Vorschlag, die Rolle zu übernehmen, für die der Internationale Währungsfonds gegründet worden war und der er nie gerecht geworden ist.

Der Dollar befindet sich im freien Fall, sagte er. Man bezahlt uns mit Papierscheinen. Wir können und müssen den Kraftstoff sowohl den Industrieländern garantieren, wie auch denen, die um ihre Entwicklung kämpfen und ihn importieren müssen. Die OPEC kann Entwicklungskredite mit langer tilgunsfreier Zeit und nur einem Prozent Jahreszinz vergeben, so dass die armen Länder mit den Gütern und Dienstleistungen zahlen, die sie fähig sind zu produzieren. Er erwähnte die Zahl von fünf Milliarden Dollar Entwicklungshilfe, die Venezuela den karibischen

Ländern borgt, die verzweifelt diesen Grundrohstoff importieren müssen.

Chávez kann ein anschauliches Beispiel anfügen, das Kuba gut kennt: mit dem, was es Ende 2007 kostet, ein Barrel zu importieren, konnte man 13,52 Tonnen Leichtöl im Jahre 1960, einschließlich Transport, erwerben, das heißt fast 50 Mal mehr als jetzt. Unter solchen Bedingungen wäre ein Land wie die Bolivarianische Republik Venezuela weiter ein Lieferant von fast geschenktem Kraftstoff, einer nicht erneuerbare Ressource, für die Vereinigten Staaten. Die Erde würde weiter versinken in einigen Senken, weil der Erdöluntergrund fehlen würde.

Ich verstehe, wie sehr er sich den Kopf zerbrechen muss mit den Berechnungen, und wie gerecht und großmütig seine Gefühle der Gleichheit und Gerechtigkeit für die Völker der Region sind, die Martí »unser Amerika« nannte und Bolívar in seinem Kampf gegen das spanische Imperium als eine einzige Nation bezeichnete.

In der damaligen Zeit erhielt sich das Gleichgewicht noch von selbst. Es gab weder die teuflische imperiale Idee, Nahrungsmittel in Kraftstoff umzuwandeln, noch den Klimawandel, der von der Wissenschaft entdeckt und nachgewiesen wurde.

Fidel Castro Ruz
19. November 2007

Harte Realitäten

Reflexion über harte und offensichtliche Realitäten

Ich gebe diesem Thema aufgrund seiner Bedeutung Priorität, obwohl es andere gibt.

Ich werde nicht abstreiten, dass die Vorrechte der Macht, sowohl der realen, als der relativen bzw. der scheinbaren, die Menschen beeinflussen, denn seit der fernen Vergangenheit der Gattung wurden alle so erzogen.

Auch ich bin nicht in nur einer einzigen Minute zu dem gekommen, was ich heute bezüglich der Macht denke, aber ich meine, dass es sich um eine konsequente Denkweise handelt. Den bescheidenen Beitrag unserer Revolution schreibe ich der Tatsache zu, dass unsere Antworten auf die Fragestellungen trotz der rauen Realität, die uns die brutale Blockade des Imperiums auferlegte, niemals einen Rückfall erlitten haben.

In der Reflexion vom vergangenen 31. Juli sprach ich darüber, was es für mich bedeutet hat, ein ganzes Jahr zur Verfügung gehabt zu haben, um Information zusammenzustellen und gründlich über die vitalen Probleme nachdenken zu können, welche heute mehr denn je unsere Gattung bedrohen.

Am vergangenen 24. Juli veröffentlichte die russische Nachrichtenagentur Ria Novosti folgende Information:

»Leonid Ivashov, Generaloberst, Experte in Verteidigungsfragen, brachte zum Ausdruck, dass das hauptsächliche Werkzeug der US-Politik im wirtschaftlichen, finanziellen, technologischen und militärischen Diktat besteht.

Durch diese Auferlegung versuchen die Vereinigten Staaten, die Weltherrschaft abzusichern. Ihre nationale Sicherheitsstrategie weist ausdrücklich auf die Notwendigkeit hin, den nachhaltigen, das heißt, kontrollierten Zugang zu den Schlüsselregionen des Planeten, den strategischen Nachrichtenübermittlungen und den globalen Ressourcen abzusichern. Es handelt sich hierbei um eine Strategie, die als Gesetz festgeschrieben wurde, was uns zu der Schlussfolgerung führt, dass die Vereinigten Staaten in der Zukunft vor noch stärkeren Konflikten mit Russland, China und Indien stehen werden.

Washington besteht hartnäckig darauf, ein System zu aufzubauen, dass in der Lage ist, das Atompotenzial seiner strategischen Rivalen Moskau und Peking zu neutralisieren, um ein Monopol auf militärischem Gebiet zu gewinnen. Die Vereinigten Staaten wollen ihr Raketenabwehrschild nicht nur in Europa entfalten, sondern ebenfalls in anderen Teilen der Welt, um zu sehen, was in Russland und China geschieht. Gleichfalls versuchen sie ihr Angriffsarsenal in einem Rhythmus zu erweitern, der sogar die Zeitspanne des Kalten Krieges übertrifft.

Nach dem Zusammenbruch der Sowjetunion verlor die NATO den Verteidigungscharakter, den sie zum Zeitpunkt ihrer Gründung im Jahr 1949 besessen hatte, um sich in ein mächtiges und aggressives Werkzeug im Dienst der Weltoligarchie zu verwandeln, welche danach strebt, ihre Herrschaft im Weltmaßstab herzustellen. Das neue Strategiekonzept des Bündnisses, das im April 1999 dank der Anstrengungen der Vereinigten Staaten bestätigt wurde, beinhaltet neuartige Aufgaben und erweitert ihren Verantwortungsbereich auf die ganze Welt, ohne sich auf den Nordatlantik zu beschränken. Der jetzige Generalsekretär der NATO, Jaap de Hoop Scheffer, besuchte oft Australien, Neuseeland oder

Japan. Das Bündnis begann, sich über das Völkerrecht und den Sicherheitsrat der UNO zu stellen. Währenddessen fördern die Vereinigten Staaten die Erweiterung der NATO und weigern sich, den Vertrag über konventionelle Streitkräfte in Europa (KSE) zu ratifizieren, und messen sich das Recht an, sich über jegliche Einschränkungen hinwegzusetzen und die Truppen wie es ihnen gefällt zusammenzustellen.

Die Vereinigten Staaten tun alles, was sie können, damit Russland kein autonomer Spieler sein kann. Die Debatten über Raketenabwehr, Iran und Kosovo haben keinerlei Kompromissformeln hervorgebracht.

Es ist wichtig, dass Russland seine Positionen konsolidiert und sein geopolitisches Potential zurückgewinnt. Zu Beginn der 70er Jahre, als Moskau das atomare Gleichgewicht mit Washington erreicht hatte, wurde diesem klar, dass es jenes auf militärischem Gebiet nicht besiegen konnte und es akzeptierte deshalb Verhandlungen unter Gleichgestellten. Das Ergebnis war die Unterzeichnung der Raketenabwehrabkommen (DAM) im Jahr 1972 und das darauf folgende Abkommen zur Begrenzung Strategischer Angriffswaffen (SALT). Das Einzige, was die Vereinigten Staaten respektieren ist die Gewalt. Wenn sie spüren, dass sie eine stärkere Position haben, machen sie niemals jemandem Zugeständnisse.

Um die Weltherrschaftspläne zu neutralisieren, ist es notwendig einen alternativen Pol zu schaffen, und es besteht schon eine Grundlage dafür: die Organisation für Zusammenarbeit von Shanghai (OCSH).

In Wirklichkeit scheint es ein bisschen ungenau zu sein, von der US-amerikanischen Stärke zu sprechen. Die Vereinigten Staaten haben militärische Macht, eine starke Wirtschaft und eine riesige Menge harter Währung, die sie unbeschränkt drucken können, aber die geopolitische

Rangstufe des Landes ist gleich Null. Die Vereinigten Staaten flößen den anderen Ländern der Welt sehr wenig politisches Vertrauen ein.

Im Jahr 1999 haben China und Russland vor der Vollversammlung der UNO die Notwendigkeit vorgetragen, das DAM-Abkommen von 1972 zu bewahren. Alle Staaten stimmten für den Vorschlag, mit vier Ausnahmen: die Vereinigten Staaten, Israel, Albanien und Mikronesien. Das Ergebnis bezeugt die vollkommene internationale Isolierung der Vereinigten Staaten.

Ohne die Teilnahme von Russland wird es unmöglich sein, die im Mittleren Osten, im Balkan, auf der koreanischen Halbinsel bzw. in anderen Gebieten des Planeten geschaffene Situation zu lösen. Das vorher Gesagte gilt im selben Maße für China, das in der Lage ist, dem Druck der Vereinigten Staaten zu widerstehen. China besitzt viel Prestige auf der Welt, hat eine mächtige Wirtschaft und eine starke Währung.

Die OCSH sollte neue Verbündete rekrutieren und das Potential jener Länder zusammenführen, die in der Lage sind, eine autonome Politik durchzuführen und die dies auch wollen. An erster Stelle ist es notwendig, offiziell die Zurückweisung der Weltherrschaft durch die Vereinigten Staaten zu proklamieren. Zweitens sollten China und Russland vor dem Sicherheitsrat der UNO die Entfaltung des US-amerikanischen DAM-Systems öffentlich als solch eine Aktion verurteilen, welche die Architektur der Weltsicherheit ändert und die gesamte internationale Gemeinschaft bedroht. China, Indien und Russland könnten eine geschlossene Front gegenüber dem Diktat der Vereinigten Staaten schaffen. Es ist ebenfalls möglich, sich die Stabilisierung des weltweiten Finanzsystems als Aufgabe vorzunehmen. Im Rahmen der OCSH könnte eine neuartige Philosophie entwickelt werden, die sich auf die Harmonie der Zivilisationen und der rationellen Verwendung der Naturschätze gründen könnte. Die Mehrheit der Staaten würde sicher solche Maßnahmen unterstützen, davon bin ich überzeugt. So wird ein neuer politischer Pol geschaffen werden, der Friedens-Pol. Die Mission der OCSH ist es, ein neues Entwicklungsmodell für die menschliche Zivilisation zu schaffen.

Dem US-Imperium könnte sich einzig und allein ein Bündnis der Zivilisationen entgegenstellen: der russischen, dessen Einflussbereich die Gemeinschaft Unabhängiger Staaten einschließt (GUS); der chinesischen, die der Inder, der islamischen und der lateinamerikanischen Zivilisationen. Das ist ein riesiger Raum, in dem wir gerechtere Märkte schaffen könnten, unser eigenes stabiles Finanzsystem, unser Getriebe der kollektiven Sicherheit und unsere Philosophie auf der Grundlage der Priorität der intellektuellen Entwicklung des Menschen gegenüber der modernen westlichen Zivilisation, die auf die materiellen Güter setzt und den Erfolg in Villen, Jachten und Restaurants misst. Unsere Mission ist es, die Welt auf die Gerechtigkeit und die intellektuelle und geistige Entwicklung umzuorientieren.«

Bis hierhin die wichtigsten Ideen von Ivashovs Überlegungen, die über Ria Novosti gesendet wurden.

Wir haben präzisieren können, dass General Leonid Ivashov Vizepräsident der Akademie für Geopolitische Angelegenheiten ist und Sekretär im Rat der Verteidigungsminister der Gemeinschaft Unabhängiger Staaten war. Am 11. September 2001, dem Tag jener tragischen Geschehnisse in New York, die zum Vorwand dienten, um die Grundlagen der Völkermord-Politik der Vereinigten Staaten vor knapp 6 Jahren festzulegen, war General Ivashov Abteilungsleiter für militärische Zusammenarbeit des Verteidigungsministeriums der Russischen Föderation.

Ein wirklich gut informierter Mann. Es lohnt sich, dass unser Volk seinen Standpunkt kennt.

Es ist offensichtlich, dass die kubanische Revolution immer um die Bildung des Volkes Sorge getragen hat. Wenn ich meine eigene Erfahrung einschätze, dann kam ich sehr schnell zu der Überzeugung, dass allein das Bewusstsein sich gegenüber den Instinkten, die uns lenken, durchsetzen kann. Durch den technischen Fortschritt spricht man heute von der Möglichkeit zur Manipulation der Funktionen der menschlichen Gehirnzellen. Wozu wird alles das in einer Welt dienen, in welcher der Handelswert der Güter und Dienstleistungen seine Herrschaft ausübt? Welche Behörde wird es festlegen? Auf diesem Weg und durch die beschämende Abwerbung qualifizierter Arbeitskräfte, einem Phänomen, über das man immer wieder sprechen muss, könnten sie alles das zerstören, was am Menschen am Wertvollsten ist, und zwar seine Bildung durch das Bewusstsein.

Aus den Labors kann ein Medikament hervorgehen, das Leben rettet, etwas sehr Wertvolles auf sozialem Gebiet, wenn jenes Erzeugnis allen zugänglich gemacht werden könnte. Aber in den Labors werden auch alle Arten von Waffen geschaffen, die dem menschlichen Leben ein Ende bereiten können.

Die kommerzielle Werbung und das übertriebene Konsumverhalten sind unvereinbar mit dem Überleben der Gattung. Wenn man alle möglichen Berechnungen aufstellt, wird man sehen, dass die Naturschätze, der Raum, das Klima, das Wetter und das System bei dem jetzigen eingelegten Tempo und in der eingeschlagenen Richtung kein anderes Ergebnis hervorbringen können.

Fidel Castro Ruz
3. August 2007

Lateinamerika / »Dritte Welt«

Die einmütige Meinung

Bei dem 6. Hemisphären-Treffen in Havanna, als das Thema Biokraftstoff-Erzeugung aus Nahrungsmitteln diskutiert wurde, welche immer teurer werden, widersetzte sich die Mehrheit entrüstet. Aber es war unbestreitbar, dass einige Persönlichkeiten von Prestige, Personen, die Autorität besitzen, in gutem Glauben für die Idee gewonnen worden waren, dass die Biomasse des Planeten in sehr kurzer Zeit für Beides ausreichen würde, ohne an die Dringlichkeit zu denken, die Nahrungsmittel zu produzieren, die, an sich schon knapp, als Rohstoffe für das Äthanol und den Biodiesel dienen würden.

Aber als dagegen die Debatte zum Thema der Freihandelsverträge mit den Vereinigten Staaten eröffnet wurde, nahmen mehrere Dutzende Personen teil und alle verurteilten einstimmig sowohl die bilateralen als auch die multilateralen Formen solcher Abkommen mit der Imperialmacht.

Den zur Verfügung stehenden Platz berücksichtigend, verwende ich erneut die Synthese als Methode, um drei viel sagende Beiträge von lateinamerikanischen Persönlichkeiten darzulegen, die Konzepte von außerordentlichem Interesse zum Ausdruck brachten und sie haben dies mit großer Klarheit und Eindeutigkeit getan. Wie bei allen Synthesen der vorangegangenen Überlegungen werden die genauen Darlegungsformen der Autoren eingehalten.

Alberto Arroyo (Mexiko, Mexikanisches Aktionsnetz gegen Freihandel):

Ich möchte euch die neuen Pläne des Imperiums mitteilen und versuchen, den Rest des Kontinents vor etwas Neuem zu warnen, das im Entstehen ist bzw. das sich als eine neue Strategie für eine neue Etappe der Offensive der Vereinigten Staaten entwickelt. Der NAFTA bzw. die Freihandelszone von Nordamerika war nur der erste Schritt von etwas, das sie für den gesamten Kontinent wollen.

Der neue Versuch scheint die Niederlage nicht zu berücksichtigen, welche die Nichtdurchsetzung des Freihandelsabkommens für Amerika (ALCA) bedeutete. Das anerkennt das Imperium sogar in seinem Plan »B«, nämlich, dass es das, was es integrales ALCA gleichzeitig mit allen Ländern des Kontinents nennt, nicht durchsetzen konnte. Es wird versuchen, schrittweise vorzugehen und auf bilateraler Ebene Freihandelsverträge auszuhandeln.

Mit Mittelamerika gelang es ihm, diese zu unterzeichnen, aber Costa Rica hat ihn nicht ratifiziert. Im Fall des Andengebiets gelang es ihm nicht einmal, die Gesamtheit der Länder an den Verhandlungstisch zu setzen, sondern nur zwei, und mit diesen zwei hat es die Verhandlungen nicht abschließen können.

Was ist das Neue an der ASPAN (Allianz für Sicherheit und Wirtschaftsaufschwung in Nordamerika)? Drei Dinge scheinen mir grundlegend:

Erstens: Die Militär- und Sicherheitskonzepte zu stärken, um dem Widerstand der Völker zu begegnen. Das ist eben genau ihre Reaktion auf den Sieg der Bewegung, die ihre Pläne stoppt.

Es geht nicht nur darum, Militärstützpunkte in Gefahrenzonen oder in Gebieten mit wichtigen strategischen Naturreichtümern anzusiedeln, sondern mittels mit den

Ländern vereinbarten Plänen zu versuchen, eine enge Koordination zu schaffen, um die Sicherheitskonzepte zu verbessern, was eine Art und Weise darstellt, den sozialen Bewegungen zu begegnen, als ob sie Kriminelle wären.

Das ist der erste neuartige Aspekt.

Zweites Element, das mir auch eine Neuheit scheint: Die großen Akteure dieses gesamten neoliberalen Konzepts waren immer direkt die Transnationalen. Die Regierungen, besonders die Regierung der Vereinigten Staaten, waren die Sprecher, die formell die Verhandlungen führten, aber in Wirklichkeit vertraten sie direkt die Interessen der Kapitalgesellschaften. Diese waren die großen hinter den Freihandelsverträgen (TLC) und dem ALCA-Projekt versteckten Akteure.

Die Neuheit im neuen ASPAN-Konzept ist, dass diese Akteure aus dem Schatten hervortreten, in den Vordergrund treten und dass sich diese Beziehung umkehrt: Die Unternehmensgruppen sprechen direkt miteinander, und zwar unter Teilnahme der Regierungen, die dann versuchen werden, ihre Abkommen in Politikleitlinien, in Änderungen der Verordnungen, in Gesetzesänderungen usw. umzusetzen. Es ist ihnen nicht mehr ausreichend, die öffentlichen Unternehmen privatisiert zu haben, jetzt privatisieren sie die Politik als solche. Es waren nie direkt die Unternehmer, welche die Wirtschaftspolitik bestimmten.

In der ASPAN beginnt eine Beratung, die, sagen wir mal, »ein Treffen für den Wirtschaftsaufschwung von Nordamerika« genannt wird. Das waren Zusammenkünfte von Unternehmern aus drei Nationen.

Eine der innerhalb der ASPAN abgeschlossenen Ausführungsvereinbarungen besteht darin, Drei-Nationen-Komitees zu schaffen. Zu ihnen gehören jene, welche sie »die Kapitäne der Industrie« nennen, und zwar nach

Branchen, damit diese einen strategischen Entwicklungsplan der Branche im Gebiet Nordamerika festlegen. Das heißt, Ford verdreifacht sich bzw. teilt sich in drei auf: Das direkte Ford-Unternehmen in den Vereinigten Staaten, der Untergeschäftsführer von Ford in Mexiko, der Untergeschäftsführer von Ford in Kanada, und sie entscheiden die Strategie für die Automobilbranche in Nordamerika. Das ist der Konzern Ford, der mit einem Spiegel spricht, mit seinen Angestellten, mit seinen Geschäftsführern der Autowerke in Kanada und in Mexiko, um den strategischen Plan zu vereinbaren, den er den Regierungen vorlegt, damit diese ihn übersetzen und in konkrete Wirtschaftspolitikleitlinien umsetzen.

Es ist ein Konzept vorhanden, den Gesichtspunkt der Sicherheit mit einzubeziehen. Also der zweite Punkt ist es, direkt die Verhandlungen zu privatisieren und der dritte neuartige Aspekt dieses Konzepts ist vielleicht der folgende, – um uns an einen Ausdruck unserer Klassiker-Großeltern zu erinnern, an jenen Ausdruck, wo Engels aufwarf, dass, wenn feststeht, dass die Mechanismen der formellen Demokratie dazu führen werden, dass das Volk kurz davor steht, die Macht zu übernehmen, so wie Null oder 100 auf dem Thermometer feststehen, dann ändern sich die Spielregeln: Entweder das Wasser gefriert oder es siedet; und trotzdem wir von den bürgerlichen Demokratien sprechen, sind sie es, die als Erste die Regeln brechen werden.

Die Freihandelsverträge müssen von den Parlamenten bestätigt werden, und die Tatsache ist die, dass sie auf immer größere Schwierigkeiten treffen, um von den Parlamenten ratifiziert zu werden, eingeschlossen das Parlament des Imperiums, dem Repräsentantenhaus der Vereinigten Staaten.

Sie sagen, dass es sich hierbei nicht um einen internationalen Vertrag handelt, sodass dieser nicht über die Parlamente laufen müsse. Sie legen es stückweise vor, da sie Themen berühren, die den gesetzlichen Rahmen in unseren Ländern durcheinander bringen. Sie beschließen die Veränderung einer Gesetzgebung zu einem Zeitpunkt, und die einer anderen in einem anderen Augenblick. Sie setzen Erlasse der Exekutive, Veränderungen der Ausführungsregelungen, der Ausführungsnormen und Standards, niemals das gesamte Paket.

Die Freihandelsverträge – obwohl sie hinter unserem Rücken ausgehandelt wurden und im Allgemeinen hinter dem Rücken der Völker – werden früher oder später in einem schriftlichen Text ausgedrückt, der den Parlamenten vorgelegt wird und wir erfahren, was sie vereinbart haben. Sie beabsichtigen, dass wir niemals erfahren, was sie vereinbart haben. Wir werden nur Stückchen der Strategie sehen, weil es nie in einem integrierten Text ausgedrückt werden wird.

Ich werde zum Schluss eine Anekdote erzählen, damit uns bewusst wird, welchen Grad der Sophisterei die Abkommen und die Ausführungsmechanismen zur Integration der Sicherheitsapparate erreicht haben.

Vor einiger Zeit flog ein Flugzeug mit Touristen, die nach Puerto Vallarte in Urlaub gingen, aus Toronto nach Mexiko ab. Als das Flugzeug auf der Startbahn war und sie die Passagierliste etwas genauer ansahen, stellten sie fest, dass jemand dabei war, der in der Terroristen-Liste von Bush steht.

Sobald das Flugzeug in den US-Luftraum einflog – von Toronto bis zum US-Luftraum muss man nur die Großen Seen überfliegen, weiter ist das nicht, und in so einem Jet sind das ein paar Minuten –, waren zwei F-16 an der Seite des Flugzeugs. Diese brachten es aus dem US-Luftraum hinaus, eskortierten es bis in mexikanisches Gebiet, zwangen es, auf dem Militärteil des Flughafens zu landen und nahmen jenen Herrn fest und brachten seine Familie zurück.

Ihr könnt euch sicher die Gefühle der armen 200 Touristen vorstellen, die dort waren, als sie an der Seite des Flugzeugs zwei bewaffnete F-16 auftauchen sahen, die es von seiner Route abbrachten.

Dann stellte sich heraus, dass es nicht der Terrorist war, den sie erwarteten und sagten zu ihm: »Entschuldigen Sie, Sie können weiter Urlaub machen, und holen sie ihre Familie, damit diese Sie begleitet.«

Jorge Coronado (Costa Rica, Soziales Kontinentalbündnis):

Der Kampf gegen den Freihandel wird in der Region unter verschiedenen Gesichtspunkten geführt. Eines der vorgeschlagenen Vorhaben, die am stärksten auf die Unterwerfung zielen, d.h. Projekte in Bezug auf die Infrastruktur und die Aneignung unserer Artenvielfalt, ist der Plan Puebla-Panama, eine Strategie, die nicht nur auf die Aneignung unserer Ressourcen zielt, sondern Teil einer Militärstrategie des Imperiums ist und vom Süden von Mexiko bis nach Kolumbien reicht und Mittelamerika einschließt.

Im Kampf gegen die Wasserkraftwerk-Staudämme, welche die Gebiete der Indigenen und Bauern verdrängen und verletzen, gab es Fälle, wo durch militärische Gewalt verschiedene indigene und bäuerliche Gemeinden der Region verdrängt wurden.

Ein anderer Bestandteil unseres Kampfes erfolgt gegen den Bergbau. Kanadische, europäische und US-amerikanische transnationale Unternehmen sind dieser Strategie der Aneignung gefolgt.

Wir mussten der Privatisierung der öffentlichen Dienstleistungen begegnen: Strom, Wasser, Telekommunikation; im bäuerlichen Sektor den Kampf um das Saatgut führen, gegen die Patentierung von Lebewesen und gegen den Souveränitätsverlust in Bezug auf die gentechnisch veränderten Pflanzen und Tiere.

Wir haben gegen die Arbeitsflexibilität gekämpft, eine der Achsen, die auf die Branche gerichtet sind und, offensichtlich, gegen den Abbau unserer kleinbäuerlichen Produktion insgesamt.

Ebenfalls haben wir den Kampf gegen das Problem des geistigen Eigentums geführt, das unserer Sozialversicherung die Anwendung von generischen Medikamenten entzieht, die der Dreh- und Angelpunkt des Vertriebs sind, den unsere Sozialversicherungseinrichtungen in der Region unterhalten.

Ein zentraler Faktor in diesem Kampf gegen den Freihandel richtete sich gegen die Freihandelsverträge und besonders gegen die Freihandelsverträge mit den Vereinigten Staaten, die in Guatemala, in Honduras, in El Salvador und Nikaragua mit Feuer und Schwert verabschiedet wurden. Und das ist keine rhetorische Phrase.

In Guatemala wurden Kampfgenossen im Kampf gegen die Verabschiedung desselben ermordet. Dieser Kampf hat es uns ermöglicht, eine Achse zur Organisierung und Mobilisierung der umfassendsten Einheit der Volksbewegung in der Region abzusichern.

Im Fall des honduranischen Parlaments war es so, dass die Abgeordneten aus dem Parlament gingen und so den minimalen verfassungsrechtlichen Rahmen gesprengt haben.

Wir haben gesagt, d.h. innerhalb der Volksbewegung, dass das keine Niederlage bedeutet. Wir haben eine Schlacht verloren, aber das hat uns einen qualitativen Sprung bei der Organisation, bezüglich der Einheit und in der Kampferfahrung gegen den Freihandel ermöglicht.

Die Soziale Volksbewegung und das Volk von Costa Rica, die bis zum heutigen Tag die Verabschiedung des TLC in Costa Rica verhindert haben, haben eine Einheit verschiedener akademischer, politischer und sogar unternehmerischer Sektoren geschmiedet, um eine große nationale Kampffront zu schaffen, die verschiedenartig und heterogen ist. So ist es ihnen bis jetzt gelungen, die Regierung von Costa Rica und die neoliberale Rechte zu stoppen, die den TLC nicht verabschieden konnte. Jetzt wird die Möglichkeit unterbreitet, dass das Thema des TLC in Costa Rica durch eine Volksabstimmung entschieden wird.

Wir stehen, vom Gesichtspunkt der Macht aus gesehen, vor den Türen grundlegender Kampftage in Costa Rica, um den Fortschritt der neoliberalen Agenda zu verhindern. Eine Niederlage dieses Vertrags würde symbolisch bedeuten, weiter solche Siege hinzuzufügen, wie es derjenige war, der bedeutete den ALCA zum Stillstand zu bringen und ihn zu stoppen.

Heute fordern wir die Solidarität der Volksbewegung. Heute bitten wir die sozialen und Volksorganisationen, dass sie als internationale Beobachter nach Costa Rica kommen. Die Rechten schicken sich an, wann immer möglich, einen Betrug zu ermöglichen, der ihnen zum Sieg in einer bereits verlorenen Sache verhelfen soll. Deshalb wird es ein wichtiger Beitrag der aktiven und couragierten Solidarität mit unserem Kampf sein, dort seitens der Volksbewegung internationale Beobachter zu haben.

Heute, nach einem Jahr, hat der Freihandelsvertrag in Mittelamerika weder mehr Beschäftigung noch mehr Investitionen und auch keine besseren Bedingungen in der

Handelsbilanz mit sich gebracht, in keinem dieser Länder. Heute stellen wir in der gesamten Region die Agrarreform, die Souveränität und die Ernährungssicherheit als Losung auf. Das ist ein zentraler Punkt für unsere vorrangig von der Landwirtschaft lebenden Länder.

Heute wollen sich nicht nur allein die Vereinigten Staaten von Amerika, sondern auch die europäischen Länder eine der Regionen mit der höchsten biologischen Vielfalt und den reichsten Naturvorkommen aneignen. Heute mehr denn je ist der Dreh- und Angelpunkt unserer verschiedenen Bewegungen in der mittelamerikanischen Region die Auseinandersetzung mit dem Freihandel in seinen vielfältigen Erscheinungsformen. Dieses Treffen möge daher zu Elementen der Meinungsäußerung, zu Kampflinien und Gemeinschaftsaktionen verhelfen, die es uns gestatten, in der gesamten Hemisphäre als geballte Kraft des Volkes voranzuschreiten.

Wir lassen in unseren Anstrengungen nicht nach, wenn es um unsere Organisations- und Kampfkraft geht, bis wir eine neue Welt geschaffen haben.

Jaime Estay (Chile, Koordinator des Studiennetzes für Weltwirtschaft (REDEM) und zur Zeit Professor an der Universität von Puebla, Mexiko):

Diese Krise hat letztendlich mit der offensichtlichen Nichterfüllung der Zusagen zu tun, die mit einer Reihe von Reformen im Zusammenhang standen und deren Anwendung auf Lateinamerika in den 80er Jahren begonnen hatte.

Auf der Fahne des Freihandels stand geschrieben, dass wir ein Wachstum für unsere Wirtschaften erreichen würden, dass sich der Grad der Ungleichheit und der Abstand zwischen unseren und den fortgeschrittenen Ländern verringern würden, und schließlich, dass wir

Entwicklungssprünge machen würden. In einigen Ländern sprach man sogar von Sprüngen bis in die Erste Welt.

Was die neue Integration oder diesen offenen Regionalismus anbetrifft, der vor 15 Jahren auf den Weg gebracht worden war, so sollte dieser die Integration Lateinamerikas bzw. das, was wir als lateinamerikanische Integration charakterisiert haben, in den Dienst der Öffnung stellen.

Es wurde ein ganzes Meinungsbild in dem Sinne entwickelt, dass man eine Integration schaffen müsse, um eine Öffnung zu erreichen, eine Integration, die nichts mehr mit der alten protektionistischen Integration gemein habe, sondern es müsse eine Integration sein, die zu besseren Bedingungen für eine Einbringung in die globale Wirtschaft führt, in diese Märkte, die angeblich als freie Märkte funktionieren und die bestmöglichen Ergebnisse für unsere Länder bringen sollten.

Jenes Verhältnis zwischen Integration und Öffnung, jene Idee, dass das oberste Ziel der Integration die Öffnung unserer Länder sein müsse, wurde in der Tat erfüllt; unsere Länder öffneten sich tatsächlich. Und das wirksame und leider auch zentrale Element der lateinamerikanischen Integration bestand darin, sie in den Dienst jener Öffnung zu stellen.

Einige Funktionäre sprachen von der so genannten »pragmatischen Etappe der Integration«. Dahinter stand ein bisschen die Losung: Wir schreiten in dem Maße voran, wie wir können. Wenn das, was wir wollen, darin besteht, mehr Handel zu treiben, konzentrieren wir unsere Anstrengungen auf die Erweiterung des Handels. Wenn das, was wir wollen, darin besteht, eine Reihe kleiner Verträge, bilateraler oder Verträge zwischen drei oder vier Ländern zu schließen, nehmen wir uns das vor. Und zu einem bestimmten Moment können wir das alles als lateinamerikanische Integration bezeichnen.

Die Bilanz ist eindeutig negativ. Ich glaube, es wird immer mehr anerkannt, und zwar auf verschiedenen Ebenen, dass das, was wir lateinamerikanische Integration genannt haben, keine Integration, sondern Handel ist. Und sie ist auch nicht lateinamerikanisch, sondern viel mehr ein Dickicht von unterzeichneten Verträgen zwischen verschiedenen Ländern des Kontinents, die in gar keiner Weise einen Prozess vorangetrieben haben, der einen echten lateinamerikanischen Charakter hat. Die Öffnung, in deren Dienst wir angeblich diese Integration stellen sollten, hat keines der Ergebnisse gezeitigt, die im Sinne von Wirtschaftswachstum, Verminderung der Ungleichheit und Erringung der so begehrlich erwarteten Entwicklung, die da eintreten sollte, angekündigt worden waren.

Was nicht von der Hand zu weisen ist, ist die Tatsache, dass wir uns einem Verfall einer Art Integration gegenüber sehen, die sehr klar definierte, wofür, wie und für wen hier etwas integriert werden sollte.

Zusammenfassend kann ich sagen, dass wir von einer Integration sprechen, die auf den Fundamenten des Neoliberalismus erdacht wurde, die sowohl an ihren eigenen Zielstellungen gescheitert ist als auch an den Zielen, auf die wir alle ein Recht haben sie einzufordern, um auf einen wahrhaftigen Integrationsprozess zu warten.

Die neue lateinamerikanische Integration stützte sich stark auf die Politik und die Vorschläge, die aus Washington kamen. In hohem Maße haben sich diese US-amerikanischen Vorschläge in etwas transformiert, das zum Schluss seine eigene Schöpfung auffrisst. Allein die Tatsache, dass die Freihandelsverträge unterzeichnet werden sollen, bringt sowohl die Andenländer als auch den Gemeinsamen Zentralamerikanischen Markt in eine Krise.

Ein wichtiger Teil der Krise der gegenwärtigen lateinamerikanischen Integration hat mit dem Fortgang des US-amerikanischen Projektes in der Hemisphäre zu tun, der nicht auf dem Weg des ALCA erfolgt, das gebremst werden konnte, sondern auf dem Weg der Unterzeichnung verschiedener Freihandelsverträge.

Im Rahmen der Integration verstärkt sich immer mehr das Erscheinen von Alternativen. In vielerlei Hinsicht stützt sich die ALBA auf Prinzipien, die total anders sind als diejenigen, auf denen die in der Krise befindliche Integration beruht.

Es gibt noch viele Funktionen zu definieren und Grenzen zu ziehen: die Bedeutung solcher Konzepte wie »Freihandel«, »nationale Entwicklung«, »Marktfreiheit«, »Sicherheit und Souveränität der Ernährung« usw. Was sich bestätigt ist die Tatsache, dass wir uns auf unserem Kontinent bzw. in Lateinamerika einem wachsenden Widerwillen gegen die Vorherrschaft des Neoliberalismus gegenüber sehen.

Soweit die von diesen drei Persönlichkeiten zum Ausdruck gebrachten Meinungen, welche eine Synthese derjenigen sind, welche die Teilnehmer an der Debatte über die Freihandelsverträge äußerten. Das sind sehr stichhaltige Gesichtspunkte, die aus einer bitteren Realität erwachsen und meine Gedanken bereichert haben.

Ich empfehle den Lesern, ihr Augenmerk auf die Vielschichtigkeit des menschlichen Tuns zu legen. Es ist die einzige Form, weit voraus zu sehen.

Der Platz ist erschöpft. Ich darf heute kein weiteres Wort hinzufügen.

Fidel Castro Ruz,
16. Mai 2007

Bush, die Gesundheit und die Bildung

Ich werde hier nicht von Bushs Gesundheit und Bildung berichten, sondern von der seiner Nachbarn. Die Veranstaltung war keine improvisierte. Die Presseagentur AP informiert darüber, wie er seine Worte einleitete: »In diesem Land haben wir große Herzen«, sagte er auf Spanisch vor 250 Vertretern von privaten und religiösen Gruppen, Stiftungen und Nichtregierungsorganisationen, die auf Kosten seiner Regierung nach Washington gekommen sind. Einige von ihnen, ungefähr 100, stammen aus den Vereinigten Staaten.

»Die ›Konferenz des Weißen Hauses über die Amerikas‹ genannte Versammlung ist Teil der von Bush Anfang März zu Beginn einer Rundreise durch fünf lateinamerikanische Länder entworfenen Konzepte darüber, was seine Regierung in der kurzem ihm verbleibenden Regierungszeit für die Region zu tun gedenkt.«

»Bush berief die Konferenz ein, um über verschiedene Themen zu sprechen, besonders über Bildung und Gesundheit. ›Für uns ist es wichtig, gesunde und gebildete Nachbarn zu haben‹, sagte er bei improvisierten Erklärungen während einer Unterhaltung mit sechs der Teilnehmer aus Guatemala, den Vereinigten Staaten, Brasilien, Haiti und Mexiko, die bei einer Art Gesprächsrunde den Tisch mit ihm teilten«, fügte die Agentur hinzu.

Er behauptete solch unglaubliche Dinge wie zum Beispiel »die mühsame Arbeit, die wir unter unseren Nachbarn durchführen«.

Es sprachen Bush, der Finanzstaatsekretär, der Unterstaatssekretär für Angelegenheiten in der Westlichen Hemisphäre und die Unterstaatssekretärin für öffentliche

Diplomatie. Mehrere Kabinettsmitglieder saßen den Arbeitsgruppen vor, auf deren Grundlage die Versammlung stattfand. Alle redeten wie ein Wasserfall.

Sie erwähnten, dass Bush in Panama eine Einrichtung geschaffen hat, die mehr als 100 Doktoren aus sechs mittelamerikanischen Ländern geschult hat. Sie wiesen mit Nachdruck auf das *Comfort* hin: »eines der größten Krankenhaus-Schiffe der Welt, das nach seinem Besuch in Guatemala im Hafen von Panama eingelaufen ist«.

»Fünfundfünfzig Minuten seiner Zeit widmete Bush dieser Tätigkeit, die im Hotel der Stadt Arlington, Virginia, am Stadtrand von Washington stattfand.«

Und ohne lange darüber nachzudenken schloss sich Condoleeza, Außenministerin, dem Chor an, um über Kuba zu sprechen.

Wie eine andere Nachrichtenagentur berichtet, erklärte sie als unser Staatsrat in Erfüllung von Verfassungsvorschriften Wahlen einberief, dass »die Vereinigten Staaten hoffen, dass die Kubaner selbst über ihre Zukunft entscheiden«, und fügte hinzu: »Washington wird nicht den Übergang von einem Diktator auf einen anderen tolerieren«.

In seiner Anfangsrede behauptete Bush, sich seiner Macht und seiner persönlichen Rolle sehr bewusst, für einen Weltimperium-Chef des Planeten wirklich ungewöhnliche Konzepte. Diese wurden in Einzelheiten von der spanischen Nachrichtenagentur EFE aufgezeichnet: »Der Präsident der Vereinigten Staaten Georg W. Bush drängte heute die Regierungen von Lateinamerika ehrlich, transparent und offen zu sein.« [...] »Der Regierungschef behauptete, dass offene und durchschaubare Gesellschaften es sind, die in eine viel versprechende Zukunft führen«.

»Wir hoffen, dass die Regierungen ehrlich und durchschaubar sein werden. Wir lehnen die Vorstellung ab, dass das Vorhandensein von Korruption im Schoße einer Regierung gut sei...«

»Es kommt uns zustatten, einem bedürftigen Nachbarn zu helfen. Das erneuert unsere Seele und erhöht unseren Kollektivgeist. Ich meine, dass von demjenigen, dem viel gegeben wird, viel gefordert wird und uns als Land wurde viel gegeben, weshalb wir verpflichtet sind, den Menschen zu helfen«, beharrte er.

Bush ist sich dessen bewusst, dass er lügt und dass seine Lügen schwer zu verdauen sind, aber das ist ihm egal. Er vertraut darauf, dass viele es am Schluss glauben werden, wenn es tausend Mal wiederholt wird. Warum soviel Intrige? Was quält ihn im Wesentlichen? Wann begann die Agitiertheit?

Bush entdeckt, dass das wirtschaftliche und politische System seines Imperiums bei lebenswichtigen Diensten wie denen des Gesundheits- und Bildungswesens nicht mit dem während fast 50 Jahren angegriffenen und unter Blockade stehenden Kubas konkurrieren kann. Jedermann weiß, dass die Spezialität der Vereinigten Staaten auf dem Gebiet der Bildung in der Abwerbung qualifizierter Fachkräfte besteht. Die Weltarbeitsorganisation weist darauf hin, dass »47 Prozent der im Ausland geborenen Personen, die einen Doktortitel in den Vereinigten Staaten vollenden, in jenem Land bleiben«.

Ein weiteres Beispiel der Ausplünderung: »In Chikago sind mehr äthiopische Ärzte vorhanden, als in ganz Äthiopien«.

In Kuba, wo die Gesundheit keine Ware ist, können Dinge getan werden, die Bush sich nicht vorstellen kann.

Die Länder der Dritten Welt verfügen nicht über Mittel, um Forschungseinrichtungen zu gründen. Kuba dagegen hat sie geschaffen, trotzdem seine eigenen Fachleute sehr oft aufgefordert und angeregt wurden, zum Feind überzulaufen.

Unsere Alphabetisierungsmethode »Yo Sí Puedo« (Ich kann es doch!) steht heute gratis im Dienst aller lateinamerikanischen Länder, denen für den Fall, dass sie das Programm anwenden wollen, bei der Anpassung an ihre eigenen Besonderheiten durch Herstellung der entsprechenden Druckerzeugnisse und von Videos Unterstützung zukommt.

Länder wie Bolivien wenden sie auf Spanisch, Quechua und Aimara an. Allein diejenigen, die dort in knapp einem Jahr lesen und schreiben gelernt haben, sind mehr, als die vom Imperium in ganz Lateinamerika Alphabetisierten, wenn es überhaupt irgendeinen gibt. Ich spreche hier nicht von anderen Ländern wie Venezuela, das in kürzester Frist echte Heldentaten im Bildungssektor vollbracht hat.

»Yo Sí Puedo« kommt anderen Gesellschaften in Ländern außerhalb der westlichen Hemisphäre zustatten. Es ist ausreichend darauf hinzuweisen, dass Neuseeland sie anwendet, um die Maori-Bevölkerung zu alphabetisieren.

Anstelle eines Trainingszentrums für medizinisches Personal in Mittelamerika, durch das ungefähr 100 gegangen sind – was uns freut – gibt es in unserem Land jetzt mehrere zehntausend Stipendiaten aus Lateinamerika und der Karibik, die während sechs Jahren kostenlos in Kuba als Ärzte ausgebildet werden. Natürlich sind junge US-Amerikaner hier nicht ausgeschlossen, die ihr Studium sehr ernst nehmen.

Wir leisten Zusammenarbeit mit Venezuela bei der Ausbildung von mehr als 20000 Jugendlichen, die Medizin studieren und zur Einarbeitung in ihre harte zukünftige Aufgabe an den Sprechstunden in den Armenvierteln teilnehmen, die von den kubanischen Fachärzten betreut werden.

Das *Comfort*, mit mehr als 800 Menschen an Bord, darunter medizinisches Personal und Besatzungsmitglieder, wird keine große Anzahl Bürger behandeln können. Es ist unmöglich Programme zur medizinischen Betreuung episodenhaft durchzuführen. Die Rehabilitierung benötigt zum Beispiel in vielen Fällen monatelange Arbeit. Die Dienste, die Kuba seinem Volk in einer hierfür eingerichteten Poliklinik oder einem entsprechenden Krankenhaus leistet sind permanent und die Patienten können zu jeder Tages- und Nachtzeit behandelt werden. Wir haben das notwendige Reha-Fachpersonal ausgebildet.

Die Augenoperationen benötigen ebenfalls besonderen Könnens. In unserem Land werden jedes Jahr mehr als 50 000 Kubaner einer Augenoperation unterzogen und es werden 27 verschiedene Arten von Augenkrankheiten behandelt. Es ist keine Warteliste bei Hornhauttransplantation vorhanden, welche einer besonderen Organisation bedarf. Wenn eine aktive Nachforschung in den Vereinigten Staaten angestellt wird, dann wird man erkennen können, wie viele Menschen der Landesbevölkerung wirklich einer Operation bedürfen, welche ihre Einschränkungen anderen Gründen zuschrieben und Gefahr laufen, blind oder ernsthaft sehgeschädigt zu bleiben, da sie nie von einem Augenarzt untersucht worden sind. Man wird feststellen, dass es Millionen Menschen sind.

Ich habe hierbei nicht die mehreren hunderttausend Lateinamerikaner und Menschen der Karibik genannt, von denen ein Teil in Kuba operiert wird und der größte Teil von ihnen von kubanischen Augenärzten in ihren entsprechenden Ländern. Allein in Bolivien sind es mehr als 100 000 pro Jahr. In diesem Fall nehmen gemeinsam mit unseren Fachleuten bolivianische, an der lateinamerikanischen Medizinschule (ELAM) ausgebildete Ärzte daran teil.

Mal sehen, wie das *Comfort* in Haiti zurechtkommt, wenn es eine Woche lang Gesundheitsdienste dort leistet, wo es in 123 von insgesamt 134 Gemeinden des Landes kubanische Ärzte mit Absolventen der ELAM bzw. haitianischen Studenten des letzten Studienjahres gibt, um AIDS und andere Tropenkrankheiten zu bekämpfen.

Das Problem ist, dass die Vereinigten Staaten nicht das tun können, was Kuba macht. Stattdessen üben sie brutalen Druck auf Herstellerfirmen von ausgezeichneten medizinischen Geräten aus, die diese unserem Land geliefert haben, um zu verhindern, dass sie bestimmte Computerprogramme oder irgendein in den Vereinigten Staaten patentiertes Ersatzteil erneuern. Ich kann konkrete Fälle und den Namen der Firmen nennen. Es ist widerlich, obwohl wir Lösungen haben, die uns auf diesem Gebiet unverletzbarer machen.

Vor weniger als 6 Monaten hatte Bush die Idee zur universalen Anwendung der Kraftstofferzeugung ausgehend von Nahrungsmitteln, sowohl innerhalb als außerhalb der Vereinigten Staaten, noch nicht erfunden. Diejenigen, die den Wert der Fette und Eiweißnahrungsmittel für die menschliche Ernährung kennen, wissen, welche Folgen deren Mangel bei Schwangeren, Kindern, Jugendlichen, Erwachsenen und Menschen im Seniorenalter hervorruft. Das Schwergewicht des Mangels wird auf die am geringsten entwickelten Länder fallen, das heißt, auf die Mehrheit der Menschheit. Niemand wird über die Preiserhöhung bei Grundnahrungsmitteln und die soziale Instabilität überrascht sein, die das mit sich bringt. Gestern, am 13., stieg der Erdölpreis auf 79,18 USD das Barrel. Eine weitere Auswirkung des Papiertanzes und des Irakkriegs.

Vor knapp 48 Stunden hat der US-Heimatschutzminister Michael Chertoff erklärt, dass er innerlich das deutliche

Gefühl habe, dass in der Sommersaison jenes Landes ein Attentat passieren könnte. Etwas Ähnliches brachten die Außenministerin und später der Präsident der Vereinigten Staaten selbst zum Ausdruck. Aber gleichzeitig mit der Information über die potentiellen Gefahren unternahmen sie die größten Anstrengungen, um die öffentliche Meinung zu beruhigen.

Die Regierung der Vereinigten Staaten sieht alles und hört alles, mit oder ohne legale Genehmigung. Sie verfügt außerdem über zahlreiche Geheimdienste und Staatssicherheitsdienste mit reichlichen, der Spionage gewidmeten wirtschaftlichen Mitteln. Sie kann die Sicherheitsinformation, die sie benötigt, bekommen, ohne in geheime Gefängnisse zu entführen, dort zu foltern und zu ermorden. Jedermann kennt die wirklichen wirtschaftlichen Beweggründe, die mit der Anwendung von Gewalt und Macht im Weltmaßstab verfolgt werden. Jeglichen Angriff gegen ihre Bevölkerung kann sie verhindern, ausgenommen die imperiale Notwendigkeit des Gewaltschlages setzt sich durch, um den brutalen von ihr erklärten Krieg gegen die Kultur, die Religion, die Wirtschaft und die Unabhängigkeit anderer Völker fortzusetzen und zu rechtfertigen.

Ich muss zum Ende kommen.

Morgen, am Sonntag, ist der Tag der Kinder. An sie denke ich beim Schreiben dieser Reflexion. Ihnen widme ich sie.

Fidel Castro Ruz
14. Juli 2007

Brain Drain – Abwerbung von qualifizierten Fachkräften

Ich habe zu dem Thema etwas bei meinen letzten Reflexionen »Bush, die Gesundheit und die Bildung«, die ich den Kindern widmete, erwähnt und ein Beispiel zitiert. Bei diesen, die an den ersten Absolventenjahrgang der Universität für Informatikwissenschaften (UCI) gerichtet sind, werde ich dieses dornige Thema etwas gründlicher behandeln.

Sie waren die Wegbereiter, von denen ich so viel über die Intelligenz und die Werte unserer Jugendlichen gelernt habe, wenn sie mit Sorgfalt gepflegt werden. Viel habe ich auch von dem ausgezeichneten Lehrkörper gelernt, von denen ein Großteil in der Universitätsstadt »José Antonio Echevarría« (CUJAE) studiert hat.

Ich kann ebenfalls weder das Beispiel der Sozialarbeiter vergessen, die mit ihrer Organisationsfähigkeit und ihrem Opfergeist meine Kenntnisse und meine Erfahrung bereichert haben, noch die Tausenden Erzieher, die vor kurzem ihren Abschluss gemacht haben, und die Absicht erfüllt haben, einen Lehrer je 15 Schüler in der siebenten, achten und neunten Mittelschulklasse zu erreichen. Sie alle haben ihr Universitätsstudium fast gleichzeitig begonnen, im Eifer der Ideen, die bei der Schlacht zur Rückgabe eines entführten Kindes von 6 Jahren an seine Familie und sein Vaterland geboren und angewendet wurden, für den wir bereit waren, alles zu geben.

In zwei Tagen werden 1 334 Studenten der UCI aus dem ganzen Land ihren Fachabschluss als Informatikingenieur erhalten, die ihren Studienplatz aufgrund ihrer beispielhaften Verhaltensweise und ihrer Kenntnisse bekamen.

Von ihnen wurden 1 134 auf die Ministerien aufgeteilt, die unserem Volk wichtige Dienstleistungen bieten und den Organen, welche die hauptsächlichen wirtschaftlichen Ressourcen handhaben. Es verblieb eine zentrale Reserve von 200 gut ausgewählten jungen Menschen, die von Jahr zu Jahr zunehmen wird. Ihre Zweckbestimmung wird vielfältig sein. Diese Reserve besteht aus Abgängern aller Landesprovinzen und wird in der UCI selbst untergebracht sein. Von ihnen sind 56% männlichen und 44% weiblichen Geschlechts.

Die UCI öffnet Jugendlichen der 169 Kreise von Kuba ihre Tore. Ihre Grundlagen beruhen nicht auf dem Ausschließungsmodell und der Konkurrenz zwischen den menschlichen Wesen, welche die entwickelten kapitalistischen Länder lobpreisen.

Die Realitäten der Welt scheinen darauf ausgerichtet zu sein, um den Egoismus, den Individualismus und die Entmenschlichung des Menschen zu säen.

Eine am 3. Mai 2006 veröffentlichte Reuters-Agenturmeldung behauptet unter dem Titel »Die Abwanderung afrikanischer Fachkräfte beraubt den Kontinent seiner qualifizierten Arbeitskräfte und behindert seine Entwicklung«: »es wird eingeschätzt, dass« in Afrika »jedes Jahr 20 000 Fachkräfte in den Westen auswandern«, was den Kontinent der »Ärzte, Krankenpfleger, Lehrer und Ingenieure beraubt, die er zur Zerschlagung eines Armuts- und Unterentwicklungszyklus benötigt.«

Reuters fügt hinzu: »Die Weltgesundheitsorganisation behauptet, dass Schwarzafrika das Gewicht von 24 Prozent der Krankheiten auf der Welt trägt, einschließlich AIDS, Malaria und Tuberkulose. Um gegen diese Herausforderung anzukämpfen hat es nur 3 Prozent der qualifizierten Arbeitskräfte der Welt zur Verfügung.«

In Malawi »sind nur 5 Prozent der Arztstellen besetzt und 65 Prozent der freien Stellen für Krankenschwestern. In jenem 10 Millionen-Einwohner-Land betreut ein Arzt 50 000 Menschen«.

Die Agentur drückt mit einem wörtlichen Zitat eines Weltbankberichts Folgendes aus: »Stillstand durch die inneren Konflikte, die Armut und die Krankheiten, von denen viele heilbar sind, aber keine ärztliche Betreuung erfahren, ein Großteil Afrikas ist nicht in der Lage, mit den reichen Ländern, die bessere Gehälter, bessere Arbeitsbedingungen und politische Stabilität bieten, in den Wettbewerb zu treten.«

»Die Abwanderung von qualifizierten Fachkräften (›Brain Drain‹) ist ein doppelter Schlag für die schwachen Wirtschaften, die nicht nur ihre besten Humanressourcen und das Geld für ihre Ausbildung verlieren, sondern dann ungefähr 5,6 Milliarden Dollar pro Jahr zahlen sollen, um die Ausgewanderten anzustellen.«

Die Redewendung »Brain Drain« wurde in den 60er Jahren geprägt, als die Vereinigten Staaten die Ärzte von Großbritannien für sich aufkauften. In jenem Fall fand der Raub zwischen zwei entwickelten Ländern statt, einem, das im Jahr 1944 aus dem zweiten Weltkrieg mit 80 Prozent der Goldbarren hervorging und dem anderen, das in jenem Krieg stark mitgenommen und seines Imperiums beraubt worden war.

Ein Weltbankbericht unter dem Titel »Internationale Migration, Geldüberweisungen und Abwanderung qualifizierter Fachkräfte«, der im Oktober 2005 bekannt gegeben wurde, ergab folgende Ergebnisse:

In den letzten 40 Jahren sind mehr als 1 200 000 Fachkräfte aus Lateinamerika und der Karibik in die Vereinigten Staaten, nach Kanada und in das Vereinigte

Königreich emigriert. Aus Lateinamerika sind während 40 Jahren im Durchschnitt mehr als 70 Wissenschaftler pro Tag emigriert.

Von den 150 Millionen Menschen auf der Welt, die an wissenschaftlichen und technologischen Aktivitäten teilnehmen, sind 90 Prozent in den sieben Nationen mit dem höchsten industriellen Entwicklungsstand konzentriert.

Mehrere Länder, vor allem kleine Staaten Afrikas, der Karibik und Mittelamerikas haben durch Migration mehr als 30 Prozent ihrer Bevölkerung mit akademischem Abschluss verloren.

Die Inselkaribik, wo Englisch in fast allen Ländern Landessprache ist, weist die höchste Fachkräfte-Abwanderungsrate der Welt auf. In einigen ihrer Länder sind 8 von 10 Universitätsabgängern aus dem Land weggegangen.

Mehr als 70 Prozent der Software-Programmierer des US-Unternehmens *Microsoft Corporation* stammen aus Indien und Lateinamerika.

Besonderer Erwähnung sind die intensiven Migrationsbewegungen wert, die, ausgehend von der Auflösung des sozialistischen Lagers, von Osteuropa und der Sowjetunion nach Westeuropa und Nordamerika entstanden.

Die Internationale Arbeitsorganisation (IAO) zeigt auf, dass die Zahl der Wissenschaftler und Ingenieure, die ihre Herkunftsländer verlassen und in Industrienationen gehen, circa ein Drittel der Anzahl beträgt, die in ihren Ursprungsländern verbleiben, was eine bedeutende Verminderung des unverzichtbaren Humankapitals hervorruft.

In der Untersuchung der IAO wird behauptet, dass die Migration von Studenten eine Vorlauf-Erscheinung zur Abwanderung von qualifizierten Fachkräften ist. Die Organisation für wirtschaftliche Zusammenarbeit und Entwicklung (OECD) stellte fest, dass zu Beginn des jetzigen

Millenniums knapp über »1,5 Millionen ausländischer Studenten Hochschulstudien in den Mitgliedsstaaten absolvierten, von denen mehr als die Hälfte aus nicht zur OECD gehörigen Ländern stammen. Von jener Gesamtzahl seien knapp eine halbe Million in den Vereinigten Staaten, eine viertel Million im Vereinigten Königreich und ungefähr 200 000 in Deutschland«.

Zwischen 1960 und 1990 haben die Vereinigten Staaten und Kanada mehr als eine Million Einwanderer – Akademiker und Fachleute – aus Ländern der Dritten Welt akzeptiert.

Die Zahlen sind nur eine schwache Widerspiegelung der Tragödie.

In den letzten Jahren ist die Förderung dieser Emigration zu einer offiziellen Staatspolitik in mehreren Ländern des Nordens geworden, mit speziell zu diesem Zweck entworfenen Anreizen und Sonderbehandlungen:

Der im Jahr 2000 vom Repräsentantenhaus der Vereinigten Staaten verabschiedete »American Competitiviness in the 21st Century Act« erhöhte die Anzahl der temporären Arbeitsvisa, die als H-1B bekannt sind, von 65 000 auf 115 000 im Geschäftsjahr 2000, und anschließend bis auf 195 000 für die Jahre 2001, 2002 und 2003. Zielstellung bei dieser Erhöhung war es, den Eintritt von hoch qualifizierten Einwanderern in die Vereinigten Staaten zu fördern, welche Arbeitsplätze im Bereich der Hochtechnologie einnehmen könnten. Obwohl diese Zahl im Geschäftsjahr 2005 auf 65 000 verringert wurde, hielt der Fachkräfte-Strom in jenes Land unveränderlich an.

Ähnliche Maßnahmen wurden vom Vereinigten Königreich, von Deutschland, Kanada und Australien erlassen. Letzteres Land erteilte ab 1990 der Einwanderung von hoch qualifizierten Fachkräften vor allem in den Bereichen

Bank- und Versicherungswesen und der so genannten wissensbasierten Wirtschaft Vorrang.

Bei fast allen beruht das Auswahlkriterium auf der hohen Qualifikation, der Sprache, dem Alter, der Berufserfahrung und den beruflichen Ergebnissen. Das Programm des Vereinigten Königreiches erteilt Ärzten Zusatzpunkte.

Diese fortgesetzte Ausplünderung von qualifizierten Fachkräften der Länder des Südens annulliert und schwächt die Ausbildungsprogramme des Humankapitals, einer notwendigen Ressource, um aus der Unterentwicklung emporzusteigen. Es geht nicht nur um den Kapitaltransfer, sondern um die Einfuhr der grauen Substanz, wobei von der Wurzel her die Intelligenz und die Zukunft der Völker gekappt wird.

In den Jahren 1959 bis 2004 erreichten in Kuba 805 903 Akademiker ihren Abschluss, einschließlich Ärzte. Die ungerechte Politik der Vereinigten Staaten gegen unser Land hat uns 5,16 Prozent unserer von der Revolution graduierten Hochschulabgänger genommen.

Dennoch sind die Arbeitsbedingungen und die Vergütung nicht einmal für die Elite der Beschäftigten unter den Einwanderern genauso wie für die einheimischen US-Amerikaner. Um den von der Arbeitsgesetzgebung auferlegten komplizierten Papierkram und den Aufwand der Einwanderungsformalitäten zu umgehen, ist man in den Vereinigten Staaten so weit gegangen, ein Softwarefabrik-Schiff zu schaffen, dass hoch qualifizierte Sklaven in internationalen Hoheitsgewässern verankert hält, eine Art Maquila-Betrieb zur Herstellung aller denkbarer Arten von digitalen Geräten. Das Projekt *SeaCode* besteht darin, ein Schiff mehr als dreitausend Meilen von der kalifornischen Küste entfernt (internationale Hoheitsgewässer) mit 600 Informatikern aus Indien an Bord verankert zu haben, die während vier Monaten auf dem Meer täglich 12 Stunden ohne Pause arbeiten.

Die Tendenzen zur Kenntnisprivatisierung und Internationalisierung der wissenschaftlichen Forschung in dem Großkapital unterstellten Unternehmen hat eine Art »Wissenschaftsapartheid« für die große Mehrheit der Menschheit geschaffen.

Die Gruppe Vereinigte Staaten, Japan und Deutschland hat einen ähnlichen prozentmäßigen Anteil an der Weltbevölkerung wie Lateinamerika, aber die Investition in Forschung und Entwicklung beträgt 52,9 Prozent gegenüber 1,3 Prozent. Die heutige wirtschaftliche Lücke nimmt vorweg, wie weit die von Morgen gehen kann, wenn diese Tendenzen nicht rückläufig gemacht werden.

So eine Zukunft hat sich schon unter uns niedergelassen. Die so genannte neue Wirtschaft bewegt jedes Jahr enorme Kapitalströme. Gemäß einem Bericht von Digital Planet 2006, des World Information Technology and Services Alliance (WITZA), erreichte der Weltmarkt für Informations- und Nachrichtentechnologien (TIC) drei Billionen US-Dollar im Jahr 2006.

Mehr und mehr Menschen sind ans Internet angeschlossen – am 9. Juli 2007 wurden knapp 1,4 Milliarden Nutzer erreicht –, dennoch sind in einem großen Teil der Länder, einschließlich vieler entwickelter, weiterhin die Bürger in der Überzahl, die keinen Anschluss an jenen Service haben. Die digitale Lücke übersetzt sich in dramatische Unterschiede, wo einem Teil der Menschheit, dem begünstigten und mit dem Netz verbundenen, mehr Information zur Verfügung steht, als je einer Generation zuvor.

Um eine Idee davon zu bekommen, was das bedeutet, ist es ausreichend zwei Realitäten zu vergleichen: Während in den Vereinigten Staaten etwas über 70 Prozent der

Bevölkerung Internetzugang hat, sind das in ganz Afrika nur 3 Prozent. Die Internetservice-Anbieter befinden sich in Ländern mit hohen Einkommen, wo nur 16 Prozent der Weltbevölkerung lebt.

Es ist dringend, der Situation der Bedürftigkeit zu begegnen, in der sich die Gruppe unserer Länder auf diesem Schauplatz der weltweiten Informationsnetze, Internet und aller moderner Informations- und Bildübertragungsmittel befindet. Eine Gesellschaft, in der die menschlichen Wesen zu Millionen überzählig sind und die Abwerbung von qualifizierten Fachkräften aus den Ländern des Südens Gewohnheitspraxis ist, und die wirtschaftliche Macht und Nutznießung der neuen Technologien in wenigen Händen verewigt wird, kann nicht einmal mittelmäßig menschlich genannt werden. Dieses Dilemma zu lösen ist so wichtig für das Schicksal der Menschheit, wie sich der durch den Klimawechsel auf dem Planeten hervorgerufenen Krise zu stellen, Probleme, die vollkommen miteinander verbunden sind.

Als Schlussfolgerung füge ich euch hinzu:

Demjenigen, der einen Computer besitzt, stehen alle veröffentlichten Kenntnisse zur Verfügung. Das privilegierte automatische Gedächtnis gehört ihm ebenfalls.

Die Ideen haben ihren Ursprung in den Kenntnissen und den ethischen Werten. Ein wichtiger Teil des Problems würde technologisch gelöst sein, der andere Teil muss ununterbrochen gepflegt und verfeinert werden, sonst werden die ursprünglichen Instinkte sich durchsetzen.

Die vor den Absolventen der UCI stehende Aufgabe ist großartig. Ich hoffe, dass sie diese erfüllen werden und sie werden sie erfüllen.

Fidel Castro Ruz
17. Juli 2007

Der Wert der Ideen

Che war ein Mann der Ideen.

Mit tiefem Schmerz würde er die Reden hören, die von traditionellen Linkspositionen aus auf dem Iberoamerikanischen Gipfel in Santiago de Chile gehalten wurden.

Die der Rechten vertraten ebenfalls traditionelle Positionen und machten intelligente Konzessionen an die angebliche Linke.

Stolz würde er über die Stellungnahmen mehrerer mutiger, revolutionärer Führer empfinden, unabhängig von den wenigen oder vielen politischen Erfahrungen, die Einzelne von ihnen besitzen.

Die Erfahrung ist die Mutter der Wissenschaft und der Ideen.

Aus den Schlachten, die von einer Hand voll kubanischer Kämpfer in einem Teil der Sierra Maestra gegen in Zahl und Waffen weitaus überlegene Kräfte geführt wurden, entwickelte Che die Ideen, die er später in seinem Buch *La guerra de guerrillas* zusammenfasste.

Die Kritik von Chávez an Europa war vernichtend; an dem Europa, das gerade Rektoratslektionen auf diesem Iberoamerikanischen Gipfel zu geben versuchte.

In den Worten von Daniel und Evo waren die Stimmen Sandinos und der tausendjährigen Kulturen dieser Hemisphäre zu hören.

Die Rede, die der Präsident von El Salvador auf diesem Gipfel hielt, verursacht Übelkeit.

Der Kapitalismus ist ein System, das von blinden, zerstörenden und tyrannischen Gesetzen bestimmt wird, die der menschlichen Gattung auferlegt wurden.

Den nächsten Gipfel der lateinamerikanischen Jugend zu widmen, ist eine unverdauliche Mischung von Zynismus und Lüge, um bedingte Reflexe im Geist der Völker zu sähen.

Fidel Castro Ruz
10. November 2007

Lula
(Erster Teil)

Er hat sich spontan entschlossen, als Präsident von Brasilien Kuba das zweite Mal einen Besuch abzustatten, obwohl aufgrund meines Gesundheitszustands eine Zusammenkunft mit mir nicht sicher war.

Seinen eigenen Angaben zufolge hat er früher die Insel fast jedes Jahr besucht. Ich habe ihn aus Anlass des ersten Jahrestages der Sandinistischen Revolution im Haus von Sergio Ramírez, damals Vizepräsident des Landes, kennen gelernt. Nebenbei gesagt hat letzterer mich auf gewisse Weise getäuscht. Als ich sein Buch *Göttliche Strafe* las – eine ausgezeichnete Erzählung –, habe ich sogar geglaubt, dass es sich um ein wirkliches Vorkommnis in Nikaragua handele, mit allen jenen rechtlichen Verwirrungen, die in den ehemaligen spanischen Kolonien ganz gewöhnlich sind; er selbst hat mir eines Tages erzählt, es sei reine Erfindung.

Dort habe ich ebenfalls Frei Betto, heute Kritiker, wenn auch nicht Feind von Lula, getroffen und den Priester Ernesto Cardenal, linksgerichtetes Mitglied der sandinistischen Bewegung und jetziger Gegner von Daniel. Beide Schriftsteller gehörten zur Theologie der Befreiung, einer fortschrittlichen Strömung, in der wir immer einen großen Schritt in Richtung Einheit der Revolutionäre und der Armen gesehen haben – über ihre Philosophie und ihren Glauben hinaus –, die auf die konkreten Kampfbedingungen in Lateinamerika und in der Karibik angepasst ist.

Ich gebe jedoch zu, dass ich in Priester Ernesto Cardenal, im Gegensatz zu anderen Regierungsmitgliedern von Nikaragua, ein Ebenbild von Opferbereitschaft und Entsagung wie bei einem mittelalterlichen Mönch gesehen habe. Er war ein echter Inbegriff der Reinheit. Ich erwähne hier nicht andere, weniger konsequente, die irgendwann einmal Revolutionäre waren, sogar Mitglieder der äußersten Linken in Zentralamerika und anderen Gebieten und dann mit allem mit Waffen und Wissen aus Sucht nach Wohlstand und Geld in die Reihen des Imperiums übergelaufen sind.

Was hat das Erzählte mit Lula zu tun? Sehr viel. Er war nie ein Linksextremist und ist in den Stand eines Revolutionärs auch nicht von einem philosophischen Standpunkt ausgehend aufgestiegen, sondern ausgehend von seiner Herkunft als Arbeiter aus sehr einfachen und christlichen Verhältnissen, der hart gearbeitet hat, indem er Mehrwert für andere schuf. In den Arbeitern hat Karl Marx die Totengräber des kapitalistischen Systems gesehen: »Proletarier aller Länder, vereinigt Euch!«, verkündete er. Er überlegt und beweist das mit einer unwiderlegbaren Logik. Er findet Gefallen daran und macht sich darüber lustig, indem er beweist, wie zynisch die verwendeten Lügen waren, die zur Anschuldigung der Kommunisten verwendet wurden. Wenn auch die Ideen von Marx damals richtig waren, als alles vom Klassenkampf und der Entwicklung der Produktivkräfte und der Wissenschaft und Technik, welche die Grundlage zur Schaffung der notwendigen Güter zur Befriedigung der menschlichen Bedürfnisse schaffen, abzuhängen schien, so gibt es absolut neue Faktoren, die ihm Recht geben und gleichzeitig gegen seine edlen Ziele stoßen.

Es sind neue Bedürfnisse entstanden, welche die Zielstellungen einer Gesellschaft ohne Ausbeuter und Ausgebeutete kaputtmachen können. So entsteht als neues Bedürfnis das Überleben der menschlichen Gattung. Zu Marx Zeiten konnte man vom Klimawechsel nichts ahnen. Engels und er wussten im Überfluss, dass die Sonne nach Verbrauch ihrer gesamten Energie eines Tages erlöschen würde. Wenige Jahre nach dem Manifest wurden andere Menschen geboren, die immer auf dem Gebiet der Wissenschaften und der Kenntnisse der das Universum bewegenden chemischen, physikalischen und biologischen Gesetze tief greifende Untersuchungen anstellten, die damals unbekannt waren. In wessen Händen befinden sich jene Kenntnisse? Auch wenn diese weiter entwickelt und sogar verbessert wurden, und erneut seine Theorien teilweise verneint oder ihnen widersprochen wird, so sind die neuen Kenntnisse nicht in Händen der armen Völker, die heutzutage drei Viertel der Weltbevölkerung darstellen. Sie befinden sich in Händen einer Gruppe privilegierter reicher und entwickelter kapitalistischer Mächte, die mit dem mächtigsten je vorhandenen Imperium verbündet sind, das auf der Grundlage einer globalisierten Wirtschaft erbaut wurde und von den selben Gesetzen des Kapitalismus regiert wird, die Marx gründlich beschrieben und auseinander genommen hat.

Jetzt, wo die Menschheit weiterhin kraft der den Ereignissen innewohnenden Dialektik unter diesen Realitäten leidet, müssen wir diesen Gefahren begegnen.

Wie hat sich der Revolutionsprozess in Kuba gestaltet? Über bestimmte Episoden jener Etappe wurde in den letzten Wochen in unserer Presse recht viel geschrieben.

Es wird zu verschiedenen historisch bedeutsamen Daten Tribut gezollt, wenn diese Jahrestage runden Zahlen, d.h. einem Vielfachen von fünf oder zehn, entsprechen. Das ist gerechtfertigt, aber wir müssen vermeiden, dass bei der Gesamtheit so vieler von jedem Presseorgan oder Medienraum gemäß seinen Kriterien beschriebener Tatsachen wir nicht aus den Augen verlieren, sie im Zusammenhang der geschichtlichen Entwicklung unserer Revolution zu sehen, trotz der Anstrengungen der wunderbaren, uns zur Verfügung stehenden Analytiker.

Für mich bedeutet Einheit, den Kampf, die Risiken, die Opfer, die Zielstellungen, die Ideen, die Konzepte und die Strategien, die man mittels Debatte und Analyse erreicht, miteinander zu teilen. Einheit bedeutet gemeinsamer Kampf gegen die Vertreter des Annexionismus, die Landesverräter und die Korrupten, was ein Mitglied einer revolutionären Organisation absolut nicht sein kann. Auf diese Einheit, geschart um die Ideen der Unabhängigkeit und gegen das auf die Völker von Amerika vorrückende Imperium, habe ich mich immer bezogen. Vor einigen Tagen habe ich diese Idee erneut gelesen, als *Granma* sie am Vortag unserer Wahlen veröffentlichte und *Juventud Rebelde* ein handschriftliches Faksimile von mir hierüber abdruckte.

Die alte, vor der Revolution vorhandene Losung der Einheit hat mit dem Konzept nichts zu tun, denn in unserem Land gibt es heutzutage keine politischen Parteien, die nach der Macht streben. Wir müssen verhindern, dass sich die strategischen Linien in dem riesigen Meer der taktischen Kriterien auflösen und wir uns nicht vorhandene Situationen ausdenken.

In einem von den Vereinigten Staaten intervenierten Land, inmitten seines einsamen Kampfes um die Unabhängigkeit der zusammen mit dem Bruderland Puerto

Rico letzten spanischen Kolonie – »die zwei Flügel desselben Vogels« – waren die nationalistischen Gefühle sehr tief.

Diejenigen, die wirklich den Zucker produzierten, d.h. die gerade erst befreiten Sklaven und die Bauern, viele von ihnen Kämpfer der Befreiungsarmee, die zu Prekaristen geworden waren oder überhaupt kein Land besaßen, welche zum Zuckerrohrschlagen in die von den Gesellschaften der Vereinigten Staaten oder von kubanischen Großgrundbesitzern – die die Ländereien erbten, kauften oder raubten – geschaffenen großen Latifundien lanciert wurden, waren das angebrachte Rohmaterial, um die revolutionären Ideen aufzunehmen.

Julio Antonio Mella, Gründer der Kommunistischen Partei zusammen mit Baliño – der Martí kannte und mit ihm die Partei schuf, die zur Unabhängigkeit von Kuba führte – nahm die Fahne erneut auf, fügte den Enthusiasmus hinzu, der von der Oktoberrevolution ausging, und gab für diese Sache sein eigenes Blut als junger Intellektueller, der von den revolutionären Ideen beherrscht ist. Das kommunistische Blut von Jesús Menéndez kam 18 Jahre später zu dem von Mella hinzu.

Wir, Teenager und Jugendliche, die in Privatschulen lernten, hatten nicht einmal den Namen Mella gehört. Unsere Herkunft als Klasse oder soziale Gruppe mit höherem Einkommen als der Rest der Bevölkerung verurteilte uns als Menschen, der egoistische und ausbeuterische Teil der Gesellschaft zu sein.

Ich hatte das Privileg, über die Ideen zur Revolution zu gelangen, dem langweiligen Schicksal zu entrinnen, zu dem mich das Leben führte. Zu einem anderen Zeitpunkt habe ich das Warum erläutert. Jetzt erinnere ich mich nur im Zusammenhang dessen, was ich jetzt schreibe, daran.

Der Hass auf Batista war aufgrund der Unterdrückung und seiner Verbrechen so groß, dass niemand auf die von mir bei meiner Verteidigung vor dem Gericht in Santiago de Cuba ausgedrückten Ideen geachtet hat, wo sie sogar ein in der UdSSR gedrucktes Buch von Lenin – das aus der Buchhandlung der Sozialistischen Volkspartei in der Straße Carlos III in Havanna stammte, wo ich auf Raten kaufen konnte – in den Habseligkeiten der Kämpfer gefunden haben. »Wer Lenin nicht liest, ist ein Ignorant«, habe ich ihnen inmitten des Verhörs bei den ersten Anhörungen vor den Kopf geworfen, als sie dies als Teil der Anklage hervorbrachten. Ich stand noch gemeinsam mit den anderen Gefangenen vor Gericht, die überlebt hatten.

Man würde das von mir Behauptete nicht gut verstehen, wenn man nicht berücksichtigt, dass zu dem Zeitpunkt, als wir die Moncada-Kaserne angegriffen haben, d.h. am 26. Juli 1953 – eine Aktion, die auf den organisatorischen Anstrengungen über mehr als ein Jahr beruhte, ohne dass wir auf irgendjemand anderen als auf uns selbst zählen konnten –, in der UdSSR die Politik von Stalin vorherrschte, der überraschend ein paar Monate vorher verstorben war. Er war ein ehrlicher und opferbereiter Kommunist, der später schwerwiegende Fehler beging, die ihn zu äußerst konservativen und misstrauischen Positionen führten. Wenn eine Revolution wie die unsrige damals erfolgreich gewesen wäre, dann hätte die UdSSR nicht das für Kuba getan, was später jene sowjetische Regierung machte, die schon von jenen finsteren und verschlagenen Methoden befreit und voller Enthusiasmus über die in unserem Land ausgelöste sozialistische Revolution war. Das habe ich gut begriffen, trotz der gerechten Kritik, die ich aufgrund von zur Genüge bekannten Tatsachen zum gegebenen Zeitpunkt Chruschtschow gegenüber ausübte.

Die UdSSR besaß die mächtigste Armee aller Teilnehmer des Zweiten Weltkrieges, nur waren Viele durch einen »Säuberungsprozess« aus ihr entfernt bzw. in die Reserve versetzt worden. Ihr Regierungschef unterschätzte die Bedrohungen und die kriegerischen Theorien von Hitler. Direkt aus der japanischen Hauptstadt hatte ein wichtiger und anerkannter sowjetischer Geheimdienstagent das unmittelbare Bevorstehen des Angriffs für den 22.Juni 1941 mitgeteilt. Dieser kam überraschend für das Land, das nicht in Alarmbereitschaft versetzt worden war. Viele Offiziere hatten Ausgang. Selbst ohne die Kommandierenden der Einheiten mit der größten Erfahrung, welche abgesetzt worden waren, wären die Nazis vom ersten Augenblick an auf mächtige Kräfte gestoßen, wenn diese Einheiten in Alarmbereitschaft versetzt und in Kampfstellung gebracht worden wären und sie hätten nicht den größten Teil der Kampfflugzeuge am Boden zerstört. Die Überraschung hatte noch schlimmere Auswirkungen als die »Säuberungsaktion«. Die sowjetischen Soldaten ergaben sich nicht, wenn man zu ihnen von feindlichen Panzern in der Nachhut sprach, wie es bei den anderen Armeen des kapitalistischen Europa geschah. In den kritischsten Augenblicken, bei Temperaturen unter dem Gefrierpunkt, haben die sibirischen Patrioten die Drehbänke der Waffenfabriken in Betrieb gesetzt, die Stalin vorausschauend in das tiefste sowjetische Hinderland hatte bringen lassen.

Wie mir von Führungspersönlichkeiten der UdSSR selbst erzählt wurde, als ich jenes große Land im April 1963 besuchte, hatten die revolutionären russischen Kämpfer, die im Kampf gegen die ausländische Intervention gestählt waren – in der Truppen geschickt worden waren, um die bolschewistische Revolution zu bekämpfen, die anschließend einer Blockade ausgesetzt und isoliert wurde –,

Beziehungen mit den deutschen Offizieren aufgenommen, die der militaristischen preußischen Tradition angehörten und durch den Vertrag von Versailles erniedrigt worden waren, der dem Ersten Weltkrieg ein Ende setzte, und mit ihnen Erfahrungen ausgetauscht.

Die Geheimdienste der SS haben die Intrige gegen Viele eingeschleust, die in ihrer großen Mehrheit der Revolution treu waren. Ausgehend von einem Misstrauen, das krankhaft wurde, setzte Stalin in den Jahren vor dem Großen Vaterländischen Krieg 3 der 5 Marschälle, 13 der 15 Heeresbefehlshaber, 8 der 9 Admiräle, 50 der 57 Armeekorps-Generäle, 154 der 186 Divisionsgeneräle, einhundert Prozent der Kommissare für die Armee und 25 der 28 Armeekorps-Kommissare der Sowjetunion ab.

Jene schwerwiegenden Fehler haben die UdSSR eine riesige Zerstörung gekostet und über 20 Millionen Menschenleben, manche behaupten 27 Millionen.

Im Jahr 1943 wurde verspätet die letzte Frühlings-Offensive der Nazis am berühmten und verlockenden Kursker Bogen gestartet, und zwar mit 900 000 Soldaten, 2 700 Panzern und 2 000 Flugzeugen. Die sowjetische Seite, Kenner der feindlichen Psychologie, warteten in jener Falle auf den sicheren Angriff mit 1,2 Millionen Mann, 3 300 Panzern, 2 400 Flugzeugen und 20 000 Artilleriegeschützen. Unter Führung von Zhukow und Stalin selbst besiegten sie die letzte Offensive von Hitler.

Im Jahr 1945 schritten die sowjetischen Soldaten unhaltbar voran, bis sie die Kuppel des Deutschen Reichstags in Berlin einnahmen, auf der sie die rote Fahne hissten, die von dem Blut so vieler Gefallener gefärbt war.

Ich beobachte einen Moment die rote Krawatte von Lula und frage ihn: die hat dir Chávez geschenkt, nicht wahr? Er lächelt und antwortet: Jetzt werde ich ihm einige

Hemden schicken, da er sich beschwert, dass die Kragen von seinen Hemden sehr hart sind und ich werde sie in Bahia besorgen, um sie ihm zu schenken.

Er bat mich darum, dass ich ihm einige der von mir aufgenommenen Fotos gebe.

Als er sagte, dass er über meinen guten Gesundheitszustand sehr beeindruckt sei, habe ich ihm geantwortet, dass ich mich dem Denken und Schreiben widme. Ich habe niemals in meinem Leben so viel nachgedacht. Ich erzählte ihm, dass ich im Anschluss an meinen Besuch in Córdoba, in Argentinien, wo ich an einem Treffen mit zahlreichen Führungspersönlichkeiten teilgenommen hatte, unter denen er sich befand, zurückkehrte und anschließend an zwei Veranstaltungen anlässlich des Jahrestages des 26. Juli teilgenommen habe. Ich war dabei, das Buch von Ramonet durchzusehen. Ich hatte ihm alle seine Fragen beantwortet. Ich hatte mir die Angelegenheit nicht allzu sehr zu Herzen genommen. Ich dachte, dass es etwas wäre, dass schnell erledigt wäre, wie die Interviews von Frei Betto und Tomás Borge. Anschließend ließ ich mich von dem Buch des französischen Schriftstellers unterjochen, dass schon kurz davor stand, ohne meine Revision veröffentlicht zu werden, wobei ein Teil der Antworten auf die Schnelle gegeben worden waren. In jenen Tagen habe ich fast überhaupt nicht geschlafen.

Als ich in der Nacht vom 26. zum 27. Juli schwer erkrankte, dachte ich, dass es das Ende sei. Während die Ärzte um mein Leben kämpften, las der Leiter des Staatsrat-Büros auf meine Forderung den Text und ich diktierte die entsprechenden Veränderungen.

Fidel Castro Ruz
22. Januar 2008

Lula
(Zweiter Teil)

Lula rief mir warmherzig seinen ersten Besuch in unserem Land im Jahr 1985 in Erinnerung, als er an einem Treffen zur Analyse der bedrückenden Auslandsschuld teilnahm, zu dem seitens Kubas aufgerufen worden war und bei dem Vertreter der verschiedenartigsten politischen, religiösen, kulturellen und sozialen Strömungen, die aufgrund des erdrückenden Dramas besorgt waren, ihre Kriterien darlegten und debattierten.

Die Treffen fanden das gesamte Jahr über statt. Es wurden Führer der Arbeiter, Bauern, Studenten oder andere Kategorien einberufen, je nach Thematik. Er war einer von ihnen – er war schon unter uns und im Ausland aufgrund seiner direkten und mitreißenden Botschaft bekannt; er war ein junger Arbeiterführer.

Lateinamerika schuldete damals 350 Milliarden Dollar. Ich erzählte ihm, dass ich in jenem Jahr des intensiven Kampfes lange Briefe an den Präsidenten von Argentinien Raul Alfonsín gerichtet habe, um ihn davon zu überzeugen, jene Auslandsverschuldung nicht weiter zu bezahlen. Ich kannte die Position von Mexiko, das nicht von der Zahlung seiner riesigen Schuld abzubringen war, obwohl es nicht gleichgültig gegenüber dem Ergebnis des Kampfes und der besonderen politischen Situation von Brasilien war. Die argentinische Auslandsverschuldung war nach den Katastrophen der Militärregierung recht groß. Das rechtfertigte den Versuch, eine Bresche in dieser Richtung zu schlagen. Ich konnte es nicht erreichen. Wenige Jahre später betrug die Außenschuld mit ihren Zinsen 800 Milliarden; sie hatte sich verdoppelt und war schon bezahlt worden.

Lula erklärt mir den Unterschied zu jenem Jahr. Er bestätigt, dass Brasilien weder Auslandsverschuldung bei dem Währungsfond, noch beim Pariser Club hat und über 190 Milliarden USD in seinen Reserven verfügt. Ich schlussfolgerte daraus, dass sein Land riesige Summen gezahlt hatte, um seinen Verpflichtungen gegenüber jenen Institutionen nachzukommen. Ich erläuterte ihm den kolossalen Betrug von Nixon gegenüber der Weltwirtschaft, als er 1971 einseitig die Goldwährung aufhob, welche die Banknotenausgabe begrenzte. Bis dahin hatte der Dollar ein Gleichgewicht bezüglich seines Goldwerts beibehalten. Dreißig Jahre davor besaßen die Vereinigten Staaten fast die gesamten Reserven jenes Metalls. Wenn viel Gold vorhanden war, kauften sie; wenn es knapp war, verkauften sie. Der Dollar spielte seine Rolle als Währung des internationalen Austauschs, innerhalb der jenem Land im Jahr 1944 in Bretton Woods zugestandenen Privilegien.

Die am weitesten entwickelten Mächte waren durch den Krieg zerstört. Japan, Deutschland, die UdSSR und die anderen Länder Europas verfügten kaum über jenes Metall in ihren Reserven. Die Feinunze konnte sogar für nur 35 Dollar erworben werden; heute benötigt man 900.

Die Vereinigten Staaten – sagte ich zu ihm – haben Güter auf der ganzen Welt eingekauft, indem sie Dollarbanknoten druckten, und über solches in anderen Nationen erworbenes Eigentum üben sie souveräne Vorrechte aus. Niemand möchte jedoch, dass der Dollar weiter abgewertet wird, weil fast alle Länder Dollar anhäufen, d.h. Papiere, die seit der einseitigen Entscheidung des Präsidenten der Vereinigten Staaten ständig abgewertet werden.

Die jetzigen Geldreserven von China, Japan, dem asiatischen Südosten und Russland kumulieren drei Billionen (3 000 000 000 000) Dollar; das sind kosmische Zahlen.

Wenn du die Dollarreserven von Europa und den anderen Ländern der Welt hinzuzählst, wirst du sehen, dass das einem Berg Geld entspricht, dessen Wert davon abhängt, was die Regierung eines Landes tut.

Greenspan, der über 15 Jahre Vorsitzender der US-Notenbank war, würde bei einer Situation wie der jetzigen in Panik geraten. Welche Größenordnung kann die Inflation in den Vereinigten Staaten erreichen? Wie viele neue Arbeitsplätze kann jenes Land dieses Jahr schaffen? Bis zu welchem Zeitpunkt wird seine Maschine zum Banknotendruck funktionieren, bevor seine Wirtschaft einen Kollaps erleidet, neben der Tatsache, den Krieg zur Eroberung der Naturschätze der anderen Länder zu nutzen?

Als Konsequenz der harten, im Versailler Vertrag dem 1918 besiegten deutschen Staat auferlegten Maßnahmen, bei dem eine demokratische Ordnung eingeführt wurde, ist die deutsche Mark so abgewertet worden, dass man sie in zweistelliger Tausenderhöhe benötigte, um einen Dollar zu kaufen. Solch eine Krise gab dem deutschen Nationalismus Nährboden und trug außerordentlich zu den absurden Ideen Hitlers bei. Jener suchte Schuldige. Viele der wichtigsten Talente, Wissenschaftler, Schriftsteller und Finanzexperten waren jüdischer Abstammung. Man verfolgte sie. Zu ihnen gehörte Einstein, der Autor jener Theorie, die besagt, dass die Energie der Masse multipliziert mit dem Quadrat der Lichtgeschwindigkeit entspricht., wodurch er berühmt wurde. Ebenfalls Marx, geboren in Deutschland, und viele der russischen Kommunisten waren dieser Herkunft, ob sie nun die hebräische Religion ausübten oder nicht.

Hitler hat nicht dem kapitalistischen System die Schuld an dem menschlichen Drama gegeben, sondern den Juden. Ausgehend von plumpen Vorurteilen war sein eigentliches Ziel die Gewinnung des »russischen Lebensraums« für seine überlegene germanische Rasse, deren tausendjähriges Reich er zu errichten träumte.

Mittels der Balfour-Erklärung beschlossen die Briten 1917, innerhalb ihres kolonialen Imperiums in einem von Palästinenser bewohnten Gebiet den Staat Israel zu schaffen. Palästinenser, die eine andere Religion und Kultur aufweisen und die schon viele Jahrhunderte vor unserer Zeitrechnung auf jenen Ländereien gemeinsam mit anderen Ethnien, darunter der jüdischen, gelebt haben. Der Zionismus wurde unter den US-Bürgern, welche mit Recht die Nazis hassten und deren Finanzbörsen von Vertretern jener Bewegung kontrolliert wurden, sehr populär. Jener Staat wendet jetzt die Grundsätze der Apartheid an, besitzt ausgeklügelte Atomwaffen und kontrolliert die wichtigsten Finanzzentren der Vereinigten Staaten. Er wurde von diesem Land und seinen europäischen Verbündeten dazu verwendet, der anderen Apartheid, der von Südafrika, Atomwaffen zu liefern, um sie gegen die internationalistischen kubanischen Kämpfer zu verwenden, welche gegen die Rassisten im Süden von Angola kämpften, falls sie die Grenze von Namibia überschreiten würden.

Unmittelbar danach sprach ich mit Lula über die abenteuerliche Politik von Bush im Mittleren Osten.

Ich versprach, ihm den Artikel zu geben, der am darauf folgenden Tag, dem 16. Januar, von *Granma* veröffentlicht werden würde. Ich unterschrieb eigenhändig den für ihn bestimmten. Gleichermaßen übergab ich ihm vor seiner Abreise den Artikel über den Zusammenhang zwischen den Nahrungsmittel- und Erdölpreisen, verfasst von Paul Kennedy, einem der einflussreichsten Intellektuellen der Vereinigten Staaten.

Du bist Nahrungsmittelproduzent, fügte ich ihm hinzu und hast außerdem gerade wichtige Vorräte leichten Rohöls entdeckt. Brasilien besitzt 8,534 Millionen Quadratkilometer Oberfläche und verfügt über 30 Prozent der Wasserreserven der Welt. Die Erdbevölkerung benötigt immer mehr Nahrungsmittel, die ihr in großem Maße exportiert. Wenn du über Getreide- und Körnerarten verfügst, die reich an Proteinen, Fetten und Kohlehydraten sind – es können Früchte wie der Cashewnuss-Kern, die Mandel, die Pistazie sein, Wurzeln wie die Erdnuss; die Sojabohne, mit über 35% Proteinen, die Sonnenblume; oder Getreide, wie der Weizen oder der Mais –, besteht die Möglichkeit, all das Fleisch und die Milch zu produzieren, die du nur willst. Ich habe anderes aus der langen Liste nicht erwähnt.

In Kuba, erklärte ich ihm weiter, hatten wir eine Kuh, die den Weltrekord der Milchproduktion aufgestellt hat, eine Mischung aus Holstein und Zebu. Sofort sagte Lula ihren Namen: »Ubre Blanca« (»Weißeuter«), rief er aus. Er erinnerte sich an ihren Namen. Ich fügte für ihn hinzu, dass sie bis zu 110 Liter Milch pro Tag erzeugt hat. Sie war wie eine Fabrik, aber man musste ihr über 40 Kilogramm Futter geben, das war das Maximum, das sie in 24 Stunden kauen und schlucken konnte, und zwar eine Mischung, bei der das Sojamehl – eine auf kubanischem Boden und unter hiesigen klimatischen Bedingungen sehr schwer zu erzeugende Hülsenfrucht – der Hauptbestandteil ist. Ihr habt jetzt zwei Dinge: sichere Versorgung mit Kraftstoffen und Nahrungsmittel-Rohstoffen und -Fertigprodukten.

Es wird schon das Ende der billigen Nahrungsmittel ausgerufen. Was werden die mehreren Dutzend Länder mit Einwohnerzahlen in Höhe von vielen dreistelligen Millionen sagen, die weder das eine noch das andere haben, sagte ich zu ihm. Das bedeutet, dass die Vereinigten Staaten eine riesige Auslands-Abhängigkeit haben, aber gleichzeitig eine Waffe. Diese bestünde darin, alle ihre Reserven an

Ländereien zu nutzen, aber die Bevölkerung jenes Landes ist nicht darauf vorbereitet. Sie stellen Äthanol aus Mais her, was dazu führt, dass sie eine große Menge dieses kalorienreichen Korns aus dem Markt zurückziehen, argumentiere ich weiter ihm gegenüber.

Lula erzählt mir zu diesem Thema, dass die brasilianischen Hersteller schon jetzt die Maisernte des Jahres 2009 verkaufen. Brasilien ist nicht so vom Mais abhängig wie Mexiko oder Zentralamerika. Ich bin der Meinung, dass in den Vereinigten Staaten die Kraftstoffherstellung ausgehend vom Mais nicht rentabel ist. Das bestätigt, sagte ich zu ihm, eine Realität bezüglich des unaufhörlichen und unkontrollierten Ansteigens der Nahrungsmittelpreise, die viele Völker negativ betreffen wird.

Im Gegensatz dazu hast du ein günstiges Klima und lockere Erde; unsere ist für gewöhnlich tonhaltig und manchmal hart wie Zement. Als die sowjetischen Traktoren und die aus anderen sozialistischen Ländern kamen, gingen sie kaputt. Es mussten Sonderstähle in Europa gekauft werden, um sie hier herzustellen. In unserem Land gibt es reichlich tonartige Schwarz- oder Roterde. Wenn man sie mit Sorgfalt bearbeitet, kann sie das hergeben, was die Bauern des Escambray-Gebirges als »Zusatzverbrauch« des Eigenverbrauchs der Bauernfamilien bezeichnen. Sie erhalten vom Staat Nahrungsmittelquoten und verbrauchten außerdem ihre Erzeugnisse. Das Klima hat sich verändert in Kuba, Lula.

Zur Erzeugung von Getreide im Großmaßstab, wie es die Bedürfnisse unserer Bevölkerung von fast 12 Millionen Menschen erfordern, sind unsere Ländereien nicht in der Lage, und die Kosten für Maschinen und Kraftstoffe, die das Land importiert, würden bei den jetzigen Preisen sehr hoch sein.

Unsere Presse schrieb über Erdölerzeugung in Matanzas, die Verminderung der Kosten und andere positive Aspekte. Aber niemand erwähnt, dass wir seinen Preis in Devisenwährung mit den ausländischen Gesellschaftern teilen müssen, die in die notwendigen Hightech-Maschinen und -Technologien investieren. Andererseits sind die erforderlichen Arbeitskräfte zur intensiven Anwendung in der Getreideerzeugung nicht vorhanden, wie es die Vietnamesen und Chinesen tun, die den Reis Pflanze für Pflanze anbauen und manchmal zwei und sogar bis drei Ernten erreichen. Das entspricht der Lage und der historischen Tradition der Ländereien und ihrer Bewohner. Sie haben nicht vorher die Mechanisierung im großen Maßstab mit modernen Erntemaschinen durchlaufen. In Kuba haben die Zuckerrohrschläger und Arbeiter der Kaffeeplantagen in den Bergen seit langem die ländlichen Gebiete verlassen, wie es logisch war. Viele der Bauarbeiter, von denen einige dieser Herkunft sind, haben später die Brigaden verlassen und sind zu Selbstständigen geworden. Die Bevölkerung weiß, was es kostet, eine Wohnung instand zu setzen. Die Materialkosten, plus die erhöhten Kosten für die auf diesem Wege geleistete Dienstleitung. Es ist möglich, ersteres zu lösen, das zweite ist nicht so zu lösen – wie einige glauben –, indem man Pesos ohne Rückhalt in Devisenwährung in Umlauf bringt. Diese Devisen werden nicht mehr Dollar sein, sondern Euro oder Yuan, die immer teurer sein werden, wenn es uns allen zusammen gelingt, die Weltwirtschaft und den Frieden zu retten.

Währenddessen sind wir dabei, Nahrungsmittel und Kraftstoffreserven zu schaffen und wir müssen das fortsetzen. Für den Fall eines direkten militärischen Angriffs, würde sich Zahl der manuellen Arbeitskräfte vervielfachen.

In der kurzen Zeit meines Treffens mit Lula, zweieinhalb Stunden, hätte ich gern in wenigen Minuten die fast 28 vergangenen Jahre zusammenfassen wollen. 28 Jahre nicht von dem Zeitpunkt ausgehend, als er das erste Mal Kuba besuchte, sondern seitdem ich ihn in Nikaragua kennen lernte. Jetzt ist er Regierungsoberhaupt eines riesigen Landes, dessen Schicksal jedoch von vielen Aspekten abhängt, die allen diesen Planeten bewohnenden Völkern gemein sind.

Ich bat ihn um Erlaubnis, frei und gleichzeitig bedacht über unsere Unterhaltung sprechen zu dürfen.

Wenn er vor mir steht, lächelnd und freundschaftlich, und ich ihn stolz über sein Land sprechen höre, von den Dingen, die er tut und vorhat, dann denke ich an seinen politischen Instinkt. Ich hatte gerade in aller Eile einen hundertseitigen Bericht über Brasilien und die Entwicklung der Beziehungen zwischen unseren Ländern nachgesehen. Er ist der Mann, den ich in der sandinistischen Hauptstadt Managua kennen lernte und der so sehr mit unserer Revolution verbunden ist. Ich habe zu ihm weder über etwas gesprochen, dass eine Einmischung in den politischen Prozess Brasiliens bedeuten würde, noch hätte ich das getan. Aber er selbst sagte unter anderem bei seinen ersten Worten: Erinnerst du dich, Fidel, als wir auf dem Sao Paulo Forum miteinander gesprochen haben, und du mir gesagt hast, dass die Einheit der lateinamerikanischen Linken notwendig sei, um unseren Fortschritt abzusichern? Ja, wir kommen schon in dieser Richtung voran.

Sofort sprach er zu mir mit Stolz davon, was Brasilien heutzutage ist und über seine großen Möglichkeiten, wenn man den Fortschritt in Wissenschaft, Technologie, Maschinenbauindustrie, Energetik und anderen Bereichen, zusammen mit seinem enormen Landwirtschaftspotential berücksichtigt. Natürlich schloss er das erhöhte Niveau der internationalen Beziehungen von Brasilien mit ein, das er mit Enthusiasmus in Einzelheiten aufführt und die er mit Kuba zu entwickeln bereit ist. Er sprach mit Nachdruck von dem sozialen Werk der Arbeiterpartei, das jetzt von allen linken brasilianischen Parteien unterstützt wird, die weit davon entfernt sind, eine parlamentarische Mehrheit zu haben.

Ohne Zweifel gehörte das zu den Dingen, die wir vor Jahren bei unserer Unterhaltung analysiert haben. Schon damals verging die Zeit rasend schnell, aber jetzt muss jedes Jahr mit zehn multipliziert werden, bei einem schwer zu verfolgenden Tempo.

Ich wollte auch hierüber zu ihm sprechen und von vielen andren Dingen. Es ist schwer zu sagen, wer von uns Beiden ein größeres Bedürfnis hatte, Ideen zu übermitteln. Ich meinerseits nahm an, dass er am folgenden Tag abfliegen würde, und nicht zeitig in jener Nacht, gemäß dem vor unserem Treffen vereinbarten Flugplan. Es war ungefähr siebzehn Uhr. Es entstand eine Art Wettbewerb bezüglich der zur Verfügung stehenden Zeit. Lula, der schlau und schnell ist, hielt sich schadlos, als er mit der Presse zusammentraf und verschmitzt und immer lächelnd – wie auf den Fotos zu sehen ist – zu den Journalisten sagte, dass er nur eine halbe Stunde gesprochen habe und Fidel zwei. Natürlich habe ich – mein höheres Dienstalter nutzend – mehr Zeit verwendet als er. Davon ist noch die Zeit für die gemeinsamen Fotos abzuziehen, da ich eine Kamera ausgeborgt habe und zum Reporter wurde; er hat dasselbe getan.

Ich habe hier 103 Seiten Agenturmeldungen vorliegen, die davon berichten, was Lula zur Presse gesagt hat, von den Fotos, die die Presse von ihm aufgenommen hat und über die Sicherheit, die er über den guten Gesundheitszustand von Fidel übermittelt hat. Da blieb wirklich kein Platz mehr in den Nachrichten für die am 16. Januar veröffentlichte Reflexion, die ich am Vortag seines Besuchs fertig gestellt hatte. Er nahm den gesamten Raum ein, was seinem riesigen Gebiet im Vergleich zur winzigen Oberfläche von Kuba gleichkommt.

Ich sagte zu meinem Gesprächspartner, wie groß meine Genugtuung über seinen Beschluss sei, Kuba zu besuchen, obwohl er nicht die Sicherheit eines Treffens mit mir hatte. Sobald ich es erfuhr, beschloss ich alles Notwendige an Übungen, Rehabilitierung und Wiederherstellung der Fähigkeiten zu opfern, um ihn zu empfangen und mich ausführlich mit ihm zu unterhalten.

Zu jenem Augenblick kannte ich nicht die Dringlichkeit seiner Abreise, obwohl ich wusste, dass er am selben Tag abfliegen würde. Offensichtlich zwang ihn der Gesundheitszustand des Vizepräsidenten von Brasilien, der durch seine eigenen Erklärungen bekannt wurde, abzufliegen, um praktisch im Morgengrauen des folgenden Tages in Brasilia anzukommen, im Hochfrühling. Ein weiterer langer geschäftiger Arbeitstag für unseren Freund.

Es fiel ein starker und anhaltender Platzregen an seiner Residenz, während Lula auf die Fotos und zweierlei Zusatzmaterial mit meinen Bemerkungen wartete. Unter dem Regen fuhr er zum Flughafen am diesen Abend. Wenn er sehen würde, was auf der ersten Seite der Zeitung *Granma* stand: »2007, das regenreichste Jahr seit über hundert Jahren«, dann würde dies zu seinem Verständnis bezüglich dessen, was ich über den Klimawechsel gesagt habe, beitragen.

Nun gut: Die Zuckerrohrernte in Kuba hat bereits begonnen, und die so genannte Trockenperiode. Der Zuckerertrag bleibt unter neun Prozent. Wie viel wird es kosten,

Zucker zu erzeugen, um ihn für zehn Cent das Pfund zu exportieren, wo der Kaufwert eines Cent fast fünfzig Mal geringer ist, als vor dem Sieg der Revolution am 1. Januar 1959? Es ist ein großer Verdienst, die Produktionskosten für diese und andere Produkte zu senken, um unseren Verpflichtungen nachzukommen, unseren Bedarf zu decken, Reserven zu schaffen und andere Produktlinien zu entwickeln; aber deshalb können wir nicht im Geringsten glauben, dass die Lösungen unserer Probleme einfach und gleich zur Hand sind.

Unter anderen Themen sprachen wir über den Amtsantritt des neuen Präsidenten von Guatemala, Álvaro Colom. Ich habe ihm erzählt, dass ich den Akt in allen seinen Einzelheiten gesehen habe und die sozialen Verpflichtungen des gerade erst gewählten Präsidenten. Lula kommentierte, dass das, was heute in Lateinamerika zu beobachten ist, 1990 seinen Anfang hatte, als wir beschlossen, das Sao Paulo Forum zu schaffen: »Wir haben hier bei einem Gespräch eine Entscheidung getroffen. Ich hatte die Wahlen verloren und du bist zu mir nach Hause zum Mittagessen gekommen, nach Sao Bernardo.«

Mein Gespräch mit Lula hatte kaum angefangen und ich habe noch viele Dinge zu sagen und Ideen darzulegen, die vielleicht einen gewissen Nutzen haben.

Fidel Castro Ruz
23. Januar 2008

Lula
(Dritter Teil)

Das Auseinanderfallen der Sowjetunion war für die Kubanische Revolution ein vernichtender Schlag. Wir empfanden es so, als ob die Sonne nicht mehr aufgehen würde. Es ging dabei nicht nur um den gesamten Abbruch der Lieferungen von Kraftstoff, Materialien und Lebensmitteln. Wir verloren die Märkte und Preise, die wir im zähen Ringen um unsere Souveränität, Integration und Prinzipien erkämpft hatten. Von Hass erfüllt haben die USA und die Verräter schon ihre Messer geschliffen, mit denen sie den Revolutionären einen Dolchstoß zu versetzen gedachten, um sich die Reichtümer unseres Landes zurückzuholen.

Das Brutto-Inland-Produkt begann in progressiver Weise bis auf 35% zu sinken. Welches Land hätte einem so fürchterlichen Schlag widerstehen können? Wir haben nicht unser Leben verteidigt sondern unsere Rechte.

Viele linke Parteien und Organisationen ließen sich vom Zusammenbruch der UdSSR entmutigen, die 70 Jahre lang unter titanischen Anstrengungen den Sozialismus aufgebaut hatte.

Die Kritiken der reaktionären Kräfte waren auf allen Tribünen und in allen Medien grausam. Wir haben uns dem Chor der Apologeten des Kapitalismus, die aus dem gefallenen Baum Brennholz machten, nicht angeschlossen. In Kuba wurde keine Statue der Schöpfer und Bannenträger des Marxismus demoliert. Keine Schule oder Fabrik hat ihren Namen geändert. Wir entschlossen uns, festen Schrittes und unbeirrt weiter vorwärts zu gehen. Genau das haben wir uns unter diesen so hypothetischen und unglaublichen Umständen vorgenommen.

In unserem Land gab es auch keinen Personenkult, er war auf eigene Initiative hin seit den ersten Tagen des Sieges geradezu verboten.

In der Geschichte der Völker haben subjektive Faktoren den Ausgang von Ereignissen voranbringen oder zurückwerfen können, unabhängig von den Verdiensten der Führer.

Ich habe mit Lula über Che gesprochen, wobei ich eine kurze Zusammenfassung seiner Geschichte gemacht habe. Er hatte mit Carlos Rafael Rodríguez über das System der Selbstfinanzierung oder die Methode der Haushaltsplanung diskutiert. Wir haben diesen Themen damals nicht viel Bedeutung beigemessen. Wir waren mit dem Kampf gegen die nordamerikanische Blockade, gegen die Aggressionspläne und mit der nuklearen Oktoberkrise 1962 beschäftigt. Das war eine wahre Überlebensfrage.

Che studierte die Haushaltsplanung der großen nordamerikanischen Unternehmen, deren Verwalter, und nicht die Eigentümer, in Kuba gelebt hatten. Er hat die imperialistische Handlungsweise und das, was in unserer Gesellschaft geschah, ganz klar herausgearbeitet und damit seine marxistischen Konzeptionen bereichert und ist zu der Schlussfolgerung gekommen, dass man in Kuba nicht die gleichen Methoden anwenden konnte, wenn man den Sozialismus aufbauen wollte. Dabei handelte es sich nicht um eine Auseinandersetzung mit gegenseitigen Beleidigungen, sondern um einen ehrlichen Meinungsaustausch, der in einer kleinen Zeitschrift publiziert wurde und in keinster Weise die Absicht verfolgte, Unruhen oder Spaltungen zwischen uns zu schaffen.

Was später in der UdSSR passierte, wäre für Che nicht überraschend gewesen. Während er wichtige Ämter oder Funktionen ausübte, ging er immer bedachtsam und respektvoll zu Werke.

Seine Sprache nahm dann harte Züge an, wenn er mit der schrecklichen, vom Imperialismus aufgezwungenen menschlichen Realität zusammenstieß, die er in der ehemaligen belgischen Kolonie des Kongo erlebte.

Er, der selbstlose, gebildete und tiefgründige Mann, starb in Bolivien zusammen mit einer Hand voll kubanischer Männer und Kämpfer aus anderen lateinamerikanischen Ländern, die für die Befreiung Unseres Amerika kämpften. Er hat die Welt von heute nicht mehr kennen gelernt, in der es Probleme gibt, die damals unbekannt waren.

Du hast ihn nicht gekannt, sagte ich zu Lula. Er war in allem systematisch, in der freiwilligen Arbeit, im Studium und in seiner Haltung: bescheiden und uneigennützig, er war ein Vorbild in den Produktionszentren sowie in einer Kampfhandlung.

Ich denke, beim Aufbau des Sozialismus ist es so, je mehr die Privilegierten bekommen, desto weniger bekommen die am meisten Bedürftigen.

Ich wiederholte gegenüber Lula, dass die Jahre im fortgeschrittenen Alter in Riesenschritten vergehen, um ein mehrfaches schneller. Beinahe kann ich das von jedem Tag behaupten. Ständig werden neue Nachrichten über Ereignisse veröffentlicht, die wir in unserem Treffen am 15. Januar schon vorausgesehen haben.

Mit ausführlichen wirtschaftlichen Argumenten erklärte ich ihm, dass 1959 zum Zeitpunkt des Sieges der Revolution die Vereinigten Staaten für einen großen Teil unserer Zuckerproduktion einen Präferenzpreis von 5 Cent pro Pfund bezahlten. Der Zucker ging fast ein Jahrhundert lang auf den traditionellen Markt jenes Landes. Auch in kritischen Zeiten waren wir so dicht vor der Küste stets ein sicherer Lieferant. Als wir unser Gesetz über die Agrarreform verkündeten, entschied Eisenhower, was zu tun war. Zu jener Zeit waren seine Zuckerfabriken noch nicht verstaatlicht worden – das wäre zu früh gewesen – auch das gerade erst im Mai 1959 verabschiedete Agrargesetz hatte noch keine Anwendung auf seine großen Latifundien gefunden. Aber im Vorgriff auf jene Entscheidung wurde unsere Zuckerquote im Dezember 1960 gestrichen und als Bestrafung später an andere Produzenten und andere Regionen der Welt umverteilt. Unser Land wurde blockiert und isoliert.

Das Schlimmste waren die fehlenden Skrupel und die Methoden, mit denen die USA versuchten, der Welt ihre Herrschaft aufzuzwingen. Sie schleppten Viren in unser Land ein und vernichteten die besten Zuckerrohrpflanzen, sie haben den Kaffee, die Kartoffeln und die Schweine mit Viren befallen. Die Barbados-4362 war eine unserer besten Zuckerrohrsorten. Sie wurde früh reif, hatte einen Zuckerertrag bis zu 13 oder 14% und erreichte 200 Tonnen Rohrgewicht pro Hektar in 15 Monaten. Die Yankees vernichteten die besten Sorten mit Plagen. Noch schwerwiegender war das Einschleppen des Virus des hämorrhagischen Dengue-Fiebers, an dem 344000 Menschen erkrankten. 101 Kinder starben. Ob sie noch andere Viren eingeführt haben, wissen wir nicht, oder sie haben es aus Angst zur unmittelbaren Nachbarschaft zu Kuba nicht getan.

Als wir aus diesen Gründen die zugesagten Zuckerlieferungen in die UdSSR nicht erfüllen konnten, haben die sowjetischen Genossen deshalb nie die vereinbarten Warenlieferungen an uns unterbrochen. Ich kann mich daran erinnern, dass ich mit den Sowjets um jeden Cent des Zuckerpreises handelte. Ich lernte in der Praxis kennen, was ich bis dahin nur aus der Theorie kannte, den ungleichen Austausch. Sie garantierten uns einen Preis, der über dem damals herrschenden Weltmarktpreis lag. Die Verträge wurden über fünf Jahre geschlossen. Wenn wir zu Beginn des Jahrfünfts x Tonnen Zucker schickten, um die Waren zu bezahlen, war der Wert ihrer Produkte am Ende des Jahrfünfts 20 Prozent höher im Vergleich zum internationalen Preis. In den Verhandlungen waren sie immer großzügig. Einmal stieg der Preis auf dem Weltmarkt vorübergehend auf 19 Cent, wir haben diesen Preis haben wollen, und sie haben das akzeptiert. Das hat später als Grundlage für die Anwendung des sozialistischen Prinzips gedient, dass die wirtschaftlich höher entwickelten Länder die weniger entwickelten beim Aufbau des Sozialismus unterstützen sollten.

Als mich Lula fragte, wie hoch die Kaufkraft dieser 5 Cent war, so erklärte ich ihm, dass man damals mit einer Tonne Zucker sieben Tonnen Erdöl kaufen konnte; heute, bei einem Preis von 100 Dollar für vergleichbares Öl bekommt man nur ein Barrel. Den Zucker, den wir zu den gegenwärtigen Preisen exportieren, würde nur reichen, um Kraftstoff für 20 Tage zu importieren. Man müsste dafür etwa vier Milliarden Dollar im Jahr aufbringen.

Die USA subventionieren ihre Landwirtschaft jedes Jahr mit mehreren Milliarden. Warum lassen sie nicht euer Äthanol, das ihr produziert, frei auf ihren Markt? Sie subventionieren in brutaler Weise und verhindern so mögliche jährliche Einkommen für Brasilien in Milliardenhöhe. Das gleiche tun andere reiche Länder mit ihrer Zucker-, Ölfrucht- und Getreideproduktion, um Äthanol zu erzeugen.

Lula analysierte Zahlen der landwirtschaftlichen Produktion in Brasilien, die von großem Interesse sind. Er teilte mir mit, dass er von der brasilianischen Presse eine

Studie anfertigen ließ, die aufzeigt, dass bis 2015 die Sojaproduktion in der Welt um 2 % pro Jahr anwachsen wird, das heißt, dass dann 189 Millionen Tonnen Soja mehr als heute produziert werden. Um den Bedarf in der Welt zu befriedigen, müsste die Sojaproduktion in Brasilien jährlich in einem Tempo von 7 % steigen.

Wo liegt das Problem? Viele Länder haben schon keine Anbauflächen mehr. Indien, zum Beispiel, hat kein Stück Land mehr frei. China hat sehr wenig Fläche dafür, und die Vereinigten Staaten können auch keine zusätzlichen Produktionsflächen für Soja nutzen.

Ich fügte seiner Erläuterung hinzu, dass viele lateinamerikanische Länder Millionen von Bürgern haben, die Kaffee, Kakao, Gemüse, Obst, Rohmaterial und Waren zu Hungerlöhnen und Billigpreisen produzieren, um die US-Gesellschaft zu versorgen, die nicht mehr sparsam lebt und mehr verbraucht als sie produziert.

Lula erklärte, dass sie in Ghana ein Forschungsbüro der EMBRAPA – das brasilianische Unternehmen zur landwirtschaftlichen Forschung – eingerichtet haben und setzte hinzu, dass sie im Februar auch ein solches Büro in Caracas eröffnen werden.

»Vor 30 Jahren, Fidel, betrachtete man solche Regionen wie Brasilia, Mato Grosso und Goiás als einen Teil von Brasilien, der nichts besaß, er war einer afrikanischen Savanne gleich. In 30 Jahren wurden diese Regionen zum größten Getreideproduzenten ganz Brasiliens. Und ich meine, Afrika hat Gebiete, die den unseren sehr ähnlich sind. Deshalb haben wir das Forschungsbüro in Ghana angesiedelt. Auch mit Angola wollen wir eine Gesellschaft gründen.«

»Brasilien«, sagte er zu mir, »hat eine privilegierte Lage. Wir haben 850 Millionen Hektar Land, davon gehören

360 Millionen dem Amazonasgebiet an. 400 Millionen sind gutes Ackerland. Das Zuckerrohr nimmt nur 1 % ein".

Brasilien, kommentierte ich, ist außerdem der größte Kaffeeexporteur der Welt. Brasilien bekommt heute für eine Tonne dieses Produktes noch den gleichen Preis wie im Jahr 1959, etwa 2500 heutige Dollar. Wenn man für eine Tasse in den USA damals 10 Cent bezahlte, kostet heute eine Tasse duftender Espresso im italienischen Stil fünf Dollar oder mehr. Das ist das BIP in den Vereinigten Staaten.

In Afrika kann man nicht tun, was Brasilien tut.

Ein großer Teil Afrikas ist von Wüsten oder tropischen und subtropischen Gebieten bedeckt, wo es schwierig ist, Soja oder Getreide anzubauen. Nur in der Mittelmeerregion im Norden – wo einige hundert Millimeter Niederschlag pro Jahr fallen – oder dort, wo man das Wasser des Nilflusses zum beregnen nutzen kann, auf den Hochplateaus und im Süden, die sich die Apartheid angeeignet hatte, wird reichlich Getreide produziert.

Von den Fischen aus Afrikas kalten Gewässern, speziell an der Westküste, ernähren sich die entwickelten Länder, die mit ihren Schleppnetzen große und kleine Exemplare jener Arten abfischen, die vom Plankton der Strömungen leben, die vom Südpol kommen.

Afrika hat eine viermal so große Oberfläche wie Brasilien (30,27 Millionen Quadratkilometer) und 4,3 mal mehr Einwohner (911 Millionen), ist aber weit davon entfernt, so eine übermäßige Lebensmittelproduktion wie Brasilien zu haben. Und die Infrastuktur muss erst noch aufgebaut werden.

Viren und Bakterien, die Kartoffeln, Zitrusfrüchte, Bananen, Tomaten und Rinder im Allgemeinen befallen, die Schweinepest und Vogelgrippe, der Rinderwahnsinn und andere Krankheiten, die das Vieh in aller Welt befallen, sind in Afrika reichlich vorhanden.

Ich sprach mit Lula über unsere »Schlacht der Ideen«. Ständig gehen neue Nachrichten ein, die die Notwendigkeit dieses Kampfers bestätigen. Die schlimmsten Presseorgane der ideologischen Feinde widmen sich weltweit der Verbreitung von Meinungen einiger Gusanillos (»Würmchen« – Landesgegner), die in unserem heroischen und großzügigen Land das Wort »Sozialismus« nicht einmal mehr hören wollen. Am 20. Januar, fünf Tage nach dem Besuch, veröffentlichte eines dieser Organe die Meinung eines Jugendlichen, der dank der Revolution ein gutes Bildungsniveau, Gesundheit und Arbeit hat:

»Ich will von keinerlei Sozialismus wissen« und begründete seinen Zorn damit, dass »viele Leute für ein Paar Dollars ihre Seele verkauften. Und das Neue, das in diesem Land kommen wird, was immer es auch sei, dem sollte man einen anderen Namen geben«, sagte er. Das sei ein Wolf, aber als Großmutter verkleidet.

Der Journalist, der diese Äußerungen verbreitet, stellt freudig fest: »Die offizielle Propaganda ruft die Kubaner zu den Wahlurnen und zitiert dabei viel mehr das Wort Revolution als das Wort Sozialismus. Kuba ist keine Luftblase mehr wie noch bis zum Ende der 80er Jahre. Der Blickwinkel der Insel nimmt immer globalere Züge an, und das Land, besonders die Hauptstadt, ist im Begriff einer beschleunigten Entwicklung in Richtung Moderne. Eine der Auswirkungen ist, dass die Nähte des vor Jahrzehnten importierten Sozialismus allmählich aufplatzen.«

Hier spricht der imperiale Kapitalismus auf vulgäre Art den individuellen Egoismus an, der vor 240 Jahren von Adam Smith als Ursache für den Reichtum der Nationen vorausgesagt wurde, das heißt, alles in die Macht des

Marktes zu legen. Das würde Reichtum ohne Ende in einer idyllischen Welt bedeuten.

Ich denke an Afrika und seine fast eine Milliarde Menschen, die Opfer der Prinzipien dieser Politik sind. Die Krankheiten, die mit Fluggeschwindigkeit daher kommen und sich im Tempo des Aids verbreiten, und andere alte und neue Krankheiten beeinträchtigen die Bevölkerung und ihre landwirtschaftlichen Kulturen, ohne das eine der alten Kolonialmächte wirklich fähig wäre, ihnen Ärzte und Wissenschaftler zu schicken.

Über diese Themen habe ich mit Lula gesprochen.

Fidel Castro Ruz
26. Januar 2008

Lula
(Vierter und letzter Teil)

Ich will die Geduld der Leser nicht missbrauchen, noch die außergewöhnliche Gelegenheit, die mir Lula bei unserer Begegnung zum Gedankenaustausch bot. Daher versichere ich, dass dieser der vierte und letzte Teil über seinen Besuch sein wird.

Als ich mit ihm über Venezuela sprach, sagte er: »Wir beabsichtigen, mit Präsident Chávez zu kooperieren. Ich habe mit ihm die Absprache getroffen. Zweimal pro Jahr werde ich nach Caracas reisen und er wird zweimal nach Brasilien kommen, um zwischen uns keine Unstimmigkeiten aufkommen zu lassen und, sollte es sie geben, diese auf der Stelle zu klären. Venezuela braucht kein Geld«, sagte er, »denn das Land hat viele Ressourcen; doch es braucht Zeit und Infrastruktur.«

Ich sagte ihm, dass mich seine Einstellung zu diesem Land sehr freue, denn wir sind diesem Brudervolk sehr dankbar für die unterzeichneten Abkommen, die uns eine normale Versorgung mit Brenn- und Kraftstoff gewährleisten.

Ich kann nicht vergessen, dass unmittelbar nach dem Staatsstreich im April 2002 die Parole der Angreifer auf die Staatsgewalt in Bezug auf unser Land lautete »nicht einen Tropfen Erdöl mehr für Kuba«. Wir wurden zu einem zusätzlichen Beweggrund für die Absichten des Imperialismus, die Wirtschaft Venezuelas zum Bersten zu bringen, obwohl sie das de facto bereits vorhatten, seit Chávez seinen Amtseid als Präsident über der sterbenden Verfassung der IV. Republik geleistet hatte, die später dann auf rechtmäßige und demokratische Weise zur V. Republik wurde.

Als der Erdölpreis in die Höhe schnellte und sich reale Kaufschwierigkeiten einstellten, hat Chávez die Lieferungen nicht nur fortgesetzt, sondern sie sogar noch erhöht. Seit den ALBA-Verträgen (ALBA – Bolivarianische Alternative für Lateinamerika), unterzeichnet in Havanna am 14. Dezember 2004, wird diese Versorgung zu ehrenhaften und für beide Seiten nutzbringenden Bedingungen fortgesetzt. Dort (in Venezuela) sind annähernd 40 000 selbstlose kubanische Spezialisten, mehrheitlich Ärzte, im Einsatz und tragen mit ihrem Wissen, besonders jedoch als Vorbilder eines praktizierten Internationalismus zur Ausbildung der Venezolaner bei, die an ihre Stelle treten werden.

Ich erklärte ihm, dass Kuba zu allen Ländern Lateinamerikas und der Karibik, ob links oder rechts ausgerichtet, freundschaftliche Beziehungen unterhält. Diese Linie vertreten wir seit geraumer Zeit, und wir werden sie nicht ändern; eine jegliche Handlung zugunsten des Friedens zwischen den Völkern sind wir bereit zu unterstützen. Es ist dieses ein Terrain voller Dornen und Unebenheiten, doch wir werden es nicht verlassen.

Erneut bringt Lula seine Achtung und tiefe Herzlichkeit zum Ausdruck, die er für Kuba und seine Führungspersönlichkeiten empfindet. Im gleichen Atemzug fügte er hinzu, dass ihn die Geschehnisse in Lateinamerika mit Stolz erfüllen und bekräftigte erneut, wie wir hier in Havanna entschieden, das Sao Paulo Forum zu gründen und die gesamte Linke Lateinamerikas zu vereinen und wie diese Linke nun im Begriff ist, in nahezu allen Ländern die Macht zu übernehmen.

Bei dieser Gelegenheit erinnerte ich ihn daran, dass uns Martí gelehrt hat, alle Herrlichkeiten dieser Welt finden in einem Maiskorn Platz. Dazu Lula: Ich sage allen, dass Sie bei unseren Gesprächen nie einen Rat erteilt haben, der mit der Gesetzlichkeit in Konflikt geraten könnte. Stets haben Sie mich gebeten, mir nicht zu viele Feinde gleichzeitig zuzuziehen. Und das macht es möglich, dass die Dinge funktionieren.

Fast unmittelbar darauf äußerte er, Brasilien, dieses große und ressourcenreiche Land, müsse Ecuador, Bolivien, Uruguay und Paraguay unterstützen.

Jetzt sind wir in Zentralamerika gewesen. Noch nie hatte ein brasilianischer Präsident mit Kooperationsprojekten (im Gepäck) ein Land dieser Region besucht.

Ich fragte ihn: Lula, weißt du noch, was ich dir bei dem vertraulichen und ungezwungenen Essen sagte, das du für unsere Delegation am Folgetag deiner Amtsübernahme im Januar 2003 gabst? Keines der Kinder der großen Mehrheit der Armen, die dir ihre Stimme gaben, wird jemals eine leitende Position der großen staatlichen Unternehmen Brasiliens bekleiden; das Universitätsstudium ist hier zu teuer!

Dazu erklärt Lula: Wir sind dabei, 214 technische und Berufsschulen einzurichten; ebenso 13 neue Universitäten des Bundes und 48 Universitätsnebenstellen.

Ich frage ihn: Das muss nicht bezahlt werden, nicht wahr? Umgehend antwortet er: Wir haben ein Programm geschaffen und in seinem Rahmen bereits 460 000 junge Menschen aus den Randgebieten, Arme, aus Volksschulen hier eingegliedert, damit sie ein Universitätsstudium absolvieren können. Die Rechte hat mich beschuldigt, eine Herabsetzung des Ausbildungsniveaus zu beabsichtigen. Zwei Jahre später wurden 14 Studiengänge inspiziert mit dem Ergebnis: die Besten waren die Armen aus der Peripherie. Wir sind bei der Schaffung eines weiteren Programms mit 18 Schülern im Durchschnitt. Damit wird erreicht werden, dass 250 000 junge Menschen ein Hochschulstudium aufnehmen können.

Die Handelsbeziehungen Brasiliens zu Lateinamerika übersteigen, wie er mir sagte, ihrem Umfang nach die Handelsbeziehungen zu den Vereinigten Staaten.

Ich erklärte ihm Folgendes: Wollen wir zwischen beiden Ländern enge Beziehungen unterhalten, und das nicht nur als Freunde, sondern auch als Partner in bedeutenden Bereichen, dann muss ich die Meinung der Führungspersönlichkeiten Brasiliens kennen, denn wir würden in strategischen Bereichen assoziiert sein, und wir haben es uns zur Regel gemacht, unseren wirtschaftlichen Verpflichtungen nachzukommen.

Wir sprachen über andere wichtige Probleme; über Fragen, in denen wir übereinstimmen und jenen, bei denen es nicht der Fall ist, doch alles mit größtmöglichem Taktgefühl.

Ich nannte ihm diverse Regionen, einschließlich der Karibik, und die Formen der Zusammenarbeit, die wir mit ihnen praktizieren.

Lula meinte, Brasilien müsse eine aktivere Politik der Zusammenarbeit mit den ärmeren Ländern betreiben. Es kommen ihm neue Verantwortlichkeiten zu; es ist das reichste Land der gesamten Region.

Logischerweise sprach ich den Klimawandel an und die geringe Beachtung, die viele Führungen der Industrieländer der Welt diesem Thema schenken.

Bei unserem Gespräch am Nachmittag des 15. Januar konnte ich nicht Bezug auf den nur drei Tage später von Stephen Leahy in Toronto verfassten Artikel nehmen. Dieser bringt Auszüge aus dem neuen Buch von Lester Brown *Mobilmachung zur Rettung der Zivilisation.*

»Die Krise ist äußerst ernst und drängt und erfordert von den Nationen ein Mobilisieren ähnlich dem während des Zweiten Weltkrieges (1939–1945) durchgeführten«, so der Autor Lester Brown, Präsident des Studienzentrums Institut für Weltpolitik mit Sitz in Washington.

»Der Klimawandel wird viel schneller eintreten als von den Wissenschaftlern vorhergesehen und unser Planet wird einen unvermeidlichen Temperaturanstieg von mindestens zwei Grad verzeichnen, der uns unweigerlich in die Gefahrenzone bringt«, äußerte Brown zu IPS.

»Keiner der Präsidentschaftskandidaten für die Wahlen in den Vereinigten Staaten« – stattfinden werden sie am ersten Dienstag im November – »spricht die Dringlichkeit des Themas Klimawandel an.«

»Der Treibhauseffekt, für die Erderwärmung zu einem guten Teil verantwortlich, ist bis 2020 um 80 Prozent zu reduzieren.«

Dies ist ein viel höheres Ziel als das von der Zwischenstaatlichen Sachverständigengruppe über den Klimawandel (IPCC) gesetzte, das 2007 gemeinsam mit dem US-amerikanischen Exvizepräsidenten Al Gore, der eine Verminderung von 25 bis 40 Prozent gegenüber dem Emissionsstand von 1990 empfahl, den Nobel-Friedenspreis erhielt, heißt es in der Meldung.

Brown zufolge entsprechen die von der IPCC benutzten Angaben nicht dem heutigen Stand, denn es sind seitdem zwei Jahre vergangen. Jüngere Studien zeigen an, dass der Klimawandel in beschleunigtem Tempo erfolgt, sagte er.

Obwohl er damit rechnet, dass die IPCC ihre Empfehlung im nächsten Bericht modifizieren wird, führt er aus, dass dieser erst in fünf oder sechs Jahren bekannt werden wird. »Viel zu spät, wir müssen bereits jetzt handeln«, versicherte Brown.

Browns *Plan B 3.0* empfiehlt Maßnahmen zum Erzielen der 80 Prozent Emissionsreduzierung, die sich nachdrücklich stützen auf eine effiziente Nutzung der Energie, auf die erneuerbaren Energiequellen und die Ausdehnung des »Baumschildes« unseres Planeten.

»Mit 1,5 Millionen neuen Zwei-Megawatt-Windturbinen kann die Windenergie 40 Prozent des Weltbedarfs decken. Obwohl es sich um eine scheinbar hohe Anzahl handelt, so werden doch alljährlich in der Welt 65 Millionen Autos produziert.

Eine effizientere Beleuchtung kann den Stromverbrauch der Welt um 12 Prozent senken.

In den Vereinigten Staaten fallen auf Geschäfts- und Wohngebäude 40 Prozent der Kohlenstoffemissionen. Der nächste Schritt muss darauf gerichtet sein, den Strom für Heizung, Kühlung und Beleuchtung der Wohnungen auf umweltfreundliche Weise zu erzeugen.

Der Einsatz von Biobrennstoffen, erzeugt auf der Basis von Getreide wie Reis und Soja produziert werden, treiben die Preise dieser Nahrungsmittel in die Höhe und können für die Armen dieser Welt zu einem schrecklichen Nahrungsmangel führen.

Das zahlenmäßige Wachstum der Weltbevölkerung um 70 Millionen pro Jahr erfolgt konzentriert in Nationen, in denen sich die Wasserreserven erschöpfen und die Brunnen austrocknen, die Waldflächen kleiner werden, die Böden degradieren und das Weideland zur Wüste wird.

Jahr für Jahr steigt die Anzahl der ›nicht lebensfähigen Staaten‹, die eine ›Frühwarnung für den Zusammenbruch einer Zivilisation‹ darstellen«, kommentierte Brown.

»Ebenfalls auf die Problemliste gehört der Preisanstieg des Erdöls. Die reichen Länder werden alles Erdöl haben, das sie brauchen, während die armen ihren Verbrauch reduzieren müssen.

Bevölkerungszunahme und Armut erfordern eine besondere Beachtung seitens der entwickelten Welt.

Die Zeit ist die Ressource, an der es uns am meisten mangelt«, schloss der angesehene Wissenschaftler.

Die Gefahr, in der die Menschheit schwebt, kann nicht klarer ausgedrückt werden.

Doch diese ist nicht die einzige Meldung, die nach meinem Treffen mit Lula veröffentlicht wurde. Vor erst zwei Tagen brachte *The New York Times*, die vor dem Kongress gehaltene Bush-Rede verurteilend und zerfetzend, in ihrem Leitartikel diesen Gedanken in einer Zeile zum Ausdruck: »Der zivilisierten Welt stehen entsetzliche Gefahren bevor.«

China, ein Land, dessen Fläche das 87-fache unserer Insel beträgt und in dem 84 mal mehr Menschen leben als in Kuba, wurde von einer ungewohnten Kältewelle heimgesucht, von der Shanghai, das am stärksten entwickelte Gebiet, sowie der übrige südliche und zentrale Teil dieses großen Landes betroffen wurden. Die Behörden rufen den Notstand aus, den die internationalen westlichen Agenturmeldungen – von AFP, AP, EFE, DPA, ANSA und anderen – mitteilen: »Aufgrund der starken Schneefälle mussten Wärmekraftwerke geschlossen und die Kohlevorräte, die wichtigste Energiequelle des Landes, auf die Hälfte vermindert werden, was eine schwerwiegende Energiekrise verursacht hat.

... im am härtesten geschädigten Gebiet haben sieben Prozent der Gesamtenergieerzeugung ihren Betrieb eingestellt, hob der Energieausschuss hervor.

... 90 Kraftwerke, die zusätzliche 10 Prozent Strom aus Wärmekraft erzeugen, könnten in den nächsten Tagen schließen, wenn die Situation nicht besser wird...

Die Behörden weisen darauf hin, dass die Kohlevorräte sich auf die Hälfte verringert haben...

Das größte Problem ist das Verkehrswesen. Wang Zheming, Experte des Staatlichen Sicherheitsausschusses, unterstrich, dass die Hälfte der Züge dem Kohletransport dient, weshalb das Lahmliegen des Netzes viele Probleme verursacht hat.

Wang erinnerte daran, dass der Kohletransport in diesen Tagen mit der Personenbeförderung wetteifert, weil aufgrund der Feiertage in kaum einem Monat 180 Millionen Menschen sich in Zügen fortbewegen.

Für China ist die Verwendung einer anderen Energiequelle schwierig. Ideal wäre Erdgas, aber die Vorkommen sind noch unzureichend, kommentierte der Experte.«

Es muss ebenfalls berücksichtigt werden, dass das Gebiet des Yangtse und andere zentrale und südliche Teile des Landes in den letzten Monaten die schlimmste Dürreperiode innerhalb eines halben Jahrhunderts erlitten haben, was die Stromerzeugung mittels Wasserkraft beeinträchtigt hat.

Nach Verlautbarungen des Chinesischen Meteorologieverbands »wird es in den nächsten drei Tagen weiterhin starke Schneefälle geben«.

»Das gesamte Land hat sich in Bewegung gesetzt, um dem Notstand zu begegnen. In der Stadt Nanking wurden 250 000 Menschen zur Schneeräumung auf den Straßen eingesetzt.«

Jene Agenturmeldungen sprechen von »460 000 Soldaten der Volksbefreiungsarmee, die in die chinesischen Provinzen geschickt wurden, um jenen Millionen Menschen unter freiem Himmel Hilfe zukommen zu lassen, welche von der härtesten Kältewelle der letzten Zeit betroffen sind, und von einer Million Beamten der Behörden als Unterstützung zur Wiederherstellung des Verkehrs und der Dienstleistungen.

Das Gesundheitsministerium hat 15 000 Ärzte zur Betreuung der Geschädigten geschickt.

Ministerpräsident Wen Jiabao sprach in Kanton zu einer großen Menge Reisender, deren Züge nicht verkehren konnten.

Man schätzt die Betroffenen auf über 80 Millionen. Die Schäden in der Landwirtschaft und in der Nahrungsmittelproduktion werden noch untersucht.«

BBC World äußert: »Die Regierung Chinas hat mitgeteilt, dass eine schwerwiegende Dürreperiode dazu geführt hat, dass der Wasserstand in einem Teil des größten Flusses des Landes, dem Yangtse, auf den niedrigsten Wert gefallen ist, seitdem vor 142 Jahren begonnen wurde, Register zu führen.

In der Hafenstadt Hankou, in Landesmitte, fielen Anfang Januar die Wasserstände auf 13,98 m, etwas, was seit 1866 nicht geschehen war, zitierte sie örtliche Medien.«

Die Kältewelle näherte sich Vietnam mit ungewohnt niedrigen Temperaturen.

Solche Nachrichten vermitteln eine Idee, was der Klimawechsel bedeuten kann, der den Wissenschaftlern solche Sorgen macht. Bei beiden von mir genannten Beispielen handelt es sich um revolutionäre Länder, die perfekt organisiert sind, über eine große wirtschaftliche und menschliche Kraft verfügen und wo alle Mittel sofort in den Dienst des Volkes gestellt werden. Es geht hier nicht um hungrige, sich selbst überlassene Menschenmassen.

Andererseits berichtet eine Reuters-Agenturmeldung vom 29. Januar, dass »›Frankreich vorhat, seine Politik bezüglich des Biokraftstoffverbrauchs zu verändern, und zwar aufgrund der Zweifel über die Auswirkungen der so genannten »grünen Kraftstoffe« auf die Umwelt‹, teilte am Dienstag die Staatssekretärin für Umwelt mit.

Frankreich ist zu einem der größten Hersteller von Biokraftstoffen in Europa geworden, nachdem es eine zweideutige Politik eingeführt hat, welche die Zielstellungen der Europäischen Union, die Biokraftstoffe mit Standardkraftstoffen zu mischen, um zwei Jahre vorverlegte.

Zur Erreichung seiner Zielstellungen bei den Kraftstoffmischungen... legte Frankreich ein System von Quotenanteilen fest, wo diese aus den niedrigen Steuern Vorteile schöpfen, um sie gegenüber den hergebrachten Kraftstoffen wettbewerbsfähig zu machen.

Diese Politik ermunterte viele Gesellschaften, in der Branche zu investieren, indem sie Äthanol- und Biodiesel-Anlagen im ganzen Land bauten.«

Alles von mir eben Dargelegte stellt eine Gesamtheit sich gerade neu ereignender Elemente dar, die – obwohl konzeptuell vorgesehen – unter solchen Umständen sicherlich von Brasilien, das im Augenblick glücklicherweise nicht von großen klimatischen Katastrophen heimgesucht wird, wichtige Schritte in seiner Handels- und Investitionspolitik fordern werden. Sein Gewicht in der internationalen Arena wird unmittelbar wachsen.

Es ist offensichtlich, dass eine wachsende Anzahl von Faktoren die Situation des Planeten erschwert. Man kann mehrere anführen:

1. Wachsender Verbrauch des Erdöls, eines nicht erneuerbaren und umweltverschmutzenden Produkts, und zwar aufgrund der Verschwendung der Konsumgesellschaften;
2. Mangel an Nahrungsmitteln aus verschiedenen Gründen, darunter das exponentielle Wachstum der Weltbevölkerung und der Tierbestände, welche die Körner und Getreidearten direkt zu Proteinen mit ständig wachsender Nachfrage werden lassen;
3. Raubbau der Meere und Vergiftung seiner Artenvielfalt durch chemische Industrieabfälle, die mit dem Leben unvereinbar sind;
4. Die schauerliche Idee, die Nahrungsmittel in Kraftstoffe für Muße und Luxus zu verwandeln;
5. Die Unfähigkeit des herrschenden Wirtschaftssystems zur rationellen und effizienten Anwendung von Wissenschaft und Technik bei der Bekämpfung von Plagen und Krankheiten, welche das menschliche Leben angreifen und das der Tiere und Pflanzen, auf das es sich stützt. Die Biotechnologie verändert die Gene und die transnationalen Unternehmen erzeugen und verwenden ihre Produkte, wobei sie die Gewinne durch Werbung maximieren, ohne weder die Sicherheit für die Verbraucher, noch den Zugang derjenigen, die es am meisten benötigen, zu garantieren. Zu diesen Produkten gehören die brandneuen

Nanotechnik-Moleküle – der Begriff ist relativ neu – die sich auf dieselbe Art und Weise zügellos den Weg bahnen.

6. Die Notwendigkeit von rationellen Plänen bezüglich Familienplanung und Wachstum der Gesellschaft als Ganzes, frei von Hegemonie- und Machtabsichten;
7. Ein fast vollkommener Bildungsmangel bei lebenswichtigen Themen, selbst in den Nationen mit höherem Niveau der Schulausbildung;
8. Die realen Risiken, die von den Massenvernichtungswaffen in Händen von Verantwortungslosen ausgehen, was die schon zitierte *New York Times*, eines der einflussreichsten Presseorgane der Vereinigten Staaten, als haarsträubende Gefahren bezeichnete.

Gibt es Mittel gegen diese Gefahren? Ja: sie zu kennen und auf sich zu nehmen. Wie? Das wären rein theoretische Antworten. Die Leser sollen sie sich selbst geben, besonders die jüngeren unter den Männer und Frauen, wie man in letzter Zeit immer beide Geschlechter aufführt, um nicht diskriminierend gegenüber den Frauen zu erscheinen. Wartet nicht darauf, erst Staatschef zu werden.

Hatte ich nun Gesprächsthemen mit Lula, oder nicht? Es war unmöglich, ihm alles zu erzählen. Auf diesem Wege ist es einfacher, die Nachrichten für ihn zu kommentieren, die anschließend eintrafen.

Ich habe ihn daran erinnert, dass ich dabei bin, mich von den beiden Unfällen zu erholen: von dem in Villa Clara und von der Krankheit, die mich nach meiner letzten Reise nach Argentinien heimgesucht hat.

Fast zum Schluss sagte er zu mir: »Sie sind eingeladen, dieses Jahr nach Brasilien zu fahren«. Danke, habe ich ihm geantwortet, zumindest in Gedanken werde ich dort sein.

Zuletzt sagte er zu mir: Ich werde den Genossen und Freunden, die Sie in Brasilien haben, sagen, dass es Ihnen sehr gut geht.

Wir sind gemeinsam bis zum Ausgang gegangen. Das Treffen hat sich wirklich gelohnt.

Fidel Castro Ruz
31. Januar 2008

Blutgier (I)

Das Imperium findet sich nicht damit ab, der alleinige Verlierer auf dem am 7. März in Santo Domingo stattgefundenen Treffen der Gruppe von Rio zu sein. Es möchte erneut die blutige Intrige anzetteln. Es ist nicht schwer, das zu beweisen.

Am 11. März behauptete *El Nuevo Herald*, ein Kuba äußerst feindlich gesinntes Presseorgan und dazu bestimmt, Richtlinien in Lateinamerika festzulegen, unter dem Titel »Ein Kubaner angeblicher Anführer der FARC in Mexiko«, unterzeichnet von einem ihrer Artikelschreiber, ein gebürtiger Kubaner, Folgendes:

»Ein in Mexiko ansässiger kubanischer Ingenieur wurde von der Geheimdienstbehörde als angeblicher Anführer der von mexikanischem Gebiet aus operierenden Gruppe zur Unterstützung der Fuerzas Armadas Revolucionarias de Columbia (FARC, Revolutionäre Streitkräfte Kolumbiens) identifiziert.

Der Geheimdienstbericht – von den Tageszeitungen *El Universal* und *The Wall Street Journal* zitiert – zeigt Mario Dagoberto Díaz Orgaz, 48 Jahre, als Hauptverdächtigen auf, die Expedition einer Gruppe mexikanischer Studenten in ein Lager der FARC in Ekuador organisiert zu haben, das von den kolumbianischen Streitkräften am ersten März angegriffen wurde.«

»Mexikanische Agenten haben behauptet, Díaz Orgaz am 5. März um 18:25 Uhr in Quito fotografiert zu haben, während er um das Militärkrankenhaus herumschlich, in dem Lucía Andrea Morett Àlvarez, Überlebende des bewaffneten Einsatzes, unter Bewachung steht.

Die junge Frau, die in den Reihen der Aufständischen als ›Alicia‹ bekannt ist, war am 10. Januar von Mexiko nach Havanna und von dort aus nach Quito gereist. Ihre Rückkehr nach Mexiko war für den Dienstag vorgesehen.

Der Bericht über Díaz Orgaz stellt ihn ebenfalls als Finanzmakler der FARC in Mexiko dar…«

»Der kubanische Ingenieur wäre vom mexikanischen Geheimdienst in Ekuador aufgefunden worden, nachdem er den militärischen Angriff gegen das FARC-Lager überlebt habe.

Gestern Abend hat *El Nuevo Herald* telefonisch Kontakt zu einem engen Freund von ihm in der Stadt Querétaro aufgenommen, wo Díaz Orgaz lebt und als Forscher am Zentrum für Ingenieurswesen und industrielle Entwicklung arbeitet, das dem Nationalrat für Wissenschaft und Technik der mexikanischen Regierung untergeordnet ist…

Um der Belagerung durch die Presse zu entgehen, befindet sich Díaz Orgaz seit Montag im Haus von Freunden.

Die Quelle versichert, dass der kubanische Ingenieur beweisen kann, dass die ihm zugeschriebene Reise nach Ekuador nicht stimmt, da er zu dem Zeitpunkt, zu dem der mexikanischen Geheimdienst ihn in unmittelbarer Nähe des Militärkrankenhauses von Quito platziert, gemeinsam mit einer Gruppe von Kollegen des Zentrums für Ingenieurswesen und industrielle Entwicklung in der Stadt Villa Hermosa, Hauptstadt des Bundesstaates Tabasco, war.«

»Díaz Orgaz stammt aus dem Ort Bejucal der Provinz La Habana, wo er am 15. Januar 1960 geboren wurde. Gemäß der Information in den Händen der Bundesregierung von Mexiko hat Díaz Orgaz Maschinenbau an der Technischen Hochschule von Vladimir studiert, 180 Kilometer von Moskau entfernt, und anschließend mehrere Kurse zur Spezialisierung auf dem Gebiet der Meteorologie absolviert…«

»Er hätte eine Schlüsselrolle inne bei der finanziellen Unterstützung der Anhängergruppen der FARC an der Nationalen Autonomen Universität Mexiko (UNAM), einer der größten und namhaftesten Hochschuleinrichtungen von Lateinamerika…«

»Die Enthüllungen erfolgen wenige Tage vor dem Besuch der mexikanischen Außenministerin Patricia Espinosa in Havanna, der von einer Politik der Wiederherstellung der Beziehungen zwischen beiden Ländern geprägt ist.

Im vergangenen Februar hatte die kolumbianische Armee in Palmira, im Departement Valle del Cauca, den kubanischen Arzt Emilio Muñoz Franco aufgegriffen, einen Facharzt in Optometrie, der als Schlüsselperson eines Logistiknetzes zur Unterstützung der FARC genannt wird.

Muñoz Franco soll kubanische Medizinstudenten in den Jahren 2000 und 2001 in die Lager der FARC gebracht haben, damit sie dort eine Praktikantenzeit ableisteten.

Die kolumbianischen Behörden sind der Meinung, dass gegen ihn genügend Beweise vorliegen, um ihn als einen mit der Guerilla verbündeten Ausländer anzuklagen. Die Nachbarn von Palmira versichern, dass sie niemals ein anstößiges Benehmen bei ihm gesehen hätten.«

Die dumme Absicht, Kubaner in die Angelegenheit zu verwickeln, ist vollkommen klar, abgesehen von der Lüge über die unmögliche Anwesenheit unserer Medizinstudenten in diesem abgelegenen kolumbianischen Dschungel. Wenn ein kubanischer Ingenieur oder Arzt sein Land verlässt, dann ist das jemand, der mit den Kenntnissen geht, die unser Volk unter großen Opfern finanziert hat. Am 13. des laufenden Monats sind gerade 177 Mitglieder der medizinischen Brigade und 35 Lehrer zurückgekehrt, die über zwei Jahre ihre ehrwürdige Mission in Timor-Leste erfüllt haben.

Ich habe sie selbst verabschiedet, als sie abgeflogen sind.

In Timor-Leste, das vor der Unabhängigkeit einen Genozid erlitten hat, sind innere Konflikte entstanden, unterstützt durch Australien, Verbündeter der Vereinigten Staaten, das sich die Gasfelder in der Nähe der Küsten von Timor aneignete. Unter keinen Umständen haben die kubanischen Ärzte ihre Patienten verlassen, zu denen alle Einwohner der kleinen Nation gehörten. Dort verblieb das Personal, das sie ablöste. Jene sind wirkliche kubanische Ärzte und Absolventen, von denen es tausende gibt und bei denen das Imperium unglaubliche Anstrengungen unternimmt, um sie zu bestechen, wobei es kärgliche Ergebnisse erreicht.

Kein anderes Land der westlichen Hemisphäre oder der Welt besitzt einen ähnlichen Reichtum. Wir bilden heute an unseren Medizinfakultäten hunderte Timoreser aus. Die gerade zurückgekehrten Ärzte bilden ein Beispiel dafür, was das Bewusstsein erreichen kann.

Der zitierte Artikel des *Nuevo Herald* ist ebenfalls ein klarer Versuch zur Rechtfertigung dessen, dass zu den Opfern junge Mexikaner gehörten, die sich mit Reyes trafen, ob nun aus Neugier oder aus anderen Gründen, aber sie hatten weder Bomben gelegt, noch verdienten sie, von Bomben der Yankees ermordet zu werden, während sie im Morgengrauen ausruhten.

El Mercurio aus Chile zitiert Pedro Pablo Montoya, ehemaliger Guerilla-Kämpfer der FARC, unter dem Titel »Deserteur macht darauf aufmerksam, dass der Führer der FARC ermordet werden könnte« wie folgt:

»Der abtrünnig gewordene Guerilla-Kämpfer, der vergangene Woche José Juvenal Velandia, alias ›Ivan Ríos‹, Mitglied der Führungsspitze der FARC, ermordete, wies gestern darauf hin, dass die Rebellen mittlerer und niederer Ränge ihre Führer ermorden könnten, darunter den obersten Anführer der kolumbianischen Guerilla-Gruppe Pedro Antonio Marín, alias ›Manuel Marulanda Vélez‹ oder ›Tirofijo‹.

Pedro Pablo Montoya, alias ›Rojas‹, der seit Donnerstag dem Schutz der Armee untersteht, nachdem er sich nach der Ermordung von ›Ríos‹ zusammen mit zwei weiteren Mitgliedern der FARC ergeben hat, sagte bei einem Interview für die Tageszeitung *El Tiempo* von Bogota, dass die Rebellen ohne Rang aufgrund der ›Misshandlungen‹ seitens der Guerilla-Führer demoralisiert und demotiviert sind…!

Nachdem er seinen Führer ermordet hatte, trennte ›Rojas‹ dessen rechte Hand ab und erschien vor den Militärs, die seine Rebelleneinheit eingekesselt hatten, mit dessen Ausweis, sowie mit dessen Laptop.

In Erklärungen an *Radio Caracol* sagte ›Rojas‹, dass die FARC nicht willens sind, die ehemalige Kandidatin Ingrid Betancourt freizulassen. ›Gar nicht zu denken – aus gar keinem Grund werden sie sie freilassen. Frau Yolanda – die Mutter der Betancourt – soll sich da keine Illusionen machen... ‹

Der Rebelle sagte, dass er auf die Bezahlung einer saftigen, vom kolumbianischen Staat ausgesetzten Belohnung warte, die 2,6 Millionen Dollar entspricht, und die gegen Information über aufständische Befehlshaber erfolgt, während Anwälte darüber debattieren, ob er die Kriegsbeute erhalten soll oder nicht. ›Rojas‹ erhielt gestern kräftige Unterstützung, da der Generalstaatsanwalt von Kolumbien, Mario Iguarán, aufzeigte, dass ›die Staatsanwaltschaft im Prinzip keine Anschuldigung wegen Mordes an Iván Ríos erheben wird, womit der Weg zur Einkassierung der Belohnung frei sein würde‹.«

Seinerseits veröffentlichte *The Washington Post*, ein Presseorgan, das gut über die in Washington vorherrschende Stimmung informiert ist, am vergangenen 10. März einen Artikel von Jackson Diehl unter dem Titel »Der Schutzengel der FARC«, in dem er Folgendes erklärt:

»Die Nationen von Lateinamerika und die Bush-Regierung beginnen, eine viel schwerwiegendere und potenziell explosive Frage zu analysieren: Was soll man mit der Enthüllung machen, dass der Präsident von Venezuela, Hugo Chávez, eine strategische Allianz mit den FARC gegen die demokratische Regierung von Kolumbien geschmiedet hat?

...insgesamt schildern die hunderte bis jetzt von Kolumbien veröffentlichten Dokumentenseiten eine noch haarsträubendere Situation...«

»Alles das wird in einer Reihe von drei E-Mails dargelegt, die im Februar den wichtigsten Anführern der FARC von Iván Márquez und Rodrigo Granda zugeschickt wurden, Gesandte, welche eine Reihe von geheimen Zusammenkünften mit Chávez hatten...«

»Angenommen, die Dokumente sind authentisch – und es ist schwer zu glauben, dass der kalt berechnende, intelligente Uribe bewusst Fälschungen an die Medien der Welt und die Organisation Amerikanischer Staaten übergeben würde –, dann müssten sowohl die Bush-Regierung als auch die Regierungen von Lateinamerika Unheil verkündende Entscheidungen bezüglich Chávez treffen. Seine informierten Aktionen stellen vor allem eine Verletzung der Resolution 1373 des Sicherheitsrates der Vereinten Nationen dar, die im September 2001 verabschiedet wurde.«

The Washington Post geht davon aus, dass nur Uribe jenes Dokument erfinden bzw. der Regierung der Vereinigten Staaten übergeben konnte und hat in der komplizierten Situation keinerlei andere Variante berücksichtigt. Es ist jedoch bekannt, dass Chávez schon am Donnerstag, den 13., Uribe angerufen und mit diesem gegenseitige Besuche der beiden Präsidenten und die Normalisierung der Handelsbeziehungen vereinbart hat, die beiden Völkern soviel Nutzen bringen. Chávez verzichtet seinerseits nicht darauf, den Frieden zwischen den Brudervölkern von Lateinamerika zu suchen.

Was am meisten überrascht, ist die Rede von Bush am 12. März an sich und das eilige Entsenden der Außenministerin Condoleezza Rice nach Brasilien und Chile, ein Thema, über das die Nachrichtenagenturen wie ein Wasserfall reden:

»BRASILIA, 13. März 2008 (AFP) – Die US-Außenministerin Condoleezza Rice und der brasilianische Minister für Rassengleichheit, Edson Santos, haben diesen Donnerstag in Brasilia ein Abkommen unterzeichnet, um einen gemeinsamen Aktionsplan ›zur Beseitigung der Rassendiskriminierung‹ zu starten.

Der Abkommenstext unterstreicht, dass Brasilien und die Vereinigten Staaten als gemeinsames Merkmal aufweisen, dass sie ›demokratische Vielvölker-Gesellschaften mit verschiedenen Rassen‹ sind.«

Ich lese diese Worte immer wieder. Ich bin der Meinung, dass es das Gegenteil von dem ist, was wirklich in den Vereinigten Staaten vorgeht, während ich Agenturmeldungen auswähle und schreibe. Es ist erstaunlich!

Ich werde dies morgen fortsetzen.

Fidel Castro Ruz
15. März 2008

Blutgier (II)

Ich hatte versprochen, die Reflexionen heute fortzusetzen und dabei Nachrichten zu zitieren und die entsprechenden Kommentare hinzuzufügen.

»NEW YORK, 13. März (ANSA) – Die Auslassung von Argentinien in der neuen Südamerika-Reiseroute der US-Außenministerin Condoleezza Rice ist ein weiteres Zeichen dafür, wie verstimmt Washington mit der Regierung von Buenos Aires ist, schätzte heute *The New York Times* ein.

Die Zeitung erinnerte daran, dass Rice diese Woche Brasilien und Chile besucht, dass aber ›bezeichnenderweise in ihrer Reiseroute‹ Argentinien ›fehlt‹, wo Christina Fernández de Kirchner, Ehefrau des ehemaligen Präsidenten Néstor Kirchner, ›zur ersten gewählten Präsidentin des Landes wurde‹.

Die Auslassung unterstreicht die Enttäuschung von Washington bezüglich der neuen Regierung Kirchner, welche die Beziehungen mit dem Präsidenten von Venezuela

Hugo Chávez weiter ausbaute und die ›Vereinigten Staaten bezichtigt‹, im Fall der 80 000 illegal durch venezolanische Beamte in das Land gebrachten Dollar ›politische Motive zu haben‹.

The New York Times bezeichnet dieses Geld als ›verdächtig, ein geheimer Beitrag von Venezuela zur Wahlkampagne der Kirchner gewesen zu sein‹.«

»BRASILIA, 13. März (EFE) – Die US-Außenministerin Condoleezza Rice brachte heute ihre Hoffnung zum Ausdruck, dass die Nachbarländer von Kolumbien die Verpflichtung erfüllen, die darin besteht, die Nutzung ihrer Hoheitsgebiete durch die FARC ›zur fortgesetzten Tötung von Unschuldigen‹ zu verhindern.

›Wir sind sehr besorgt aufgrund der regionalen Situation (in Südamerika)‹, sagte Rice bei einer Pressekonferenz, die sie heute in Brasilia gemeinsam mit dem brasilianischen Außenminister Celso Amorim gab.

›Die Länder dürfen weder von innen noch von außen bedroht werden. Und wir müssen verhindern, dass die Terroristen weiterhin Unschuldige töten‹, versicherte die Chefin der US-Außenpolitik nach Zusammenkünften jeweils mit Amorim und dem brasilianischen Präsidenten Luiz Inácio Lula da Silva.«

»BRASILIA, 13. März (ANSA) – [...] Die hohe Beamtin sagte, dass die US-Regierung gute Beziehungen mit linken Führern unterhält, darunter dem brasilianischen Staatsoberhaupt Luiz Lula da Silva und der chilenischen Präsidentin Michelle Bachelet.

Nach der Pressekonferenz hatten Rice und der Außenminister Celso Amorim ein gemeinsames Mittagessen im Palacio Itamaraty.«

»BRASILIA, 13. März (AP) – [...] Rice hat diese Erklärungen am darauf folgenden Tag abgegeben, nachdem

Präsident George W. Bush sagte, dass die kürzliche Krise zwischen Kolumbien und Ecuador ›der neueste Schritt der provozierenden Verhaltensweise des Regimes in Caracas innerhalb eines besorgniserregenden Musters sei‹.

Washington verhärtet seine Rhetorik gegen den venezolanischen Präsidenten Hugo Chávez, während es gleichzeitig seine südamerikanischen Verbündeten wegen ihres unerschütterten Kampfes gegen den Terrorismus lobt.«

In Brasilien hat die Außenministerin Condoleezza Rice bei der Behandlung des Themas der zukünftigen Zusammensetzung des Sicherheitsrates klar und deutlich erläutert, dass die Vereinigten Staaten nicht gegen den Eintritt von Brasilien in diesen Rat seien, wies aber darauf hin, dass sie verpflichtet seien, Japan, ihren strategischen und wirtschaftlichen Verbündeten, zu unterstützen.

»SANTIAGO, 13. März (AFP) – Die US-Außenministerin Condoleezza Rice wird am Freitag Chile einen kurzen Besuch abstatten, wo sie sich mit Präsidentin Michelle Bachelet treffen wird, um die bilateralen Beziehungen zu festigen und die regionale Situation genau zu untersuchen.

Rice wird am Freitagnachmittag aus Brasilien kommend, wo sie am jetzigen Donnerstag angekommen war, in Santiago eintreffen. In der chilenischen Hauptstadt wird die Chefin des US-amerikanischen diplomatischen Dienstes knapp sechs Stunden weilen, da sie am Freitag selbst nach Washington zurückkehrt, bevor sie ihre Reise nach Moskau antritt.«

Gemäß derselben Nachrichtenagentur hat der US-Botschafter in Santiago, Paul Simons, Folgendes erklärt:

»Die Tatsache, dass sie inmitten eines sehr vollgeladenen Terminkalenders nach Chile kommt, zeigt, welche Bedeutung sie den Gesprächen mit ihrem Amtskollegen, dem Außenminister Foxley, und der Präsidentin über unsere positive Tagesordnung beimisst.«

»Brasilien und Chile ›sind befreundete Länder der Vereinigten Staaten und deren strategische regionale Geschäftspartner‹, fügte der Diplomat bei der Pressekonferenz hinzu.«

»Mit den chilenischen Amtsträgern wird Rice über die Situation der bilateralen Beziehungen sprechen, aber ebenfalls über die regionale Situation nach der schwerwiegenden Krise aufgrund des kolumbianischen militärischen Einfalls in Hoheitsgebiet von Ecuador, die das Leben des zweithöchsten Führers der FARC-Guerilla Raúl Reyes kostete.

›Die Gespräche werden die regionale Situation behandeln‹, schickte Simons voraus.

In Santiago wird Rice ebenfalls gemeinsam mit ihrem chilenischen Amtskollegen dem so genannten ›Plan Chile-Kalifornien für das 21. Jahrhundert‹ den Anstoß geben, einem Abkommen, das vorsieht, die Ähnlichkeiten zwischen dem südamerikanischen Land und jenem US-Bundesstaat bezüglich der Geographie, des Klimas und auf produktiver Ebene zu nutzen.«

»Das Abkommen ist neu und entstand auf der Grundlage eines persönlichen Gesprächs zwischen Foxley und Rice, wie Botschafter Simons ohne weitere Details mitteilte.«

Es ist unbestritten, dass dem US-Botschafter in Chile wie gewöhnlich die Zunge durchgegangen ist und er von einem Plan sprach, den die chilenische Regierung bis jetzt weder öffentlich erwähnt hat, noch ist bekannt, dass eine Entscheidung über das getroffen wurde, was ein Traum aus Tausend und einer Nacht zu sein scheint.

In Internet erschienen ebenfalls zahlreiche Informationen über die Rundreise der US-amerikanischen Außenministerin. Am 13. März trafen folgende Nachrichtenüberschriften ein:

BBC World – London, Großbritannien. »Rice: Grenzen sind keine Verstecke«

Terra – Nachrichtenportal, Spanien. »Rice bekräftigt in Brasilien die seitens der Vereinigten Staaten gegenüber Kolumbien und gegen die FARC übernommene Verpflichtung«

Alarde – Tageszeitung aus Brasilien. »Vereinigte Staaten verteidigen Sicherheitsplan für Südamerika«

El Observador – Zeitung aus Venezuela. »Rice besteht darauf, dass die Vereinigten Staaten Informationen über die angeblichen Beziehungen Venezuelas zu den FARC untersuchen werden«

Ansalatina – italienische Nachrichtenagentur. »Rice schlägt gemeinsames Handeln gegen FARC vor«

BBC World – London, Großbritannien. »Rice besucht ›strategische‹ Partner«

El Nuevo Diario – Zeitung aus Nicaragua. »Vereinigte Staaten verhärten Rhetorik gegen Chávez bei Rundreise von Rice«

AFP – französische Nachrichtenagentur. »Rice wird Chile besuchen, um Beziehungen zu festigen und über regionale Situation zu sprechen«

EFE – spanische Nachrichtenagentur. »Rice bekräftigt in Brasilien die seitens der Vereinigten Staaten gegenüber Kolumbien und gegen die FARC übernommene Verpflichtung«

AFP – französische Nachrichtenagentur. »Rice: Vereinigte Staaten untersuchen Beziehungen zwischen Chávez und den FARC und werden dementsprechend handeln«

La Prensa – Tageszeitung, Argentinien. »Die Grenzen können nicht als Zufluchtsort dienen, warnen die Vereinigten Staaten«

Am 14. März übermittelt *O Estado de Sao Paulo*, Nachrichten-Website von Brasilien, nacheinander drei wie folgt betitelte Artikel: »Unangebrachte Einmischung«, »Rice diskutiert afrikanischen Tourismus in Bahía« und »Amorim und ›Condi‹ begehen Fehler«.

O Globo on Line – Website des brasilianischen Fernsehens. »Condoleezza: Grenze ist kein ›Versteck‹«.

El Mercurio – Zeitung, Chile. »Rice, die heute im Land eintrifft, wird mit der chilenischen Regierung über einen Antrag zur Entsendung von Friedenstruppen nach Kosovo sprechen«

Crónica Digital – Nachrichten-Website, Chile. »Politik: Zuckerbrot und Peitsche: die Tagesordnung von Condoleezza Rice in Chile«

Condoleezza Rice selbst müsste einige Fragen beantworten: Wie viel US-Amerikaner haben ihr Leben infolge von Bomben verloren, die von Kuba geschickt wurden? Ist irgendwann auch nur ein einziger Ziegelstein aufgrund eines aus unserem Land kommenden Explosionskörpers zerbrochen? Warum nimmt man uns in die groteske Liste der Terroristen-Länder auf, in die angedroht wird, Venezuela hinzuzufügen? Wer war es, der den Terrorismus gegen unser Vaterland angewandt hat, um Flugzeuge während ihres Fluges zu zerstören, Sabotageakte, Söldnerinvasionen und Bomben- und Kriegsdrohungen, Wirtschaftsblockade und Aktionen zu verursachen, die tausende Menschenleben und mehrere hundert Milliarden Dollar gekostet haben? Wer wird Ihnen und Bush glauben? Warum bestehen Sie hartnäckig darauf, brudermörderische Kriege zwischen den Völkern Lateinamerikas zu verursachen?

Im Irak sind über eine Million Menschen gestorben. Wie viel Tote bieten die Vereinigten Staaten Lateinamerika, einer Region mit über 500 Millionen Einwohnern, um ihre Demokratie und ihr Imperium zu verteidigen?

Es ist eine Tatsache, dass Bush und seine Gruppe stärker durch ihre außenpolitischen Fehler festsitzen, als selbst Nixon, als er 1972 von seinem Amt abtrat. Der blutige Krieg im Irak und die Ablehnung der Bevölkerung der Vereinigten Staaten, der Preis an Menschenleben, die sehr hohe Zahl der Verletzten und Verkrüppelten je Gefallenem bei diesem Kriegsabenteuer, all dies zeigt eine Situation voller Widersprüche auf: das beschädigte Image der Vereinigten Staaten und die Unmöglichkeit, auf Eroberungskriege zur Rohstoffabsicherung zu verzichten, der Dollar und der Goldpreis, die Währungsabwertung und die Inflation, das überzogene Konsumdenken und die Unfähigkeit zur Eigenversorgung mit Konsumgütern, die Äthanol-Produktion und der weltweite Nahrungsmittelmangel, die faschistischen Methoden und die Demokratie-Demagogie, die Folterpraktiken, die geheimen Gefängnisse und die Menschenrechte, die maximale Umweltverschmutzung des Landes und das Recht der Menschengattung auf das Überleben, der Nutzen der Wissenschaft für die Gesundheit und die Anwendung derselben, um eine große Anzahl Menschen zu beseitigen oder zu Krüppeln zu machen, das Brain-Draining (Raub von Gehirnen) und die Unterentwicklung der armen Länder, der Erdölpreis und die immer größere Energieverschwendung, die Wahlen im November und die immer größere Anzahl Latinos, die an der Grenze sterben.

Die Liste wäre unendlich. Es ist im Wesentlichen ein Widerspruch zwischen dem Leben und dem Tod.

Heute, am Sonntag, dem 16. März, kann man die Agenturmeldungen lesen, welche in den gestrigen sonnabendlichen Abendstunden von den Berichterstattern in Havanna über das heute in *Juventud Rebelde* veröffentlichte Material aufgesetzt wurden, das sie schon am Tag davor erhalten hatten.

Es ist bemerkenswert, dass keine der kapitalistischen Nachrichtenagenturen auch nur ein Wort darüber berichtet hat, was bezüglich des ehemaligen Guerilla-Kämpfers Pedro Pablo Montoya geschrieben stand, dass er einen Frontchef der FARC ermordet und ihm eine Hand abgetrennt hat, um die Belohnung von 2,6 Millionen Dollar zu erhalten, was ein Staatsanwalt von Kolumbien legalisiert hat. Er war ein möglicher eingeschleuster Geheimagent der Yankees. Die Angelegenheit hat aufgrund ihrer ethischen Auswirkungen eine starke Debatte hervorgerufen.

Condoleezza reist nach Moskau, Bush kündigt für die ersten Apriltage eine Reise nach der Ukraine und nach Bukarest an und wird seine Besuchsrundreise in Kroatien beenden, das Nachbar von Serbien ist, dem der Imperialismus die lebenswichtige Provinz Kosovo entrissen hat, Sitz seiner Kultur und Quelle der unerlässlichen materiellen Ressourcen, die Grundlage für dessen Entwicklung waren.

McCain ist gerade im Irak angekommen, zum achten Male, und zwar um dem Krieg von Bush volle Unterstützung zu geben, und hiermit den 3 Billionen Dollar, den er gekostet hat, wobei Millionen Opfer hinzukommen, Vertriebene und Tote, die zum Preis der schon genannten US-amerikanischen Gefallenen und Verkrüppelten hinzukommen.

Was kann die Welt von so einer Politik erwarten?

Die imperialen Chefs und Beamten arbeiten fieberhaft daran, alle mit ihrer brutalen Kraft zu bedrohen, aber das Imperium ist unhaltbar und lässt nicht von seinem Unternehmen ab. Es ist blutgierig. Man muss es hartnäckig öffentlich verurteilen!

Fidel Castro Ruz
16. März 2008

Das Imperium, das sich auf die Lüge gründet

Die Ideen kann man nicht töten

Vor einigen Tagen, als ich die Kosten zum Bau von drei U-Booten der Serie Astute analysierte, behauptete ich, dass mit jenem Geld »75 000 Ärzte ausgebildet und 150 Millionen Menschen betreut werden könnten, wenn man annimmt, dass zur Ausbildung eines Arztes ein Drittel von dem benötigt wird, was es in den Vereinigten Staaten kosten würde.« Jetzt stelle ich mir auf der Grundlage der selben Berechnung die Frage, wie viele Ärzte mit den einhundert Milliarden Dollar ihren Abschluss machen könnten, welche Bush in einem einzigen Jahr in die Hände fallen, um in den irakischen und US-amerikanischen Familien weiterhin Trauer zu säen. Die Antwort lautet: 999 990 Ärzte, welche zwei Milliarden Menschen behandeln könnten, die heutzutage keinerlei medizinische Betreuung erhalten.

Seit der US-Invasion auf Irak sind dort mehr als 600 000 Menschen ums Leben gekommen und mehr als 2 Millionen sahen sich gezwungen zu emigrieren.

In den Vereinigten Staaten selbst haben ungefähr 50 Millionen Menschen keine Krankenversicherung. Das blinde Marktgesetz regelt die Leistungen dieser lebenswichtigen Dienste und die Preise werden selbst für viele Menschen innerhalb der entwickelten Länder unerreichbar. Die medizinischen Dienstleistungen tragen zum Bruttoinlandsprodukt der Vereinigten Staaten bei, erzeugen aber weder bei den Leistungserbringern ein Gewissen, noch bei deren Empfängern Unbekümmertheit.

Den weniger entwickelten Länder, wo es mehr Krankheiten gibt, stehen weniger Ärzte zur Verfügung: einer je 5 000, 10 000, 15 000, 20 000 oder mehr Einwohner. Wenn solche neue Krankheiten auftauchen wie z. B. AIDS, eine auf dem Geschlechtswege übertragbare Krankheit, die in kaum 20 Jahren Millionen Menschen das Leben genommen hat, dann erkranken an ihr mehrere Dutzend Millionen, darunter viele Mütter und Kinder. Für dieses Leiden gibt es schon lindernde Mittel, wobei der Preis der Medikamente pro Person 5 000, 10 000 oder bis zu 15 000 Dollar jedes Jahr betragen kann. Das sind Zahlen, die für die große Mehrheit der Länder der Dritten Welt eine Phantasie darstellen. Die wenigen öffentlichen Krankenhäuser sind mit Kranken überfüllt, die wie Tiere zusammengepfercht unter der Geißel einer unerwarteten Epidemie sterben.

Vielleicht hilft das Nachdenken über diese Realitäten, um ein besseres Verständnis der Tragödie zu erlangen. Es handelt sich nicht um eine Handelswerbung, die soviel Geld und Technologie benötigt. Man braucht nur den Hunger von mehreren hundert Millionen Menschen zusammenzuzählen, die Idee, Nahrungsmittel in Kraftstoff zu verwandeln, hinzufügen, ein Symbol zu suchen und die Antwort wird George W. Bush sein.

Als er vor kurzem von einer bedeutenden Persönlichkeit über seine Politik gegenüber Kuba befragt wurde, lautete seine Antwort: »Ich bin ein Präsident der harten Linie und warte nur auf den Tod von Castro.« Die Wünsche eines solch mächtigen Herrn stellen kein Privileg dar. Ich bin nicht der Erste und werde auch nicht der Letzte sein, zu dem Bush Anordnungen gab, ihm das Leben zu nehmen, oder die er vorhat, weiter auf individuelle Art oder massenweise zu töten.

»Die Ideen kann man nicht töten« rief Sarría, ein schwarzer Leutnant, Patrouillenchef in Batistas Armee, laut aus. Er hatte uns nach dem Versuch, die Moncada-Kaserne zu nehmen, gefangen genommen, während drei von uns in einer kleinen Hütte in den Bergen erschöpft von den Anstrengungen, um aus der Einkesselung auszubrechen, schliefen. Die Soldaten zielten voller Hass und Adrenalin auf mich, obwohl sie mich noch nicht erkannt hatten. »Die Ideen kann man nicht töten«, wiederholte, schon beinahe flüsternd, automatisch, der schwarze Leutnant.

Jene wunderbaren Worte widme ich Ihnen, Herr W. Bush.

Fidel Castro Ruz
28. Mai 2007

Überlegung und Manifest für das kubanische Volk

Sie werden Kuba niemals bekommen

Ich hoffe, keiner wird mich beschuldigen, grundlos gegen Bush vorzugehen. Zweifelsohne werdet ihr meine Gründe für eine harte Kritik an seiner Politik verstehen.

Robert Woodward ist ein US-amerikanischer Journalist und Schriftsteller, der berühmt wurde durch seine Artikel in *The Washington Post*, von ihm und Carl Bernstein unterzeichnet, die letztendlich zu Recherchen und dem Rücktritt Nixons führten. Er ist Autor und Koautor von zehn Bestsellern. Mit seiner gefürchteten Feder weiß er es einzurichten, dem Interviewpartner Bekenntnisse zu entreißen. In seinem Buch *State of Denial* schreibt er, dass am 18. Juni 2003, drei Monate nach Beginn des Irak-Krieges, Bush, als er nach einer wichtigen Besprechung aus seinem Büro im Weißen Haus trat, Jay Garner leicht auf die Schulter klopfte und ihn fragte:

»Hör´ mal, Jay, willst du den Iran übernehmen?«

»Mein Herr, die Jungs und ich, wir haben bereits über das Thema gesprochen und wollen auf Kuba warten. Wir denken, der Rum und die Zigarren sind dort besser. Die Frauen sind schöner.«

Darauf Bush: »Du wirst es kriegen. Du wirst Kuba kriegen.«

Sein Unterbewusstsein hat Bush verraten. Das waren seine innersten Gedanken, seitdem er erklärt hatte, was Dutzende dunkler Ecken, von denen Kuba einen besonderen Platz einnimmt, zu erwarten hatten.

Garner, ein erst kürzlich pensionierter Drei-Sterne-General – er hatte ihn zum Chef des Planungsamtes für die Nachkriegszeit in Irak berufen, das durch geheime Präsidialweisung für nationale Sicherheit gegründet worden war – galt Bush als außergewöhnlicher Mensch für die Umsetzung seiner Kriegsstrategie. Am 20. Januar 2003 in dieses Amt berufen, wurde er am 11. Mai des gleichen Jahres auf Ersuchen von Rumsfeld abgelöst. Er hatte nicht den Mut, Bush seine starken Diskrepanzen zur Irak-Strategie vorzutragen. Er hatte für die gleiche Absicht eine andere Strategie im Kopf. In den letzten Wochen warteten mehrere tausend Marinesoldaten und mehrere US-amerikanische Flugzeugträger mit ihren Marinehilfstruppen im Persischen Golf nur wenige Meilen von iranischem Staatsgebiet auf weitere Befehle.

Unser Volk hat nahezu 50 Jahre grausamer Blockade hinter sich. Tausende seiner Söhne fielen oder wurden verstümmelt infolge der schmutzigen Machenschaften gegen Kuba, das einzige Land der Welt, für das es ein *Adjustment Act* gibt, durch das illegale Auswanderung belohnt wird, die eine weitere Todesursache kubanischer Bürger darstellt – einschließlich Frauen und Kinder. Vor mehr als 15 Jahren ging Kuba seiner Hauptmärkte und Lieferquellen für Nahrungsmittel, Energie, Maschinen, Rohstoffe und langfristige Finanzierung bei niedrigen Zinsen verlustig.

Zuerst fiel das sozialistische Lager und nahezu unmittelbar danach die UdSSR, Stück für Stück. Das Imperium verschärfte und internationalisierte die Blockade; der Verbrauch an Proteinen und Kalorien, trotz unserer Schwierigkeiten ziemlich gut eingeteilt, verringerte sich um 40 Prozent. Krankheiten wie die Sehnervenentzündung und andere traten auf. Der Mangel an Medikamenten, die ebenfalls unter die Blockade fielen, war allgemeiner Art.

Nur als karitative Spende durften sie zu uns gelangen, um uns zu demoralisieren; gleichzeitig wurden sie zu einer Quelle unlauterer Geschäfte.

Unausweichlich kam es nun zur Notstandsperiode, einer Summe sämtlicher Konsequenzen aus den Aggressionen sowie aus den verzweifelten Maßnahmen, zu denen wir uns gezwungen sahen, nachdem sich die schädlichen Aktionen der kolossalen Werbetrommel des Imperiums verstärkt hatten. Alle, einige traurig und andere jubelnd, rechneten mit dem Sturz der Kubanischen Revolution.

Die Freigabe der konvertierbaren Währung richtete durch die hiermit geschaffenen Ungleichheiten und ideologischen Schwächen viel Schaden am sozialen Bewusstsein an.

Von Anfang an hat die Revolution das Volk geschult, Hunderttausende Lehrer, Ärzte, Wissenschaftler, Intellektuelle, Künstler, Informatiker und andere Absolventen der Universitäten und postgradualen Studiengänge in Dutzenden Studienrichtungen ausgebildet. Dieser angehäufte Schatz an Wissen ermöglichte ein Senken der Säuglingssterblichkeit auf ein für ein Dritte-Welt-Land unvorstellbares Niveau und eine Erhöhung der Lebenserwartung sowie des durchschnittlichen Bildungsgrades der Bevölkerung auf den Abschluss der neunten Klasse.

Das Angebot der Bolivarianischen Revolution von Venezuela über Erdöllieferungen an Kuba mit Zahlungserleichterungen zu einem Zeitpunkt, da dessen Preis steil in die Höhe schoss, war eine bedeutende Erleichterung und eröffnete neue Möglichkeiten, da unser Land begann, seine Energie in steigenden Mengen selbst zu produzieren.

Besorgt um seine Interessen in jenem Land plant das Imperium seit Jahren, seine Revolution zu ersticken. Sie haben es im April 2002 versucht und werden es, sooft sie können, immer wieder tun. Darauf bereiten die bolivarianischen Revolutionäre ihren Widerstand vor.

Unterdessen perfektionierte Bush seinen Plan der Besetzung Kubas und ging sogar so weit, Gesetze und eine Interventionsregierung zu proklamieren, um die direkte Administration durch das Imperium einzuführen.

Durch die Vorteile, die den Vereinigten Staaten in Bretton Woods eingeräumt wurden, und durch den angelegten Betrug Nixons mit der Beseitigung der Goldwährung, die der Papiergeldemission Grenzen setzte, hat das Imperium Dollar in zweistelliger Billionenhöhe mit Scheinen gekauft und bezahlt. Hiermit hat es seine unhaltbare Wirtschaft aufrechterhalten. Ein Großteil der Weltwährungsreserven besteht aus Schatzscheinen und US-amerikanischen Geldscheinen. Deshalb wollen viele nicht, dass es zu einer Dollarkrise wie der von 1929 kommt, die alle diese Scheine in Nichts auflösen würde. Der Goldwert eines Dollars ist heutzutage mindestens achtzehn Mal geringer als zu Zeiten Nixons. Dasselbe geschieht mit dem Wert der Reserven in jener Währung.

Jene Scheine haben ihren geringen jetzigen Wert dadurch beibehalten, dass man durch sie riesige Mengen moderner Waffen erwerben kann, die von Mal zu Mal teurer sind und nichts produzieren. Die Vereinten Staaten exportieren mehr Waffen als alle anderen Länder zusammen. Mit eben diesen Scheinen entwickelt das Imperium die modernsten und tödlichsten Massenvernichtungswaffensysteme, mit denen es seine Welttyrannei aufrechterhält.

Solch eine Macht ermöglicht es ihm, die Idee aufzuzwingen, Nahrungsmittel in Kraftstoffe zu verwandeln und jede Initiative bzw. Verpflichtung zur Verhinderung der sich spürbar beschleunigenden Erderwärmung auszuschlagen.

Im Ergebnis der imperialen Politik werden Vertreter gegensätzlicher Überzeugungen Hunger und Durst und gewaltigere Wirbelstürme und Meeresüberflutungen erleiden. Eine drastische Energieeinsparung, um die sich die Konsumgesellschaft der reichen Länder überhaupt nicht kümmert, würde eine Atempause für die Menschheit und hiermit eine Hoffnung zum Überleben der Gattung bieten.

Kuba wird weiter die Kampffähigkeit seines Volkes entwickeln und vervollkommnen, einschließlich unserer bescheidenen, aber aktiven und effizienten Defensivwaffenindustrie, die uns in höherem Grade befähigt, gegen den Feind vorzugehen, egal wo er sich befindet und welche Waffen er auch besitzen mag. Wir werden weiterhin das notwendige Material und die angemessene Artillerie beschaffen, selbst wenn das berühmte Bruttoinlandsprodukt des Kapitalismus keinen Zuwachs verzeichnen würde. Dieses BIP, das so viele Dinge einbegreift, wie z. B. den Wert der Privatisierungen, die Drogen, die sexuellen Dienste, die Werbung, und andererseits so vieles ausschließt, wie die kostenlosen Dienstleistungen des Bildungs- und Gesundheitswesens für alle Bürger.

Von einem Jahr zum anderen kann sich die Lebensqualität erhöhen, wenn die Kenntnisse, das Selbstwertgefühl und die Würde eines Volkes zunehmen. Es ist ausreichend, wenn die Verschwendung abnimmt und die Wirtschaft wächst. Trotz allem werden wir das notwendige und mögliche Wachstum aufweisen.

»Die Freiheit ist sehr teuer, und es ist notwendig, entweder sich damit abzufinden, ohne sie zu leben, oder sich zu entschließen, sie um ihren Preis zu kaufen«, so José Martí.

»Wer versucht, sich Kubas zu bemächtigen, wird den blutgetränkten Staub seiner Erde ernten, wenn er nicht im Kampf umkommt«, verkündete Maceo.

Wir sind nicht die ersten Revolutionäre, die so denken! Und wir werden auch nicht die letzten sein!

Einen Menschen kann man kaufen, ein Volk niemals.

Viele Jahre lang konnte ich rein zufällig die Tötungsmaschinerie des Imperiums überleben. Bald wird es ein Jahr her sein, seitdem ich erkrankte und als ich mich zwischen Leben und Tod befand, erklärte ich in meinem Aufruf vom 31. Juli 2006: »Ich hege nicht den geringsten Zweifel daran, dass unser Volk und unsere Revolution bis zum letzten Blutstropfen kämpfen werden.«

Auch Sie sollten das nicht in Zweifel stellen, Herr Bush!

Ich versichere Ihnen, sie werden Kuba niemals bekommen!

Fidel Castro Ruz
17. Juni 2007

Ein weiteres Argument für das Manifest

Warum ich eines Tages bei einer der Reflexionen gesagt habe, dass Bush meine Ermordung bewilligt oder angeordnet hat?

Dieser Satz kann als zweideutig und ungenau ausgelegt werden. Vielleicht wäre es genauer zu sagen, obwohl das noch konfuser klingt, dass er sie bewilligt und angeordnet hat. Ich werde dies hier sofort begründen:

Dieses Thema zur Anklage seines Mordplanes bezüglich meiner Person wurde schon vor dem Zeitpunkt aufgeworfen, als er den anderen Kandidaten durch Wahlbetrug um den Sieg brachte.

Vor schon recht langer Zeit, d.h. am 5. August 2000, habe ich es in der Stadt Pinar del Río, vor zahlreichem, dort anlässlich der traditionellen Feierlichkeiten zum 26. Juli versammeltem Publikum kämpferischer Mitbürger angeprangert, in einer Provinz, welche zusammen mit Villa Clara und Havanna-Stadt aufgrund ihrer Verdienste Austragungsort dieser Veranstaltung war.

Es ist wirklich ein Rätsel, die Verantwortlichen der mehreren hundert Attentate gegen mein Leben aufzuzeigen. Es wurde jede mögliche Art und Weise verwendet, um meinen Tod zu verursachen, sowohl auf direkte als auch indirekte Art. Ford hat nach dem aus moralischen Gründen zwangsläufig verursachten Abtritt von Nixon das Verbot verfügt, Regierungsbeamte dazu zu verwenden, Morde zu begehen.

Ich bin sicher, dass Carter aufgrund seiner religiösen Überzeugungen niemals den Befehl zu solch einem Unternehmen gegen mich gegeben hätte. Er war der einzige Präsident der bei verschiedenen wichtigen Themen eine freundschaftliche Geste gegenüber Kuba hatte, so unter anderem die Einrichtung der Interessenvertretung in Kuba.

Mir ist nicht bekannt, dass Clinton so etwas angeordnet hätte, sodass ich ihm solch einen Befehl nicht zuschreiben kann. Er achtete ohne Zweifel die Gesetze und handelte mit politischem Verantwortungsbewusstsein, als er die gerichtliche Entscheidung respektierte, den entführten Jungen dem Vater und seinen nächsten Familienangehörigen zurückzuschicken, da dies auch schon die Unterstützung der Mehrheit der US-amerikanischen Bevölkerung genoss.

Dennoch ist es eine Tatsache, dass Posada Carriles während seiner Regierung mittelamerikanische Söldner anheuerte, um in den Hotels und anderen Freizeiteinrichtungen solcher Städte wie Havanna und Varadero Bomben zu legen und damit der einer Blockade unterliegenden und in Sonderperiode befindlichen Wirtschaft von Kuba einen Schlag zu versetzen. Der Terrorist hat nicht davor zurückgescheut zu erklären, dass sich der hierbei umgekommene junge Italiener »zum falschen Zeitpunkt am falschen Ort« befunden hätte, ein Satz, den Bush vor kurzem wiederholt hat, als ob dieser ein poetischer Vers wäre. Das Geld, einschließlich der elektronischen Materialien um solcherart Bomben anzufertigen, stammte von der Cuban American National Foundation (CANF), welche die ihnen zur Verfügung stehenden reichlichen Fonds verteilte und hiermit unverhüllt *Lobby* bei Mitgliedern sowohl der einen als auch der anderen Partei im US-amerikanischen Repräsentantenhaus machte.

Ende 1997 fand das 7. Iberoamerikanische Gipfeltreffen der Staats- und Regierungschefs auf Isla Margarita in Venezuela statt, an dem ich pflichtgemäß teilnehmen musste.

Am 27. Oktober jenes Jahres fuhr ein Wasserfahrzeug mit dem Namen »La Esperanza« in Richtung Isla Margarita. Als es sich der Küste von Puerto Rico sehr näherte, wurde es von einem Patrouillenboot von Küstenpolizei und Zollbehörden jener besetzten Insel abgefangen, da Drogentransport vermutet wurde. Auf dem Schiff reisten vier Terroristen kubanischer Herkunft, die 7 Kisten mit Munitionen und zwei halbautomatische Scharfschützengewehre Barrett Kaliber 50 mit Nachtsichtzielfernrohr mitführten, welche mit Präzision auf eine Entfernung von mehr als tausend Metern Panzerfahrzeuge oder Flugzeuge – sowohl während des Fluges als auch kurz vor dem Abheben bzw. bei der Landung – treffen können.

Die halbautomatischen Gewehre waren Eigentum von Francisco José Hernández, Präsident der Cuban American National Foundation. Die Jacht »La Esperanza« war als

Eigentum von José Antonio Llamas registriert, einer der Leiter derselben konterrevolutionären Organisation. Letzterer erklärte kürzlich, die CANF habe einen Transporthubschrauber, zehn ferngesteuerte Ultraleichtflugzeuge, sieben Wasserfahrzeuge und reichlich Explosionsmaterial mit dem ausdrücklichen Ziel erworben, Terroraktionen gegen Kuba durchzuführen. Der CANF stand außerdem eine weitere Jacht zur Verfügung, die »Midnight Express«, die, so Llamas, den Chairman – Obersten Chef – Mas Canosa zur Insel bringen würde, um sich als Präsidenten auszurufen, sobald Fidel Castro ermordet und seine Regierung gestürzt worden wäre.

Den US-Offizieren in Puerto Rico blieb nichts anderes übrig, als die vier Besatzungsmitglieder den Gerichten zu übergeben. In Venezuela war Posada Carriles mit der Leitung der Planausführung betraut. Er wurde dort jeden Augenblick erwartet.

Konnte es sein, dass dies den US-amerikanischen Behörden, die der Foundation öffentliche Fonds schaffen und diese mit Geschäften in Millionenhöhe versorgen, unbekannt war?

Die Verhafteten wurden im Dezember 1999 von einem gefälligen Geschworenengericht wegen »fehlender Beweise« freigelassen. Diese gedeichselte Rechtssache wurde von Héctor Pesquera gemanagt, dem korrupten FBI-Beamten, der anschließend mit dem Chefposten dieser Agentur in Miami belohnt wurde und der Hauptakteur bei der Festnahme der Fünf kubanischen Antiterror-Kämpfer in der Florida war.

Die berühmt-berüchtigte US-kubanische Mafia bereitete sich auf die Präsidentenwahlen vom November 2000 vor. Sowohl die eine als auch die andere Partei machten sich deren Unterstützung streitig, da der Bundesstaat

Florida entscheidend für den Wahlsieg sein konnte. Ihre Chefs aus den ehemaligen Batista-Kreisen waren vor allem Fälschungsexperten.

In der vorher von mir genannten Rede, sagte ich wörtlich u. a. Folgendes:

»Jetzt ist gerade die so genannte Republican Convention beendet worden, ausgerechnet in Philadelphia, Ort in der die berühmte Unabhängigkeitserklärung von 1776 bekannt gegeben wurde. Jene Sklavenbesitzer, die sich gegen den britischen Kolonialismus auflehnten, haben das schändliche System der Sklaverei, das noch beinahe ein Jahrhundert andauerte, nicht abgeschafft.«

»…unter dem Bruch wichtiger internationaler Abkommen … hat die Republican Convention, die gerade in Philadelphia unter der Leitung ihres illustren Kandidaten zusammengetroffen war, als erstes die Absicht angekündigt, den Haushalt der Streitkräfte wesentlich aufzustocken, mit dem Ziel militärische Forschung, die Entwicklung und den Bau einer Raketenabwehr, die die gesamte Nation abdeckt, durchzuführen, mit einem Radarnetz, das feindliche Raketen, die auf dem Weg in Richtung des Territoriums der Vereinigten Staaten sind, aufspüren und mitten im Flug abschießen könnte.

Diejenigen, die so denken, sind nicht in der Lage zu verstehen, dass diese Politik zu totaler internationaler Ablehnung führen würde, einschließlich von Europa, und alle, die sich durch eine Strategie bedroht fühlen, die sie vor den Vereinigten Staaten entwaffnet, wie ein Magnet anziehen würde. Ein neues gefährliches und überteures Wettrüsten würde auf der Stelle losbrechen, und nichts könnte die Verbreitung von Nuklear- und anderer Massenvernichtungswaffen verhindern.«

Ich wagte es, sieben Jahre vor Bushs kürzlichem Besuch in der Hauptstadt Albaniens, der eine meiner Reflexionen nach sich zog, hiervor zu warnen.

Unmittelbar fuhr ich fort:

»Die Autoren des Projekts wissen genau, dass etwas mehr als die Hälfte der US-Amerikaner, die noch verwirrt sind und über das komplexe Problem nicht ausreichend informiert sind, glauben, dass eine solche Lösung den Sicherheits- und Friedensinteressen des Landes am besten gerecht wird. Der republikanische Kandidat mit dieser extremen Position, dem Gegenteil jedes vernünftigeren und angemesseneren Vorschlags von Seiten seines Gegners, würde den Wählern als der starke, vorsorgliche und harte Mann gezeigt werden, den die Vereinigten Staaten angesichts jeder eingebildeten oder reellen Gefahr brauchen. Dies ist die gute Nachricht, mit der sie die Bewohner des Planeten von Philadelphia aus bescherten.«

Ich war damals weit davon entfernt, die Besetzung von Afghanistan und die Pläne zur Entfesselung eines Krieges in Irak miterlebt zu haben.

Dann fuhr ich fort und prangerte bei jener Rede Bushs Programm für Lateinamerika an:

»Was hat das nagelneue Programm besonders für Lateinamerika und die Karibik zu bieten? Es gibt einen viel sagenden Satz: ›Das nächste US-amerikanische Jahrhundert muss ganz Lateinamerika mit einschließen.‹ Diese einfache Zeile bedeutet nichts anderes, als die Verkündung des Besitzanspruchs auf Lateinamerika und die Karibik.

Gleich darauf wird hinzugefügt: ›In Abstimmung mit dem Kongress wird der Präsident mit Schlüsseldemokratien in der Region und vor allem Mexiko zusammenarbeiten.‹ Der Satz ›und vor allem Mexiko‹ fällt auf, ein Land, dem sie schon die Hälfte des Territoriums in einem expansionistischen und nicht zu rechtfertigenden Krieg entrissen haben. Die deutliche Absicht ist offensichtlich, zunächst die wirtschaftliche Annexion und die totale politische Unterwerfung dieses Landes zu betreiben, und später dasselbe mit allen anderen Ländern unserer Region zu tun, ihnen ein besonders für die US-amerikanischen Interessen höchst günstiges Freihandelsabkommen aufzuzwingen, dem sich nicht einmal eine kleine Insel in der Karibik entziehen könnte. Selbstverständlich freier Kapital- und Warenverkehr, niemals freier Personenverkehr!«

»Wie zu erwarten, war laut den Agenturmeldungen im Löwen-Programm von Philadelphia ein bedeutender Teil des Abschnitts über Lateinamerika Kuba gewidmet: ›Unsere wirtschaftlichen und politischen Beziehungen werden sich ändern, wenn das kubanische Regime alle politischen Gefangenen freilässt, friedlichen Protest legalisiert, die politische Opposition und die Redefreiheit zulässt und sich zu demokratischen Wahlen verpflichtet.‹ Für die Autoren dieser demagogischen Ausgeburt ist Freiheit und Demokratie das, was in einem hinfälligen und korrupten System praktiziert wird, in dem allein das Geld entscheidet und wählt, und in dem ein Präsidentschaftskandidat dies auf blitzartige Weise als Erbe eines freien Throns wird.«

»Eine andere Agenturmeldung berichtet: ›Das Programm beinhaltet, neben der aktiven Unterstützung für die Feinde der Revolution, die Übertragung von Informationssendungen von den Vereinigten Staaten aus nach dem karibischen Land‹. Das heißt, sie beabsichtigen, mit dem Dreck, den die subversiven Sender gegen Kuba vom Hoheitsgebiet der Vereinigten Staaten aus in Umlauf bringen, weiterzumachen; die Schmach wird andauern, dass in den offiziellen Sendern der Regierung der Vereinigten Staaten der für unser Volk ruhmvolle und heilige Name von José Martí gebraucht wird.“

»Bei einer Pressekonferenz kreischten US-amerikanische Parlamentarier kubanischer Herkunft euphorisch: ›Diese Sprache ist ohnegleichen. Die Republikanische Partei hat sich noch nie so weitgehend verpflichtet‹.«

»Zur Krönung des Berges an Unrat, den das republikanische Programm enthält, wird schließlich festgestellt: ›Die

Republikaner denken, dass sich die Vereinigten Staaten an die im Cuban Adjustment Act von 1966 aufgestellten Prinzipien halten müssen, das die Rechte der kubanischen Flüchtlinge die vor der kommunistischen Tyrannei fliehen, anerkennt.‹«

»Vom Ansehen der imperialen Politik wird nicht einmal Staub übrig bleiben. Wir werden ihre Heuchelei und ihre Lügen eine nach der anderen systematisch anklagen und niederreißen. Es ist offensichtlich, dass sie keine Ahnung davon haben, welch erstklassiges Volk sich in diesen vierzig Jahren Revolution geschmiedet hat.

Unsere Botschaft wird an alle Enden der Welt gelangen und unser Kampf wird Beispiel sein. Die Welt, die immer unregierbarer wird, wird den Kampf fortführen, bis Hegemonismus und Unterjochung der Völker völlig unhaltbar werden.

Wer nun zum Präsidenten des Imperiums gewählt wird, darf nicht verkennen, dass Kuba die totale Aufhebung des mörderischen Cuban Adjustment Act und der kriminellen Gesetze mit den berüchtigten Namen Torricelli und Helms-Burton, der völkermörderischen Blockade und des Wirtschaftskrieges fordert; dass sich seine Autoren, Urheber und Vollstrecker des Verbrechens des Völkermordes schuldig gemacht haben, das in den internationalen von den USA und Kuba unterzeichneten Abkommen definiert und sanktioniert wird.«

»Sie dürfen nicht vergessen, dass, wenn auch für den moralischen Schaden, der sehr hoch sein kann, keine Ersatzforderungen gestellt wurden, die Regierung der Vereinigten Staaten dem kubanischen Volk bereits mehr als 300 Milliarden Dollar für menschlichen Schaden schuldet, verursacht durch ihre Söldnerinvasion in der Schweinebucht, ihre schmutzigen Machenschaften und viele andere Verbrechen.«

»Auch dürfen sie sich keinen Illusionen zur Haltung Kubas hingeben, sollten die Vereinigten Staaten irgendwann normale Beziehungen zu unserem Land aufnehmen, so wie sie sie heute zu anderen sozialistischen Ländern wie China und Vietnam

unterhalten. Wir werden zu keinem gegen die Völker begangenen Verbrechen, keiner Aggression oder Ungerechtigkeit schweigen. Unsere Schlacht der Ideen wird nicht aufhören, solange es das imperialistische, hegemonische und unipolare System gibt, das für die Menschheit zur Geißel und für das Überleben der Gattung Mensch zu einer tödlichen Bedrohung geworden ist.

Es wächst die Anzahl der Millionen US-Bürger, die sich der Schrecken der Wirtschafts- und politischen Ordnung bewusst werden, die der Welt aufgebürdet wurde.«

»Die Kubanische Revolution vertraut nicht nur auf die moralische Integrität und die patriotische und revolutionäre Kultur seines Volkes sowie auf den Selbsterhaltungstrieb der Gattung Mensch, deren Überleben bedroht ist. Sie glaubt auch an den traditionellen Idealismus des US-amerikanischen Volkes, das nur durch plumpe Täuschung zu ungerechten Kriegen und beschämenden Aggressionen geführt werden kann. Sind Demagogie und Lüge einmal aus der Welt geschafft, dann wird die Welt in den Bürgern der Vereinigten Staaten ausgezeichnete Verbündete haben, wie es nach jenem abscheulichen Krieg der Fall war, der zwei Millionen Vietnamesen und mehr als 50 000 jungen US-Amerikanern das Leben gekostet hat; oder wie es dieses Volk eben erst mit seiner edlen Unterstützung für einen kubanischen Jungen und seine Angehörigen bewies, die Opfer eines brutalen Verbrechens durch eine Bande von Übeltätern geworden waren, die sich der Gastfreundschaft jenes Landes bedient hatten und am Ende, von Hass und Frustration fortgerissen, die Flagge der Vereinigten Staaten in den Schmutz zerrten und anzündeten.«

»Der Wandel in der Kuba-Politik der Regierung der Vereinigten Staaten hat ein einseitiger zu sein, denn die Blockade und der Wirtschaftskrieg gegen Kuba durch jene, die dieses Land regieren, erfolgen auf einseitige Weise.«

»Von hier aus, von dieser Provinz aus, wo der Titan aus Bronze in Mantua seine kolossale Heldentat der bei den Mangos

von Baraguá begonnenen Invasion zu Ende führte, erteilen wir ihnen unsere Antwort: Ihr Dummköpfe! Begreift ihr denn nicht, dass Kuba uneinnehmbar ist, dass seine Revolution nicht vernichtet werden kann, dass sich sein Volk niemals ergeben noch beugen wird? Werdet ihr nicht gewahr, dass die Wurzeln unseres Patriotismus und unseres Internationalismus so tief in unseren Köpfen und unseren Herzen sitzen wie die beeindruckenden Mogote-Felsen aus Feuergestein von Pinar del Río auf dem vulkanischen Grund dieses Teiles unserer Insel, die sich Kuba nennt und die sich heute rühmen kann, fast 42 Jahre Blockade und Aggression durch das mächtigste Land, das es je gegeben hat, unbesiegt überstanden zu haben?

Für uns spricht die Stärke unseres Ansehens und unseres Beispiels, der unzerstörbare Stahl der unanfechtbaren Gerechtigkeit unserer Sache, das unlöschbare Feuer unserer Wahrheit und unserer Moral, der doppelte und uneinnehmbare Schützengraben aus Steinen und Ideen, den wir errichtet haben.

Deshalb, Herr Bush, sollten Sie Oberhaupt des Imperiums werden – denn Republik kann es schon nicht mehr genannt werden – so rate ich Ihnen als aufrichtiger Gegner, denken Sie zurück; lassen Sie die Euphorie und Hitzigkeit Ihrer Convention beiseite und riskieren Sie nicht, der zehnte Präsident zu werden, dessen Amtszeit einmal abläuft, indem er mit steriler und überflüssiger Bitterkeit einer Revolution in Kuba zusehen musste, die sich weder beugt, noch aufgibt, noch vernichtet werden kann.

Ich weiß recht gut, was Sie unüberlegterweise zu Ihren engen und schwatzhaften kleinen Freunden der kubanisch-amerikanischen Mafia äußerten, nämlich dass Sie das Kuba-Problem sehr leicht in Griff bekommen können, wobei Sie klaren Bezug nehmen auf die Methoden der unheilvollen Zeit, als bei Mordplänen gegen die Führungspersönlichkeiten unseres Landes die CIA direkt mit herangezogen wurde. Da ich diese so enge

Auffassung zur Rolle des Einzelnen in der Geschichte nicht teile, ermahne ich Sie, nicht zu vergessen, dass für jeden der revolutionären Führer, den Sie auf diesem Wege zu beseitigen beschließen, es in Kuba Millionen Männer und Frauen gibt, die seinen Platz einzunehmen fähig sind. Sie alle zusammen sind viel mehr, als Sie beseitigen könnten und als Ihre riesige politische, ökonomische und militärische Macht besiegen könnte.«

Ich bin der Meinung, dass diese lange Reflexion ein weiteres Argument dessen ist, was ich im Manifest für das kubanische Volk dargelegt habe.

Fidel Castro Ruz
24. Juni 2000

Der liebe Gott hat mich vor Bush beschützt

Vor ein paar Minuten brachten EFE und REUTERS eine ungewöhnliche Meldung. Ich halte mich an die spanische Version: »Eines Tages wird der liebe Gott Fidel Castro holen.«

Und er äußerte dies nicht in einer frommen Kirche. So wie in West Point, wo er den berühmten Satz von sich gab, was Dutzende dunkler Flecken der Welt zu erwarten hätten, sprach unser Mann in der Akademie der Kriegsmarine in Newport. Er beantwortete eine ganz klar vorbereitete Frage über die Situation in Lateinamerika, die ein kolumbianischer Absolvent der Akademie gestellt hatte. Was für ein Zufall!

Unverzüglich fügte er hinzu, so als sei er erpicht, etwas über Kuba zu äußern und gleichzeitig unzufrieden mit dem lieben Gott: »In unserer Nachbarschaft gibt es nur ein antidemokratisches Land, und das ist Kuba. Ich bin der festen Meinung, dass die Kubaner in einer freien Gesellschaft leben sollten. Wir sind interessiert, Kuba frei zu sehen und sie sind interessiert, nicht unter einer veralteten Regierungsform, die repressiv ist, leben zu müssen.«

Zuvor hatte er versprochen: »Wir werden weiterhin Druck ausüben zugunsten der Freiheit in Kuba.«

Als der Sprecher des Nationalen Sicherheitsrates des Weißen Hauses, Gordon Johndroe, gefragt wurde, ob Bush Castros Tod wünsche, antwortete er schlagfertig: »Der Präsident sprach von einem unausbleiblichen Ereignis.« Es hatte den Anschein, der geniale Beamte und sein Chef werden Jahrtausende überleben.

Jetzt verstehe ich, warum ich die Pläne Bushs und der anderen Präsidenten, die mich zu ermorden befahlen, überlebte: weil mich der liebe Gott beschützt hat.

Fidel Castro Ruz
28. Juni 2007

Die Tötungsmaschine

Der Sonntag ist ein guter Tag, um das zu lesen, was wie Science-Fiction wirkte.

Es wurde angekündigt, dass der CIA den Geheimhaltungsvermerk für hunderte, über illegale Aktionen handelnde Seiten aufheben würde, Aktionen, die Pläne zur Beseitigung von ausländischen Regierungschefs beinhalteten. Plötzlich wird die Veröffentlichung angehalten und um einen Tag verschoben. Es wurde keine kohärente Erklärung hierzu abgegeben. Jemand – vielleicht ein Vertreter aus dem Weißen Haus – hat einen Blick auf das Material geworfen.

Das erste Dokumentpaket, dessen Geheimhaltungsvermerk aufgehoben wurde, ist als »Family Jewels« bekannt und besteht aus 702 Seiten über illegale Aktionen des CIA zwischen 1959 und 1973. Von diesem Teil wurden ungefähr 100 Seiten gestrichen. Es geht hierbei um Aktionen, die von keinem Gesetz ermächtigt werden, Mordkomplotts gegen andere Führungskräfte; Experimente mit Drogen an Menschen mit dem Ziel, ihren Verstand zu kontrollieren; Spionage an Bürgerrechtskämpfern und Journalisten; unter anderen Aktivitäten dieser Art, die ausdrücklich verboten sind.

Die Dokumente wurden 14 Jahre nach den ersten Geschehnissen zusammengetragen, als der damalige CIA-Direktor James Schlessinger darüber alarmiert war, was die Presse schrieb, besonders über die in der Washington Post veröffentlichten Artikel von Robert Woodward und Carl Bernstein, welche schon im »Manifest für das kubanische Volk« genannt wurden. Die Agentur wurde beschuldigt, mit Hilfe ihrer ehemaligen Agenten Howard Hunt und James McCord die Spionage im Hotel Watergate angestiftet zu haben.

Im Mai 1973 forderte der CIA-Direktor: »Alle wichtigen Offiziere der Einsatzkommandos dieser Agentur sollen mich sofort über jegliche Aktivität informieren, die gerade ausgeführt wird oder in der Vergangenheit geschehen ist und außerhalb der Gründungsurkunde dieser Agentur liegen könnte«. Schlessinger, der später zum Chef des Pentagon ernannt wurde, war durch William Colby ersetzt worden. Dieser bezog sich auf die Dokumente, indem er sie »in einem Einbauschrank versteckte Skelette«[3] nannte.

---

3 »sceletons in a closet« – im Deutschen etwa: »Leichen im Keller«

Neue Presseenthüllungen zwangen Colby 1975, vor dem amtierenden Präsidenten Gerald Ford die Existenz der Berichte zuzugeben. *The New York Times* brachte die Unterwanderung der Antikriegsgruppen durch die Agentur an die Öffentlichkeit. Das vom CIA verabschiedete Gesetz verbat die Spionage innerhalb der Vereinigten Staaten.

Jenes »war nur die Spitze des Eisbergs«, rief zu jenem Zeitpunkt der Staatssekretär Henry Kissinger aus.

Kissinger selbst warnte davor, dass »Blut fließen würde«, wenn weitere Aktionen veröffentlicht würden und fügte unmittelbar hinzu: »Zum Beispiel hat Robert Kennedy persönlich die Operation zur Ermordung von Fidel Castro kontrolliert«. Der Bruder des Präsidenten war damals Generalstaatsanwalt der Vereinigten Staaten. Er stirbt dann ermordet, als er bei den Wahlen von 1968 das Präsidentenamt anstrebte. Bei diesen wurde die Wahl von Nixon erleichtert, da so ein starker Anwärter fehlte. Das Dramatischste des Falls besteht darin, dass er scheinbar zu der Überzeugung gekommen war, dass John Kennedy Opfer einer Verschwörung geworden war. Anspruchsvolle Ermittler kamen nach der Untersuchung der Ein- und Ausschusslöcher, der Waffenkaliber und der weiteren Tatumstände, die dem Präsidenten den Tod verursachten, zu der Schlussfolgerung, dass zumindest drei Personen Schüsse abgegeben haben. Der einsame Oswald, der als Instrument verwendet wurde, konnte nicht der einzige Schütze gewesen sein. Das fiel dem Verfasser dieser Zeilen sehr auf. Verzeihen Sie mir, dass ich Ihnen erzähle, dass ich durch Zufall zum Ausbilder für Zielfernrohr-Gewehrschießen für alle Expeditionsteilnehmer der Granma wurde. Das heißt, dass ich monatelang alle Tage übte und Andere ausbildete. Die Zielscheibe kommt einem nach jedem Schuss aus dem Blickfeld, selbst wenn sie unbeweglich ist und man muss sie in Sekundenbruchteilen erneut suchen.

Oswald wollte bei seiner Reise in die UdSSR über Kuba reisen. Er war schon dort gewesen. Jemand schickte ihn, in der Botschaft unseres Landes in Mexiko ein Visum zu beantragen. Weder kannte ihn jemand, noch genehmigte man ihm das. Man wollte uns in die Verschwörung verwickeln. Anschließend erschießt ihn Jack Ruby – der eine ordinäre Mafia-Vorgeschichte hat – gemäß seinen Erklärungen, aufgrund dessen, dass er so großen Schmerz und Traurigkeit nicht ertragen konnte. Und er erschießt ihn an keinem anderen Ort, als in einer Polizeistation voller Polizisten.

Später, bei internationalen Veranstaltungen oder bei Besuchen in Kuba, traf ich mehr als einmal auf schmerzhaft berührte Familienangehörige der Kennedys, die mich mit Achtung grüßten. Einer der Söhne des ehemaligen Präsidenten, der ein sehr kleines Kind war, als sein Vater ermordet wurde, besuchte Kuba 34 Jahre später, traf mit mir zusammen und ich lud ihn zu einem Essen ein.

Der junge Mann, in der Fülle seines Lebens und wohlerzogen, starb auf tragische Weise bei einem Flugunglück, als er in einer stürmischen Nacht mit seiner Ehefrau zur Insel Martha´s Vineyard flog. Ich habe niemals mit irgendjemandem der Familienangehörigen jenes heikle Problem angesprochen. Ich wies im Gegenteil darauf hin, dass für den Fall, dass damals Nixon anstelle Kennedy als Präsident der Vereinigten Staaten gewählt worden wäre, wir nach der Niederlage an der Schweinebucht von den Streitkräften der Marine und Luftwaffe angegriffen worden wären, welche die Söldnerexpedition eskortierten, und dies im Nachhinein beiden Völkern eine riesige Menge Menschenleben gekostet hätte. Nixon hätte sich nicht darauf beschränkt zu sagen, dass der Sieg viele Eltern hat und die Niederlage ein Findelkind ist. Es ist bekannt, dass Kennedy niemals von dem Schweinebucht-Abenteuer begeistert war, zu dem ihn der militärische Ruhm von Eisenhower und die Unverantwortlichkeit seines ehrgeizigen Vizepräsidenten führten.

Ich erinnere mich daran, dass ich mich genau an dem Tag und zu jener Minute, als er ermordet wurde, an einem ruhigen Ort außerhalb der Hauptstadt mit dem französischen Journalisten Jean Daniel unterhielt. Dieser kündigte an, dass er eine Botschaft des Präsidenten Kennedy zu übergeben hätte und erzählte mir, dass jener ihm im Wesentlichen Folgendes gesagt hatte: »Du wirst dich mit Castro treffen. Ich wüsste gern, was er über die schreckliche, über uns schwebende Gefahr, in einen Atomkrieg verwickelt zu werden, denkt. Ich möchte dich sofort sehen, sobald du zurückkehrst.« »Kennedy war sehr aktiv, er wirkte wie eine Maschine um Politik zu machen« fügte er vor mir hinzu, und wir konnten nicht weiter sprechen, als schnell jemand kam und uns die Nachricht von dem Vorgefallenen brachte. Wir stellten das Radio an, um die Informationen zu hören. Das was Kennedy dachte, war schon unnütz.

Natürlich erlebte ich jene Gefahr. Kuba war der schwächste Teil und auch derjenige, welcher die ersten Schläge versetzt bekommen würde. Aber wir waren nicht mit den Zusagen einverstanden, die den Vereinigten Staaten gemacht wurden. Davon habe ich schon zu einem anderen Zeitpunkt gesprochen.

Kennedy war aus der Krise mit größerer Autorität hervorgegangen. Er war so weit gegangen, die riesigen Opfer an Menschenleben und materiellem Reichtum des sowjetischen Volkes im Kampf gegen den Faschismus anzuerkennen. Das Schlimmste in den Beziehungen zwischen den Vereinigten Staaten und Kuba war im April 1961 noch nicht geschehen. Als man sich noch nicht mit dem Ausgang der Geschehnisse an der Schweinebucht abgefunden hatte, begann die Oktoberkrise. Die Blockade, die wirtschaftliche Strangulation, die Piratenangriffe und die Attentate vervielfachten sich. Aber die Mordpläne und andere blutige Taten begannen unter der Regierung von Eisenhower und Nixon.

Wir hätten uns weder geweigert, nach der Oktoberkrise mit Kennedy Gespräche zu führen, noch aufgehört, Revolutionäre und radikal in unserem Kampf für den Sozialismus zu sein. Kuba hätte niemals seine Beziehungen zur UdSSR abgebrochen, wie von uns verlangt wurde. Vielleicht hätte ein echtes Bewusstsein der US-amerikanischen Regierenden darüber, was ein Kriegsgeschehen mit Massenvernichtungswaffen bedeutet, eher und auf andere Art und Weise zum Ende des Kalten Krieges geführt. Zumindest konnten wir damals so denken, als man nicht von der Erderwärmung, dem zerstörten Gleichgewicht auf vielen Ebenen, dem kolossalen Aufwand an Erdöl und -gas und den auf der Grundlage von Technologie geschaffenen hoch entwickelten Waffen sprach, wie ich schon den jungen Kubanern sagte. So hätten wir viel mehr Zeit zur Verfügung gehabt, um durch Wissenschaft und Bewusstsein das zu erreichen, was wir jetzt verpflichtet sind, in aller Eile zu tun.

Ford entschloss sich, eine Kommission zu ernennen, um den Central Intelligence Agency zu untersuchen. »Wir wollen den CIA nicht zerstören, sondern bewahren«, sagte er.

Infolge der Nachforschungen der vom Senator Frank Church geleiteten Kommission verabschiedete Präsident Ford die Verfügung, durch die er ausdrücklich die Teilnahme von US-Beamten bei der Ermordung ausländischer Führer verbat.

Die jetzt veröffentlichten Unterlagen enthalten Elemente über die Verbindung CIA-Mafia, um mich zu ermorden.

Es werden ebenfalls Einzelheiten über die Operation Chaos enthüllt, die seit 1969 über mindestens sieben Jahre lief und für die der CIA ein Sonderschwadron mit dem Auftrag zur Unterwanderung von Pazifistengruppen und zur Erforschung »der internationalen Tätigkeit von Radikalen und aktiven Mitgliedern von Organisationen der schwarzen Bevölkerung« schuf. Die Agency kompilierte mehr als 300000 Namen von US-Bürgern und -Organisationen und umfassende Archive von 7200 Personen.

Nach *The New York Times* war Präsident Johnson überzeugt, dass die US-amerikanische Antikriegs-Bewegung von kommunistischen Regierungen kontrolliert und finanziert wurde und befahl dem CIA, Beweise zu erbringen.

Die Unterlagen erkennen außerdem an, dass der CIA mehrere Journalisten, wie zum Beispiel Jack Anderson, bespitzelte, Künstler wie Jane Fonda und John Lennon, und die Studentenbewegungen der Columbia Universität. Ebenfalls wurden Haussuchungen durchgeführt und an US-Bürgern Test zur Reaktion gegenüber bestimmten Drogen durchgeführt.

Im Jahr 1973 informierte Walter Elder, der Executive Assistant von John McCone, dem CIA-Direktor zu Beginn der sechziger Jahre, gewesen ist, in einem an Colby gerichteten Memorandum über Diskussionen innerhalb der Büros des CIA-Chefs, die aufgenommen und transkribiert worden waren, Folgendes: »Ich weiß, dass jeder derjenigen, die irgendwann in den Büros des Direktors gearbeitet hat, besorgt darüber war, dass diese Unterhaltungen in den Büros und die telefonischen transkribiert wurden. In den Jahren der Amtszeit von McCone gab es Mikrofone in seinen normalen Büros, im internen, in der Kantine, in den Büros des Gebäudes Ost und in seinem Studio zu Hause, in der Straße White Haven. Ich weiß nicht, ob jemand bereit wäre, darüber zu sprechen, aber die Information tendiert dazu durchzusickern, und die Agency ist in diesem Fall sicher verwundbar·«.

Die geheimen Transkriptionen der CIA-Direktoren könnten eine große Anzahl »Juwelen« enthalten. Die Archive für nationale Sicherheit haben diese Transkriptionen schon angefordert.

Ein Memo klärt darüber auf, dass der CIA ein OFTEN genanntes Projekt hatte, das »Information über gefährliche Drogen von US-Firmen« sammelte, bis das Programm im Herbst 1972 beendet wurde. In einem weiteren Memo gibt es Berichte darüber, dass dem CIA Drogen von Herstellern handelsüblicher Drogen »übertragen worden waren«, die »aufgrund von negativen Nachwirkungen zurückgewiesen worden waren«.

Als Bestandteil des Programms MKULTRA hat der CIA Menschen LSD und andere psychoaktive Drogen verabreicht, ohne dass diese es gewusst hätten. Gemäß einem weiteren Dokument im Archiv ist Sydney Gottlieb, Psychiater und Chefchemiker des Programms zur Gehirnkontrolle der Agency, angeblich der Verantwortliche dafür, das Gift verschafft zu haben, das bei einem Mordversuch an Patricio Lumumba verwendet werden sollte.

Beamte des CIA, die mit MHCHAOS betraut worden waren – der Operation, welche die Bewachung gegen US-amerikanische Gegner des Krieges in Vietnam und andere politische Dissidenten durchführte – drückten »hochgradig ihren Unwillen« darüber aus, den Auftrag zur Ausführung solcher Missionen erhalten zu haben.

Dessen ungeachtet enthüllen diese Unterlagen eine Reihe interessanter Dinge, wie zum Beispiel auf welch hoher Ebene die Entscheidungen über Aktionen gegen unser Land getroffen wurden.

Die jetzt von dem CIA verwendeten Methoden, um keine Details zu bieten, sind nicht die unangenehmen Streichungen, sondern ausgehend von der EDV die leeren Zwischenräume.

Nach *The New York Times* sind die langen zensurierten Abschnitte Zeichen dafür, dass der CIA noch nicht alle seine Skelette aus seinen Einbauschränken ausstellen kann und dass viele der bei Operationen im Ausland durchgeführten Tätigkeiten, die vor Jahren von Journalisten, Ermittlern des Repräsentantenhauses und einem Ausschuss/einer Kommission des Präsidenten untersucht wurden, nicht im Einzelnen in den Unterlagen aufgeführt sind.

Howard Osborn, der damalige Sicherheitschef des CIA, fasst die von seinem Büro zusammengetragenen »Juwelen« zusammen. Er nennt acht Fälle – einschließlich die Rekrutierung des Gangsters Johnny Roselli für den Schlag gegen Fidel Castro –, aber das Dokument auf Seite 1 der anfänglichen Liste von Osborn wurde durchgestrichen: zweieinhalb Seiten.

»Das Juwel Nummer 1 des CIA-Sicherheitsbüros muss sehr gut sein, besonders, da das zweite auf der Liste das Programm zur Ermordung von Castro durch Roselli ist,« sagte Thomas Blanton, Direktor der Nationalen Sicherheitsarchive, der auf der Grundlage des Liberty of Information Act vor 15 Jahren die Aufhebung der Geheimhaltungsvermerke der »Family Jewels« gefordert hatte.

Es ist notorisch, dass die Regierung, die in der Geschichte der Vereinigten Staaten am wenigsten den Geheimhaltungsvermerk bei Informationen aufgehoben hat und die sogar einen Prozess zur erneuten Versehung mit Geheimhaltungsvermerken von vorher davon befreiter

Information eingeleitet hat, jetzt die Entscheidung trifft, diese Enthüllungen zu machen.

Ich bin der Meinung, dass solch eine Handlungsweise den Versuch bedeuten kann, zum schlechtesten Zeitpunkt bezüglich Zustimmung und Popularität der Regierung die Vorstellung von Transparenz zu geben und gleichzeitig zu verstehen zu geben, dass diese Methoden einer anderen Zeit angehören und schon nicht mehr angewendet werden. General Hayden, jetziger CIA-Direktor, erklärte, als er die Entscheidung bekannt gab, Folgendes: »Die Dokumente geben einen Blick auf ganz andere Zeiten und auf eine vollkommen andere Agency.«

Es ist überflüssig hinzuzufügen, dass alles hier Beschriebene weiterhin gemacht wird, nur brutaler und überall auf der Welt, einschließlich der ansteigenden Zahl illegaler Aktionen innerhalb der Vereinigten Staaten selbst.

The New York Times erklärte, dass befragte Geheimdienstexperten zum Ausdruck brachten, dass die Enthüllungen der Dokumente ein Ablenkungsmanöver bezüglich der kürzlich aufgetretenen, den CIA und eine Regierung in ihren schlimmsten Augenblicken der Unbeliebtheit betreffenden, Kontroversen und Skandale sind.

Die Aufhebung der Geheimhaltungsvermerke kann – im Vorfeld des Wahlprozesses – ebenfalls bestätigen und zeigen, dass die Regierungen der Demokraten genauso oder schlimmer als die von Bush waren.

Auf den Seiten 11 bis 15 des Memorandums für den Direktor des Central Intelligence Agency steht geschrieben:

»Im August 1960, näherte sich Richard M. Bissell Coronel Sheffield Edwards, um festzustellen, ob das Sicherheitsbüro Agenten habe, die bei einer vertraulichen Mission helfen könnten, die eine Aktion im Gangsterstil erforderlich mache. Zielscheibe des Auftrags war Fidel Castro.«

»Aufgrund der äußersten Vertraulichkeit des Auftrags, wurde dieser nur einem engen Kreis von Personen bekannt gegeben. Der Direktor des Central Intelligence Agency wurde über das Projekt informiert und gab seine Zustimmung. Coronel J. C. King, Abteilungschef Westliche Hemisphäre, wurde ebenfalls informiert, aber alle Einzelheiten wurden allen Offizieren der Operation JMWAVE wohl überlegt verschwiegen. Obwohl einige Offiziere des Nachrichtenwesens (Commo) und der Abteilung Technische Dienste (TSD) an der Planung der Anfangsphase teilnahmen, kannten sie den Zweck der Mission nicht.«

»Es wurde Kontakt zu Robert A. Maheu aufgenommen, er wurde im allgemeinen über das Projekt informiert und gebeten einzuschätzen, ob er als ersten Schritt zur Erreichung des gewünschten Ziels Zugang zu den Gangster-Elementen bekommen könne.«

»Herr Maheu informierte, dass er während seines Aufenthaltes in Las Vegas mehrmals mit einem gewissen Johnny Roselli zusammengetroffen war. Er kannte ihn nur auf formlose Art und Weise über Kunden, aber ihm war zu verstehen gegeben worden, dass jener ein hochrangiges Mitglied der ›Gewerkschaft‹ sei und alle Eismaschinen in La Franja kontrolliere. Wenn Roselli wirklich zum Clan gehöre, habe er ohne Zweifel Verbindungen, die ihn zum Geschäft der Glücksspiele auf Kuba führen würden, so Maheu.«

»Maheu wurde gebeten, sich Roselli zu nähern, der wusste, dass Maheu ein leitender Angestellter für persönliche Beziehungen war, der die nationalen und ausländischen Kontos betreute, und ihm sage, dass ihn vor kurzem ein Kunde beauftragt habe, der mehrere internationale Handelsfirmen vertrete, die gerade im Ergebnis von

Castros Handeln riesige finanzielle Verluste in Kuba erleiden würden. Sie wären überzeugt, dass die Beseitigung von Castro die Lösung für ihre Probleme sei und wären bereit 150 000 Dollar zu zahlen, um diese erfolgreich herbeizuführen. Es sollte Roselli klargemacht werden, dass die Regierung der Vereinigten Staaten weder von dieser Operation wisse, noch davon wissen dürfe.«

»Dies wurde Roselli am 14. September 1960 im Hilton Plaza Hotel in New York vorgetragen. Seine anfängliche Reaktion war, dass er verhindern wollte, darin verwickelt zu werden, aber durch die Überzeugungsarbeit von Maheu willigte er ein, dies einem Freund, Sam Gold, vortragen zu wollen, der die ›kubanischen Leute‹ kannte. Roselli stellte klar, dass er seinerseits kein Geld hierfür wolle und der Meinung sei, dass Sam dasselbe tun würde. Keinem dieser Leute wurde jemals aus Fonds der Agency etwas gezahlt.«

Während der Woche vom 25. September wurde Maheu Sam vorgestellt, der im Fontainebleau Hotel von Miami Beach untergebracht war. Erst mehrere Wochen nach seinem Treffen mit Sam und Joe – der ihm als zwischen Havanna und Miami fungierender Bote vorgestellt wurde – sah er Fotos dieser zwei Personen in der Sonntagsbeilage der *Parade*. Sie wurden jeweils als Momo Salvatore Giancana und Santos Trafficante identifiziert. Beide waren in der Liste der zehn am meisten gesuchten Männer des Generalstaatsanwalts enthalten. Der Erste wurde als der Cosa Nostra-Chef in Chicago und Nachfolger von Al Capone beschrieben und der Andere als Chef der kubanischen Operationen der Cosa Nostra. Maheu rief sofort in diesem Büro an, nachdem ihm diese Information bekannt wurde.«

»Als sie die möglichen Methoden zur Erfüllung dieser Mission analysierten, schlug Sam vor, nicht zu Schusswaffen zu greifen, sondern wenn es möglich sei, ihm eine mächtige Pille zu geben, die in das Essen oder Getränk von Castro gegeben werden könnte, dann wäre dies eine viel effektivere Operation. Sam zeigte auf, dass er in der Person von Juan Orta, kubanischer Amtsträger, der Bestechungsgelder aus dem Glücksspiel erhalten hatte, einen möglichen Anwärter hätte und dass dieser noch Zugang zu Castro hätte und sich in finanzieller Bedrängnis befände.«

»Die TSD (Abteilung technische Dienste) wurde beauftragt, 6 Pillen mit hochgradig tödlichem Inhalt herzustellen.«

»Joe übergab Orta die Pillen. Nach mehrwöchigen Versuchen war Orta scheinbar eingeschüchtert und bat, ihn von der Mission zu befreien. Er schlug einen anderen Anwärter vor, der ohne Erfolg mehrere Versuche durchführte.«

Alles in den zahlreichen vorhergehenden Absätzen Genannte ist in Anführungsstrichen aufgeführt. Die Leser sollen genau die Methoden anschauen, welche die Vereinigten Staaten schon angewendet haben, um die Welt zu beherrschen.

Ich erinnere mich daran, dass in den ersten Revolutionsjahren in den Büros des Nationalinstituts für die Agrarreform ein Mann mit Nachnamen Orta mit mir zusammenarbeitete, der zu den politischen Kräften der Batista-Gegner gehörte. Er sah ehrfurchtsvoll und ernst aus. Es kann kein anderer sein. Die Jahrzehnte sind vergangen, und durch den Bericht des CIA sehe ich diesen Namen erneut. Ich habe keine Beurteilungsmaßstäbe zur Hand, um unmittelbar zu überprüfen, dass er es war. Ich bitte um Entschuldigung, wenn ich unfreiwilligerweise irgendeinen Familienangehörigen oder Nachkommen beleidige, egal ob die genannte Person Schuld hat oder nicht.

Das Imperium hat eine echte Tötungsmaschine geschaffen, die nicht nur aus dem CIA und seinen Methoden besteht. Bush hat mächtige und teure Geheim- und Sicherheitsdienstüberbauten arrangiert und alle Luft-, Meeres und Landesstreitkräfte in Instrumente der Weltmacht verwandelt, die den Krieg, die Ungerechtigkeit, den Hunger und den Tod an jeglichen Ort der Erde bringen, um dessen Bewohner zur Ausübung der Demokratie und Freiheit zu erziehen. Das US-amerikanische Volk wird sich dessen immer mehr bewusst.

»Es ist unmöglich das gesamte Volk die ganze Zeit zu betrügen«, sagte Lincoln.

Fidel Castro Ruz
30. Juni 2007

Das Imperium und die Lüge

Reagan war der Schöpfer der Cuban-American National Foundation (Kubanisch-Amerikanischen Nationalstiftung), deren unheilvolle Rolle bei der Blockade und dem Terrorismus gegen Kuba Jahre später aufgedeckt würde, als die US-Regierung geheime Dokumente veröffentlichte, obwohl diese noch voller beschämender Streichungen sind. Wenn sie eher bekannt geworden wären, hätte das unsere Haltung nicht verändert.

Als am 30. März 1981 die Nachricht Kuba erreichte, dass ein Attentat stattgefunden hatte, bei dem Schüsse aus einer kleinkalibrigen Waffe auf Reagan abgegeben worden waren, haben wir eine Botschaft entsendet, in der wir unsere Verurteilung dieser Tat ausdrückten. Eine Bleikugel

Kaliber 22 steckte in einem seiner Lungenflügel und verursachte ihm Risiken und persönliche Leiden. Die Botschaft ist in dem Gespräch enthalten, welches der damalige Außenminister Isidoro Malmierca mit Wayne Smith, Leiter der Interessenvertretung der Vereinigten Staaten in Havanna, auf genaue Anweisungen führte.

Im Folgenden wörtliche Absätze des Gesprächs zwischen Beiden:

»ISIDORO MALMIERCA: Wir haben Sie auf ausdrückliche Anweisung von Präsident Fidel Castro bestellt und empfangen. Er bat mich, Ihnen Folgendes zu erläutern: Erstens, unsere Anerkennung bezüglich der uns von Ihnen durch den Direktor Joaquín Más übermittelten Information über das von Präsident Reagan erlittene Attentat. Andererseits möchten wir Ihnen auch im Namen von Präsident Fidel Castro zum Ausdruck bringen, wie sehr wir diese Tat bedauern und ebenfalls unsere Hoffnung und unsere Wünsche übermitteln, dass Präsident Reagan sich schnellst möglich von diesem Attentat erholt.

WAYNE SMITH: Vielen Dank.

ISIDORO MALMIERCA: Wir haben Nachrichten über die ihm zugekommene ärztliche Behandlung erhalten. Zu Beginn hatten Sie auch die Information bekommen, dass die Attentatsfolgen weniger kompliziert schienen, aber es scheint schwerwiegender zu sein und er wurde einem chirurgischen Eingriff unterzogen.

WAYNE SMITH: Ja. Unser Eindruck ist, dass er schon operiert wurde, aber über Rundfunk wird gerade berichtet, dass man jetzt zu operieren beginnt. Es ist möglich, dass er, sagen wir, in einer Stunde aus dem Operationsraum kommt. Das heißt, eine 3stündige Operation ist keine Kleinigkeit und erst recht nicht bei einem 70jährigen Mann. Es wird gesagt, dass keine Gefahr besteht. Ich lege das so aus, dass keine unmittelbare Gefahr besteht. Aber bei einem 70jährigen Mann ist eine 3stündige Operation etwas Ernsthaftes. Aber man sagt, dass die Situation nicht schwerwiegend und sein Zustand stabil ist. Wir hoffen, dass alles gut ausgeht. Ich danke Ihnen für ihre guten Wünsche und ihre Nachfrage und die Botschaft von Präsident Fidel Castro.

ISIDORO MALMIERCA: Herr Frechette in Washington hat sich ebenfalls an die Interessenvertretung von Kuba gewandt und uns Angaben zur Situation übermittelt. Er erklärte, dass Sie ebenfalls Information hierüber erhalten haben. Gut, ich wiederhole, dass Präsident Fidel Castro mich persönlich beauftragt hat, ein Gespräch mit Ihnen zu führen und Ihnen unsere Wünsche auszudrücken, dass Präsident Reagan sich schnell von den Folgen des Attentats erholt.

WAYNE SMITH: Vielen Dank. Mein Gott! Das ist schwer. Präsident Kennedy wurde in Dallas ermordet und es scheint, dass der Verantwortliche für das Attentat auf Reagan aus Dallas ist. Er wohnt jetzt in Colorado, aber er ist aus Dallas. Ich weiß nicht…

ISIDORO MALMIERCA: Ich habe in Agenturmeldungen gelesen, dass er in der Nähe von Denver geboren wurde, 30 Kilometer von Denver entfernt.

WAYNE SMITH: Ich weiß es nicht. Einer meiner Konsuln hier in der Interessenvertretung hat mir gesagt, dass er im Rundfunk gehört hat, dass es ein Typ ist, der zur selben Schule wie er gegangen ist. Ich weiß nicht, vielleicht hat er ein paar Jahre in Dallas gelebt. Ich weiß nicht, was die Atmosphäre von Dallas hat.

ISIDORO MALMIERCA: Es wird behauptet, dass sie drei Brüder sind, Söhne eines Mannes, der im Erdölgeschäft steht.

WAYNE SMITH: Das ist sein Vater, ja. Er selbst ist ein Typ von 22 Jahren, der Student an der Universität von Yale war, aber sein Studium vor kurzem aufgegeben hatte. Vielleicht ist er nachtragend, ein gescheiterter junger Mann, der gefühlsmäßig gehandelt hat. Offen gesagt bin ich froh, dass es so ein Typ wie er ist und nicht, sagen wir einmal, ein Puertoricaner oder so, was politische Auswirkungen hervorrufen könnte.

ISIDORO MALMIERCA: Die Spekulationen über politische Motive, dies zu tun.

WAYNE SMITH: Ja, das könnte unbestreitbar politischen Auslegungen Vorschub geben. Ein junger Weißer aus Colorado, Texas; da ist es sehr schwer politische Auslegungen zu machen.

ISIDORO MALMIERCA: Es gab sogar schon einige Polizeiinformationen, die davon sprechen, dass es sich um einen allein handelnden Mann, ohne Verbindungen zu anderen Gruppen handelt…

WAYNE SMITH: Ja, es muss ein Verrückter oder Fanatiker gewesen sein, dass er so nahe an den Präsidenten herankam… Gut, er wurde sofort gefangen genommen. Er zog seine Pistole und schoss..«

»ISIDORO MALMIERCA: Brady ist verstorben?

WAYNE SMITH: Nein.

ISIDORO MALMIERCA: Es wurde behauptet, dass er tot sei.

WAYNE SMITH: Ja. Es gab Berichte, die behaupteten, dass er verstorben sei, aber zuletzt wurde gesagt, dass er schwer verletzt, aber nicht gestorben ist. Ich kann mir vorstellen, dass es bei Kaliber 45 tödlich gewesen wäre, aber bei Kaliber 22 hat er gewisse Möglichkeiten… aber mir scheint, dass er einen Kopfschuss erhielt, offensichtlich war es ein Kopfschuss… Das ist nichts Gutes, es gibt nicht viele Hoffnungen.

ISIDORO MALMIERCA: Ein Kopfschuss jeglichen Kalibers ist etwas sehr Schwerwiegendes.

WAYNE SMITH: Bradys Zustand ist sehr schlimm. Er könnte überleben, würde aber dahinvegetieren.

ISIDORO MALMIERCA: Ich bedauere, dass unsere Unterredung durch so ein bedauerliches Ereignis verursacht wurde.

WAYNE SMITH: Ich danke für Ihre guten Wünsche. Ich werde sofort eine Meldung über unsere Unterredung an meine Regierung schicken. Ich bitte Sie, Präsident Fidel Castro meinen Dank auszusprechen.«

Ich gebe keinen Kommentar ab. Die Version von Malmierca, die unmittelbar nach der Unterredung aufgesetzt wurde spricht für sich. Wayne Smith ist heutzutage ein standhafter Kämpfer gegen die Blockade und die Aggressionen gegen Kuba.

Aber hier endet die Geschichte über unsere Haltung bezüglich des Präsidenten eines Landes, das seit den Zeiten von Eisenhower mehrere hundert Pläne zu meiner leiblichen Beseitigung ausgearbeitet hat, nicht.

Eine im Sommer 1984 einem für die Sicherheit der kubanischen Vertreter in der UNO verantwortlichen Beamten sehr vertraulich übergebene Information warnte vor einem Attentatsplan gegen Präsident Ronald Reagan seitens einer rechtsextremen Gruppe in North Carolina. Als sie uns bekannt wurde, beschlossen wir, dies unmittelbar den US-Behörden mitzuteilen. Unser Beamter schlug vor, es über Robert C. Muller, Sicherheitschef der US-Vertretung vor den Vereinten Nationen, zu übergeben, zu dem zwecks des Schutzes der kubanischen Delegationen, welche die internationale Organisation besuchten, Kontakte bestanden.

Das Attentat sollte sehr bald stattfinden, wenn Reagan als Teil der Wahlkampagne zur Wiederwahl North Carolina besuchen würde.

Die Information war komplett; sie teilte Namen der am Plan Beteiligten mit; den Tag, die Stunde und den Ort, wo der Präsidentenmord sein würde; die Art der Bewaffnung, über welche die Terroristen verfügten und wo sie die Waffen aufbewahrten; und außerdem, den Versammlungsort der Elemente, welche die Aktion planten, und enthielt einen kurzen Bericht darüber, was sie bei jener Zusammenkunft gesagt hatten.

Die Übergabe der Information wurde bei einem Treffen mit Muller in einem Gebäude in der Straße 37 und Thirth Avenue vorgenommen, zwei Häuserblöcke vom Gebäude der kubanischen Vertretung entfernt.

Es wurden ihnen alle bekannten Einzelheiten übergeben, wobei man absicherte, dass das Wichtigste ganz klar wurde, das heißt, die Namen der darin Verwickelten, der Ort, die Uhrzeit und die Art der Waffen, die dazu verwendet würden.

Zu Ende des Austauschs teilte unser Beamter ihnen mit, dass er Anweisungen der Regierung von Kuba erhalten hatte, dies dringlichst zu tun und dass er ausgewählt worden war, weil bekannt war, dass er ein Fachmann in Sicherheitsfragen war.

Muller las, was er geschrieben hatte, um sich zu versichern, dass er nichts verfälscht hatte und dass alle wichtigen Elemente vorhanden waren.

Er fragte nach der Quelle und es wurde ihm gesagt, dass sie sicher sei. Er trug vor, dass sich der Geheimdienst gezwungen sehen würde, sich mit den kubanischen Beamten zu treffen. Es wurde ihm geantwortet, dass man nichts dagegen habe.

Ungefähr um 16.30 Uhr jenes Tages trafen die Geheimdienstagenten mit der kubanischen Vertretung zusammen.

Die Unterredung fand im Appartment 34-F im 34. Stock eines Ruppert Towers genannten Gebäudekomplexes statt, der an der 92ten Straße zwischen der Thirth Avenue und Second Avenue liegt, in Upper Manhattan.

Die Agenten waren zwei junge weiße Männer, mit sehr kurz geschnittenem Haar und im Anzug. Ihr Ziel war vor allem, das zu überprüfen, was Muller ihnen übermittelt hatte, denn sie hatten eine Abschrift der Meldung in der Hand, welche dieser ihnen geschickt hatte. Bei der Überprüfung der Meldung wurde ihnen versichert, dass nichts fehlte.

Die Geheimdienstagenten wollten wissen, wer die Information gegeben hatte und wie sie in unsere Hände gelangt war. Man antwortete ihnen dasselbe, was man Muller gesagt hatte. Sie fragten ebenfalls nach, ob zusätzliche Informationen möglich wären und es wurde ihnen gesagt, dass im Fall von Neuigkeiten, diese ihnen sofort mitgeteilt würden.

Sie übergaben ihre Visitenkarte und baten, dass man sie direkt anrufen solle, wenn zusätzliche Angaben bekannt würden. Sie sagten, dass es nicht notwendig wäre, dies über Muller zu tun.

Am darauf folgenden Montag wurde uns bekannt, dass der Federal Bureau of Investigation in North Carolina eine Gruppe Personen festgenommen hatte, die mehrerer Dinge beschuldigt wurden, keine davon – wie anzunehmen ist – hat etwas mit einem Attentat auf Präsident Reagan zu tun, der kurz darauf als Bestandteil seiner Kampagne zur Wiederwahl als Präsident in jenen Staat reiste.

Bevor vier oder fünf Tage nach der Verhaftung vergangen waren, d.h. Ende derselben Woche, rief Muller in der Vertretung an, um den kubanischen Beamten zum Mittagessen einzuladen, was sie im Restaurant für Delegierte der Vereinigten Nationen taten. Er bat als erstes, der Regierung von Kuba den Dank der Regierung der Vereinigten Staaten über die übermittelte Information auszudrücken und bestätigte, dass sie gegen die Gruppe der Verwickelten vorgegangen waren. Ein kubanischer Kämpfer gegen den Terrorismus hat das Leben eines Präsidenten der Vereinigten Staaten gerettet!

Eine gewisse US-amerikanische Presse erwähnt ein intimes Tagebuch von mehr als 700 Seiten mit persönlichen Aufzeichnungen von Reagan seit seiner Machtübernahme bis zur Machtübergabe an Bush (Senior) und versucht es so darzustellen, dass seine Regierung nicht so aggressiv gegen Kuba war.

Es wird jedoch gesagt, dass Robert McFarlane, damals Unterstaatssekretär unter Alexander Haig, in seinen Memoiren behauptete: »Von allen Regierungen, die sich seit 1959 mit Fidel Castro auseinandersetzen mussten, schien die von Reagan diejenige, welcher es am wenigsten anstand, mit dem kommunistischen Regime von Kuba einen Dialog zu führen.«

Vielleicht spürte Reagan irgendeine Dankbarkeit sowohl aufgrund unserer Besorgnis, als er 1981 das Attentat erlitt, als auch wegen der Mitteilung, die sein Leben vor einer unmittelbaren Gefahr rettete, und er dankte dafür über Robert C. Muller.

Reagan war es, der mit Kuba das erste Migrationsabkommen unterzeichnete, aber er konnte seinem Umfeld nicht entkommen, denn andere, die noch weiter rechts standen, hätten ihn körüperlich beseitigt, wie sie es mit Kennedy getan haben, nachdem ihm das schreckliche Risiko eines Atomkrieges bekannt geworden war. Ohne Zweifel hat

Reagan seine Politik gegenüber Kuba in einem Wahljahr verändert. Er hielt das unterzeichnete Abkommen nicht ein, das die Erteilung von bis zu 20 000 Visa pro Jahr für sicheres Reisen festlegte, indem er weniger als tausend erteilte und behielt das so genannte Cuban Adjustment Act bei, das so viele Leben von Kubanern gekostet hat.

Am 11. September 2001 geschah im Nachbarland ein echtes Chaos. Lange Zeit war es den Flughäfen verboten, Landungen zu gestatten. Eine Unzahl an Passagierflügen befand sich im Luftraum. Das waren die Nachrichten, die über die Massenmedien der Vereinigten Staaten übermittelt wurden. Es wurde von mehreren tausend Opfern in New York berichtet, darunter Personal, das in den Zwillingstürmen arbeitete, Feuerwehrmänner und Besucher. Man sprach auch von den Menschen, die sich in einem gegen das Pentagon lancierten Passagierflugzeug befanden. Wir boten an, falls das in einem Fall notwendig wäre, Blut von sicherer Herkunft zu schicken, von Spendern, die gewöhnlich ihr Blut gaben. Das Blutspenden ist seit langem eine Tradition der kubanischen Revolution.

Zufällig traf das mit dem Tag zusammen, an dem wir für 18 Uhr knapp 15 000 Studenten und Hochschulabsolventen zur Neueinweihung der Schule »Salvador Allende« aufgerufen hatten, an der 3 599 junge Menschen ihr Hochschulstudium beginnen würden, um sich mit neuen und überprüften Methoden darauf vorzubereiten, um als Grundschullehrer zu arbeiten.

Heute sind schon sechs lange Jahre seit jenem schmerzhaften Ereignis vergangen. Heutzutage ist bekannt, dass es absichtlich Falschinformation gegeben hat. Ich kann mich nicht daran erinnern, an jenem Tag davon sprechen gehört zu haben, dass in den Kellergeschossen jener Türme, in deren Obergeschossen multinationale Banken und andere

Büros untergebracht waren, ungefähr 200 Tonnen Goldbarren gelagert waren. Der Befehl lautete, jeden zu erschießen, der versuchen würde, bis zu dem Gold vorzudringen. Die Berechnungen über Stahlstrukturen und Flugzeugeinschlag, die gefundenen Blackboxen und was diese aufdeckten sind nicht mit den Kriterien von Mathematikern, Seismologen, Informationsfachleuten, Demolierungsfachleuten usw., usf. in Übereinstimmung zu bringen. Das Dramatischste ist die Behauptung, dass wahrscheinlich niemals bekannt werden wird, was wirklich geschah. Jedoch ist bekannt, dass mehrere Personen, die von New Jersey nach San Francisco flogen, mit Angehörigen sprachen, als das Flugzeug sich schon unter Kontrolle von Individuen befand, die nicht zu dessen normaler Besatzung gehörten.

Wenn man den Einschlag von ähnlichen Flugzeugen, wie dem gegen die Türme lancierten analysiert, die aufgrund von Unfällen in dicht besiedelten Städten abgestürzt sind, dann lautet die Schlussfolgerung, dass kein Flugzeug über dem Pentagon zerschellte und dass allein ein Projektil solch eine geometrisch runde Öffnung verursacht haben kann, die in jener Einrichtung ein angebliches Flugzeug bewirkt hatte. Es erscheint auch überhaupt kein Fluggast, der dort ums Leben gekommen wäre. Niemand auf der Welt bezweifelte die Nachrichten, die über einen Angriff auf das Pentagongebäude erhalten wurden. Wir wurden wie alle anderen Erdbewohner getäuscht.

Als ich an jenem 11. September im Sportsaal Ciudad Deportiva sprach, habe ich unter anderem auch das Thema der Tragödie in den Vereinigten Staaten angesprochen. Um nicht die gesamte Rede hier zu wiederholen, habe ich wörtliche Absätze daraus entnommen:

[...] Wir hatten nicht die Absicht, die Veranstaltung abzusagen, sie konnte trotz der durch die Ereignisse geschaffenen

internationalen Spannung nicht abgesagt werden. Ich denke, dass viele die Nachrichten kennen; doch in der Essenz bestanden sie darin, dass etwa um 9.00 Uhr morgens eine Boeing – eine von den großen – direkt an einem der zwei Gebäude des berühmten Turms von New York zerschellte, eines der höchsten Gebäude der Welt, das zwei Flügel hat. Natürlicherweise brach dies angesichts der großen Menge an Brennstoff von einem dieser großen Flugzeuge in Flammen aus; es kommt zu gewaltigen Szenen, und 18 Minuten später kommt es zu einem weiteren Angriff eines Flugzeuges, ebenfalls einer US-amerikanischen Fluggesellschaft, und dieses zerschellt direkt an dem anderen Flügel des Turms.

Einige Minuten später, zerschellt ein anderes Flugzeug am Pentagon. Es erscheinen inmitten einer gewissen Verwirrung Nachrichten von einer Bombe gegenüber dem State Department, und von anderen alarmierenden Geschehnissen, obwohl ich die wichtigsten genannt habe.

Offensichtlich war das Land Opfer eines gewaltsamen und überraschenden Angriffs geworden, unerwartet, ungewöhnlich, etwas wirklich Eigenartiges, was zu eindrucksvollen Szenen führte, besonders als die beiden Türme brannten und vor allem als beide mit ihren 100 Stockwerken zusammenbrachen und auf andere nahe gelegene Gebäude stürzten, und man erfuhr, dass dort mehrere zehntausende von Menschen in verschiedenen Büros arbeiteten, die zahlreiche Firmen unterschiedlicher Länder vertreten.

Es war logisch, dass dies zu einer großen Aufregung in den USA und auf der ganzen Welt führen würde, die Börsen begannen zusammenzubrechen, und wegen der politischen, wirtschaftlichen, technologischen Bedeutung und der Macht der Vereinigten Staaten war die Welt heute angesichts jener Ereignisse aufgerüttelt, so dass es notwendig war, diese den ganzen Tag zu verfolgen, während unsererseits gleichzeitig die Aufmerksamkeit im Hinblick auf die Bedingungen und die Umstände, unter denen diese Veranstaltung stattfinden sollte, aufrechterhalten wurde.

Deshalb gab es zwei Themen: die Schule und ihr äußerst wichtiges beginnendes Schuljahr, und die politische und menschliche Katastrophe, zu der es dort gekommen war, besonders in New York.

[...] Heute ist ein Tag der Tragödie für die Vereinigten Staaten. Ihr wisst sehr gut, dass hier niemals Hass gegen das US-amerikanische Volk gesät wurde. Vielleicht ist Kuba – eben genau wegen seiner Kultur und aufgrund fehlender Komplexe und weil es sich vollkommen frei fühlt, mit Vaterland und ohne Herrn – das Land, wo die US-Bürger am respektvollsten behandelt werden. Niemals haben wir irgendeine Art von nationalem Hass oder etwas Ähnliches wie Fanatismus gepredigt, deshalb sind wir so stark, weil wir unser Verhalten auf Prinzipien und Ideen gründen, und wir behandeln jeden US-Bürger, der unser Land besucht, mit großem Respekt – und sie bemerken dies.

Außerdem vergessen wir nicht das US-amerikanische Volk, das den Vietnam-Krieg mit seiner enormen Opposition gegen jenen völkermörderischen Feldzug beendete; wir vergessen nicht das US-amerikanische Volk, das mit einem Anteil vom mehr als 80 % die Rückkehr Eliáns in unser Vaterland unterstützte. Wir vergessen nicht, wieviel Idealismus es hat, der oftmals durch den Betrug in Mitleidenschaft gezogen wird, denn – wie wir oft gesagt haben – um einen US-Amerikaner dazu zu bringen, eine ungerechte Sache, einen ungerechten Krieg zu unterstützen, muss man ihn zunächst betrügen. Und die in der internationalen Politik dieses enormen Landes benutzte klassische Methode besteht darin, zunächst zu betrügen, um danach auf die Unterstützung der Bevölkerung zu zählen. Wenn dies umgekehrt geschieht und das Volk der USA aufgrund seiner Tradition des Idealismus entdeckt, dass etwas ungerecht ist, widersetzt es sich dem, was es zuvor unterstützte. Oftmals handelte es sich um sehr ungerechte Gründe und das US-amerikanische Volk war davon überzeugt, dass das, was es unterstützte, gerecht sei.

Deshalb haben wir – wir kennen nicht die exakte Zahl, doch wir haben beeindruckende Szenen des Leids und möglicher Opfer gesehen – einen tiefen Schmerz und Traurigkeit für das Volk der USA gefühlt, treu der Linie, die wir immer verfolgt haben.

Weder schmeicheln wir Regierungen, noch bitten wir um Vergebung oder Gefallen oder hegen in unserer Brust auch nur das geringste Atom der Furcht. Die Geschichte der Revolution hat bewiesen, wie fähig sie zur Herausforderung, zum Kampf und zum Aushalten dessen ist, was sie aushalten muss, etwas, was uns zu einem unbesiegbaren Volk gemacht hat. Das sind unsere Prinzipien, eine Revolution gründet sich auf Ideen, auf der Überzeugung und nicht auf der Gewalt.

[…] Unsere Reaktion war die, die ich erwähnte, und wir wollten, dass unser Volk die Szenen sieht und die Tragödie betrachtet. Und wir haben nicht gezögert, öffentlich unser Mitleid auszudrücken. Hier habe ich eine Erklärung ausgearbeitet, die der internationalen Presse gegen 15.00 Uhr übergeben wurde, sobald die Geschehnisse bekannt wurden. Währenddessen war unser Fernsehen mit der Verbreitung der Ereignisse beschäftigt. Die Erklärung sollte unserem Volk in den Nachrichten um 20.00 Uhr bekannt gegeben werden.

Ich nehme dies hier einige Minuten vorweg, um euch die Offizielle Erklärung der Kubanischen Regierung zu den Ereignissen in den Vereinigten Staaten zur Kenntnis zu bringen.

»Die Regierung der Republik Kuba hat mit Schmerz und Traurigkeit die Nachrichten über die gewaltsamen und überraschenden Anschläge entgegengenommen, die am heutigen Morgen gegen zivile und staatliche Einrichtungen in den Städten New York und Washington verübt wurden und zahlreiche Opfer gefordert haben.«

[…] »Es ist nicht möglich zu vergessen, dass unser Volk über mehr als 40 Jahre hinweg Opfer solcher Aktionen war, die ausgehend vom Staatsgebiet der USA selbst gefördert wurden.

Sowohl aus historischen Gründen als auch aus ethischen Prinzipien lehnt die Regierung unseres Landes mit aller Energie die gegen die erwähnten Einrichtungen begangenen Anschläge ab, verurteilt sie und drückt dem US-amerikanischen Volk ihre ehrlichste Anteilnahme für die schmerzhaften und nicht zu rechtfertigenden Verluste an Menschenleben aus, die die erwähnten Angriffe verursacht haben.

In dieser bitteren Stunde für das Volk der USA solidarisiert sich unser Volk mit dem Volk der Vereinigten Staaten und drückt seine vollkommene Bereitschaft aus, im Rahmen seiner bescheidenen Möglichkeiten mit den Institutionen des Gesundheitswesens oder jeglichen anderen medizinischen oder humanitären Einrichtungen dieses Landes bei der ärztlichen Betreuung, Überwachung und Rehabilitation der Opfer der Geschehnisse des heutigen Morgens zusammenzuarbeiten.«

Auch wenn man nicht weiß, ob die Zahl der Opfer 5000, 10000, 15000 oder 20000 beträgt, weiß man, dass allein in den Flugzeugen, die gegen die Türme gelenkt wurden und zerschellten, oder gegen das Pentagon, Hunderte von Passagieren reisten, und wir boten das an, was wir konnten, falls es benötigt würde.

Jenes ist ein medizinisch und wissenschaftlich weit entwickeltes Land mit Ressourcen. Doch es gibt Momente, in denen Blut einer bestimmten Blutgruppe benötigt wird, Plasma – jegliches andere Produkt, das wir spenden können, dann würden wir es mit Vergnügen spenden – oder ärztliche Unterstützung, oder Krankenpflegepersonal, denn wir wissen, dass viele Krankenhäuser ein Defizit an bestimmten Technikern und Fachleuten haben. Kurzum, wir hatten die Absicht, unsere Haltung und unsere Bereitschaft bezüglich dieser tragischen Geschehnisse auszudrücken.

[...] Die Flugzeugentführungen, eine im Kampf gegen Kuba erfundene Methode, wurden zu einer universellen Plage, und es war Kuba, das dieses Problem letztendlich löste, nachdem es zuvor wiederholt davor gewarnt hatte. Wir lieferten zwei Entführer an die USA aus. Es ist schmerzhaft, es waren kubanische Staatsbürger, doch wir hatten gewarnt, sie kamen und wir schickten sie zurück, wir hielten das öffentlich gegebene Wort. Doch niemals, nicht einmal danach, übersandten sie uns Nachrichten für die Verwandten der Entführer. Sie haben ihre Art zu handeln. Niemand weiß etwas. Ich weiß, dass sie sie zu 40 Jahren verurteilten, und das beendete die Entführung von Flugzeugen.

[...] keines der aktuellen Probleme der Welt kann mit Gewalt gelöst werden, es gibt weder eine globale, noch eine technologische oder militärische Macht, die eine totale Immunität gegen solche Geschehnisse gewährleisten könnte, denn es können schwer zu entdeckende Aktionen von kleinen Gruppen sein.

Es ist sehr wichtig zu wissen, welches die Reaktion der US-Regierung sein wird. Möglicherweise kommen gefährliche Tage auf die Welt zu, ich spreche dabei nicht von Kuba. Kuba ist das Land, das von allen Ländern der Welt am ruhigsten ist, und zwar aus verschiedenen Gründen: wegen unserer Politik, unserer Kampfformen, unserer Doktrin, unserer Ethik und außerdem, Genossinnen und Genossen, wegen des Nichtvorhandenseins von Furcht.

Nichts beunruhigt uns, nichts schüchtert uns ein. Es wäre sehr schwierig, eine Verleumdung gegen Kuba zu fabrizieren, das würde nicht einmal der glauben, der sie erfindet und patentiert, es ist sehr schwierig; und Kuba ist heutzutage nicht irgend etwas auf der Welt, es hat eine sehr starke moralische Position und eine sehr feste politische Position.

[...] Die nächsten Tage werden inner- und außerhalb der Vereinigten Staaten angespannt sein, unzählige Leute werden beginnen, ihre Meinungen abzugeben.

[...] dann würden wir denjenigen, die das mächtige Imperium leiten, den Rat erteilen, gelassen zu sein, mit Gleichmut zu handeln, sich nicht von Wut- oder Hassanfällen mitreißen zu lassen und nicht Leute zu jagen, indem sie überall Bomben abwerfen.

Ich wiederhole, dass keines der Probleme der Welt, und auch nicht das des Terrorismus, durch Gewalt gelöst werden kann, und dass jede Gewaltaktion, jede unüberlegte Aktion mit Gewaltanwendung an irgendeinem Ort, die Probleme der Welt ernsthaft verschärfen würde.

Der Weg liegt weder in der Gewalt noch im Krieg. Ich sage das hier mit aller jener Autorität, immer mit Aufrichtigkeit gesprochen zu haben, feste Überzeugungen und die Erfahrung zu besitzen und die Jahre des Kampfes durchlebt zu haben, die Kuba erlebt hat. Nur die Vernunft, die intelligente Politik der Suche nach der Kraft des Konsenses und die Weltöffentlichkeit können das Problem an der Wurzel lösen. Ich glaube, dass dieses so ungewöhnliche Ereignis dazu dienen sollte, den internationalen Kampf gegen den Terrorismus aufzunehmen; doch der internationale Kampf gegen den Terrorismus wird nicht gelöst, indem man einen Terroristen hier und einen anderen dort eliminiert, hier und dort tötet, ähnliche Methoden anwendet wie die Terroristen und unschuldige Menschenleben opfert. Das Problem wird unter anderem dadurch gelöst, dass man den Staatsterrorismus und andere abscheuliche Formen des Tötens beendet, indem man die Völkermorde beendet und treu eine Politik des Friedens und des Respekts vor unumgänglichen moralischen und legalen Normen verfolgt. Die Welt kann nicht gerettet werden, wenn sie nicht eine Linie des Friedens und der internationalen Zusammenarbeit verfolgt.

[...] Wir haben bewiesen, dass wir überleben, leben und voranschreiten können, und all das, was heute hier gezeigt wird, ist der Ausdruck eines Fortschritts ohne Parallelen in der Geschichte. Man schreitet nicht nur voran, indem man Autos

produziert, man schreitet voran, indem man Intelligenzen entwickelt, Kenntnisse vermittelt, Kultur schafft und die Menschen behandelt, wie sie behandelt werden müssen. Das ist das Geheimnis der enormen Kraft der Revolution.

Die Welt kann nicht auf anderen Wegen gerettet werden, und ich beziehe mich in diesem Fall auf die gewaltsamen Situationen. Man strebe nach dem Frieden an allen Orten, um alle Völker gegen diese Plage des Terrorismus zu schützen. Es gibt eine andere schreckliche Plage, die zum Beispiel AIDS heißt, die Dutzende Millionen Kinder, Jugendliche und Erwachsene auf der Welt durch Hunger, Krankheiten und fehlende ärztliche Betreuung und Medikamente tötet.

Es gibt auf dem Gebiet der Politik absolutistische Ideen, ein Einheitsdenken, dass man der Welt aufzudrängen versucht. Dies führt überall zu Rebellionen und Irritationen.

Diese Welt wird nicht gerettet – und das hat schon nicht mehr mit dem Terrorismus zu tun –, wenn diese ungerechte wirtschaftliche und soziale Ordnung sich weiterhin ausbreitet oder angewandt wird. Sie führt die Welt in die Katastrophe, auf einen Weg, von dem es weder eine Möglichkeit einer Ausflucht für die 6,2 Milliarden heutigen Bewohner der Erde noch für deren zukünftige Kinder gäbe. Der Planet wird immer mehr zerstört und in die Armut, die Arbeitslosigkeit, den Hunger und die Verzweiflung getrieben. Dies beweisen die Massen an verschiedenen bereits historischen Orten wie Seattle, Quebec, Washington und Genua.

Die mächtigsten Führer der Weltwirtschaft und -politik können sich fast schon nicht mehr treffen. Die Leute haben immer weniger Angst, sie lehnen sich auf, das kann man an allen Orten spüren. Ich war gerade in Durban, Provinz von Südafrika, und sah dort Tausende von Personen, die zu Nichtregierungsorganisationen gehörten; man sieht die Unzufriedenheit auf der Welt wie Schaum wachsen. […]

Was für ein Riesenunterschied zwischen dem Verhalten der Regierung von Kuba und dem der Regierung der Vereinigten Staaten! Die Revolution, die sich auf die Wahrheit gründet und das Imperium, das sich auf die Lüge gründet!

Fidel Castro Ruz
11. September 2007

Absichtliche Lügen, sonderbare Todesfälle und Aggression auf die Weltwirtschaft

In einer Reflexion sprach ich von in den Untergeschossen der Zwillingstürme aufbewahrten Goldbarren. Dieses Mal ist das Thema recht viel komplexer und schwer zu glauben. Vor fast vier Jahrzehnten haben in den Vereinigten Staaten ansässige Wissenschaftler Internet entdeckt, so wie Albert Einstein, der in Deutschland geboren wurde, zu seiner Zeit die Formel zur Kernkraftmessung entdeckte.

Einstein war ein großer Wissenschaftler und Humanist. Er widersprach den physikalischen Gesetzen von Newton, die bis dahin heilig gewesen waren. Jedoch die Äpfel fielen weiterhin aufgrund des von jenem bestimmten Schwerkraftgesetzes. Es waren zwei verschiedene Arten, die Natur zu beobachten und zu interpretieren, von der zu Zeiten Newtons recht wenige Angaben zur Verfügung standen. Ich erinnere mich daran, was ich vor mehr als 50 Jahren über die berühmte von Einstein aufgestellte Relativitätstheorie gelesen habe: die Energie ist gleich der Masse multipliziert mit dem Quadrat der Lichtgeschwindigkeit, die mit c bezeichnet wird, das heißt $E = m \cdot c^2$. Es waren das Geld der Vereinigten Staaten und die notwendigen

Ressourcen vorhanden, um solch eine kostspielige Forschung durchzuführen. Der politische Zeitpunkt aufgrund des verbreiteten Hasses, der in der reichsten und leistungsfähigsten Nation einer durch den Krieg zerstörten Welt wegen der Ungeheuerlichkeiten des Nazismus entstanden war, verwandelte jene fabelhafte Energie in Bomben, die auf die wehrlose Bevölkerung von Hiroshima und Nagasaki abgeworfen wurden, und dort mehrere hunderttausend Tote und eine ähnliche Anzahl strahlenkranker Menschen verursachten, die im Verlaufe der Folgejahre verstarben.

Ein klares Beispiel der Verwendung von Wissenschaft und Technik mit denselben hegemonischen Zielstellungen wird in einem Artikel des ehemaligen Beamten der Nationalen Sicherheit der Vereinigten Staaten Gus W. Weiss beschrieben, der ursprünglich 1996 in der Zeitschrift *Studies in Intelligence* erschien – obwohl er erst im Jahr 2002 wirkliche Verbreitung fand – und den Titel »Wie man die Sowjets betrügt« trug. In ihm schrieb Weiss sich selbst die Idee zu, der UdSSR die von dieser für ihre Industrie benötigten Software zukommen zu lassen, aber schon in verseuchtem Zustand, um die Wirtschaft jenes Landes zum Erliegen zu bringen.

Gemäß Aufzeichnungen aus dem Kapitel 17 des Buches *Am Rande des Abgrunds: Geschichten des kalten Krieges von Insidern erzählt*, von Thomas C. Reed, ehemaliger Staatssekretär für die Luftkräfte der Vereinigten Staaten, hat Leonid Breschnew 1972 zu einer Gruppe hoher Parteifunktionäre gesagt: »Wir Kommunisten müssen gewisse Zeit weiterhin mit den Kapitalisten ackern. Wir benötigen ihre Kredite, ihre Landwirtschaft und ihre Technologie. Aber wir werden große militärische Programme fortsetzen und Mitte der 80iger Jahre werden wir in der Lage sein, zu einer aggressiven Außenpolitik zurückzukehren, die darauf ausgelegt ist, Vorteil über den Westen zu haben.« Diese Information wurde 1974 von der Abteilung Verteidigung bei Anhörungen vor dem Ausschuss des Repräsentantenhauses über die Bank und die Währung bestätigt.

Zu Beginn der 70er Jahre legte Nixon die Entspannungsidee vor. Henry Kissinger hoffte, dass »der Handel und die Investitionen nach und nach die Tendenz zur Autarkie des sowjetischen Systems vermindern könnten«. Er meinte, dass die Entspannung »zur graduellen Vereinigung der sowjetischen Wirtschaft mit der Weltwirtschaft einladen und so die gegenseitige Abhängigkeit fördern könnte, was ein Element zur Stabilisierung der politischen Beziehung hinzufügen würde«.

Reagan neigte dazu, Kissingers Ideen zur Entspannung zu ignorieren und Präsident Breschnew beim Wort zu nehmen, aber alle Zweifel verschwanden am 19. Juli 1981, bei einem Treffen des neuen Präsidenten der Vereinigten Staaten mit dem Präsidenten von Frankreich, François Mitterand, auf dem Wirtschaftsgipfel der G-7 in Ottawa. In einer separaten Unterredung informierte Mitterand Reagan über den Erfolg seines Geheimdienstes durch die Rekrutierung eines KGB-Agenten. Der Mann gehörte zu einer Abteilung, welche die Erfolge der sowjetischen Anstrengungen zum Erwerb von Technologie aus dem Westen bewerteten. Reagan drückte großes Interesse an den heiklen Eröffnungen von Mitterrand und ebenfalls seinen Dank für das Angebot aus, das Material der US-Regierung zukommen zu lassen.

Das Dossier unter dem Namen Farewell kam im August 1981 bei dem CIA an. Es ließ klar erkennen, dass die Sowjets schon seit Jahren ihre Forschungs- und Entwicklungstätigkeiten durchführten. Aufgrund des riesigen Technologietransfers bei Radaren, Computern, Werkzeugmaschinen und Halbleitern von den Vereinigten Staaten an die Sowjetunion könnte man sagen, dass das Pentagon mit sich selbst im Wettrüsten lag.

Das *Dossier Farewell* identifizierte ebenfalls hunderte, über den ganzen Westen und Japan verteilte, mit Fällen beauftragte Offiziere, Agenten auf ihren Posten und weitere Informationszulieferer. Während der ersten Jahre der Entspannung hatten die Vereinigten Staaten und die Sowjetunion Arbeitsgruppen für Landwirtschaft, Zivilluftfahrt, Atomenergie, Ozeanographie, Computer und Umwelt eingerichtet. Zielstellung war der Bau von »Brücken des Friedens« zwischen den Supermächten. Die Mitglieder der Arbeitsgruppen sollten sich gegenseitig in ihren Einrichtungen besuchen.

Außer der Identifizierung von Agenten bestand die nützlichste, vom Dossier gelieferte Information in der »Einkaufsliste« und ihrer Zielstellungen bezüglich des Technologieerwerbs für die kommenden Jahre. Als das Dossier Farewell in Washington ankam, bat Reagan den CIA-Direktor Bill Casey, er solle eine geheime operative Verwendung des Materials entwerfen.

Die Erzeugung und Beförderung des Erdöls und Erdgases gehörten zu den sowjetischen Prioritäten. Eine neue transsibirische Gasfernleitung sollte Erdgas aus den Erdgasvorkommen von Urengoi in Sibirien über Kasachstan, Russland und Osteuropa bis zu den Devisenmärkten des Westens führen. Um den Betrieb der Ventile, Kompressoren und Lagereinrichtungen in einem so riesigen Unternehmen zu automatisieren, benötigten die Sowjets hoch entwickelte Kontrollsysteme. Sie kauften Computer der ersten Modelle auf dem offenen Markt, aber als sich die Verantwortlichen der Gasfernleitung zum Erwerb der notwendigen Software an die Vereinigten Staaten wendeten, wurden sie abgewiesen. Unerschütterlich suchten die

Sowjets an anderer Stelle. Einer der Versuche, die notwendigen Codes zu erwerben, wurde von einem zur Unterwanderung eines kanadischen Software-Zulieferers geschickten KGB-Einsatzkommando gestartet. Der vom Agenten des *Dossier Farewell* benachrichtigte US-Geheimdienst reagierte und manipulierte die Software vor seiner Absendung.

Sobald die Computer mit der Software in der Sowjetunion waren und zusammen in Betrieb waren, funktionierte die Gasfernleitung wunderbar. Aber diese Ruhe war trügerisch. In der Software, welche die Gasfernleitung in Betrieb hielt, war ein Trojaner enthalten, ein Begriff, der dazu verwendet wird, um verdeckte Softwarezeilen im normalen Betriebssystem zu bezeichnen, die dazu führen, dass das System in der Zukunft außer Kontrolle gerät oder wenn es einen Befehl von außen erhält.

Um die Deviseneinkünfte aus dem Westen und die Binnenwirtschaft von Russland zu beeinträchtigen, war die Software der Gasfernleitung, welche die Pumpen, Turbinen und Ventile betreiben sollte, so programmiert worden, dass sie nach einem angemessenen Zeitraum in Unordnung geriet, um die Geschwindigkeiten der Pumpen und die Regulierung der Ventile zu *resetieren* – so nennt man das – und sie so bei solchen Drücken in Betrieb zu halten, die weit über den für die Dichtungen und Schweißungen der Fernleitung zugelassenen liegen.

»Das Ergebnis waren die kolossalste, nicht nukleare Explosion und der riesigste Brand, die jemals aus dem Weltraum beobachtet worden sind. Im Weißen Haus erhielten die Beamten und Berater von den Infrarot-Satelliten die Warnung über ein ungewöhnliches Geschehen inmitten einer unbewohnten Stelle des sowjetischen Hoheitsgebiets. Das NORAD (US-Luftverteidigungskommando) befürchtete, dass dies auf Raketenabschüsse von einem Ort aus zurückzuführen sei, der nicht als Raketenstandort bekannt war; vielleicht handelte es sich auch um die Detonation einer nuklearen Vorrichtung. Die Satelliten hatten keinerlei elektromagnetische Schwingungen entdeckt, die charakteristisch für nukleare Detonationen sind. Bevor jene Anzeichen zu einer internationalen Krise werden konnten, kam Gus Weiss einen der Flure entlang, um seinen Kollegen vom CSN (Nationalen Sicherheitsrat) zu sagen, dass sie sich nicht besorgen brauchten.«

Die auf dem *Dossier Farewell* begründete Kampagne der Gegenmaßnahmen war ein Wirtschaftskrieg. Obwohl es keine Menschenopfer aufgrund der Explosion der Gasfernleitung gab, gab es einen bedeutenden Schaden an der sowjetischen Wirtschaft.

Als großes Finale in den Jahren von 1984 bis 1985 beendeten die Vereinigten Staaten und ihre NATO-Verbündeten diese Operation, die wirksam der Fähigkeit der UdSSR zur Nutzbarmachung von Technologien ein Ende setzte, und zwar zu einem Zeitpunkt, als Moskau sich in einer Zwickmühle zwischen einer fehlerhaften Wirtschaft einerseits und andererseits einem US-Präsidenten befand, der stur auf der Vorherrschaft und der Beendung des kalten Krieges bestand.

In dem schon zitierten Artikel von Weiss wird behauptet, dass: »der Fall 1985 eine unerwartete Wendung hatte, als Information über die Akte Farewell in Frankreich ans Licht gekommen ist. Mitterand kam sogar die Vermutung, dass der sowjetische Agent vom CIA montiert worden war, um ihn auf die Probe und vor die Entscheidung zu stellen, ob das Material den US-Amerikanern übergeben oder bei den Franzosen belassen würde. Mitterand handelte ausgehend von dieser Idee und verabschiedete den Leiter des französischen Geheimdienstes, Yves Bonnet.«

Gus W. Weiss war derjenige, der sich, wie schon gesagt wurde, den unheilvollen Plan zur Entsendung der fehlerhaften Software in die UdSSR zuschrieb, als die Vereinigten Staaten sich in Besitz des *Dossier Farewell* befanden. Er starb am 25. November 2003 im Alter von 72 Jahren. *The Washington Post* berichtete seinen Tod erst am 7. Dezember, 12 Tage danach. Sie teilte mit, dass Weiss aus seinem Wohngebäude »Watergate« in Washington »gestürzt« sei und behauptete ebenfalls, dass ein Gerichtsmediziner der US-amerikanischen Hauptstadt seinen Tod zum »Selbstmord« erklärt habe. Die Zeitung seiner Geburtsstadt, die *Nashville Tennessean* veröffentlichte die Nachricht eine Woche nach der *The Washington Post* und wies darauf hin, dass sie zu jenem Zeitpunkt einzig und allein sagen könnte, dass »die seinen Tod umgebenden Umstände noch nicht bestätigt werden könnten.«

Bevor er starb, hinterließ er unveröffentlichte Aufzeichnungen unter dem Titel »Das Dossier der Verabschiedung: der strategische Betrug und der Wirtschaftskrieg im kalten Krieg«

Weiss war Abgänger der Vanderbilt University. Er hatte postgraduelle Studien in Harvard und an der New York University absolviert.

Seine Arbeit für die Regierung konzentrierte sich auf Angelegenheiten der Nationalen Sicherheit, Geheimdienstorganisationen und Sorgen bezüglich des Technologietransfers an kommunistische Länder. Er arbeitete mit dem CIA, mit dem wissenschaftlichen Verteidigungsrat und dem Komitee für Geheimdienstzeichen des Geheimdienstrates der USA zusammen.

Er wurde mit dem Verdienstorden des CIA und dem »Cipher«-Orden des Nationalen Sicherheitsrates ausgezeichnet.

Die Franzosen verliehen ihm 1975 die »Ehrenlegion«.

Er hinterließ keine Überlebende.

Kurz vor seinem »Selbstmord« hatte Weiss sich gegen den Krieg im Irak ausgesprochen. Es ist interessant, die Tatsache zu berücksichtigen, dass 18 Tage vor dem Tod von Weiss ein weiterer Analytiker der Bush-Regierung, John J. Kokal (58 Jahre), Selbstmord beging – und zwar am 7. November 2003. Jener sprang von einem Büro des State Department aus, in dem er arbeitete, in den Tod. Kokal war Geheimdienstanalytiker für das State Department in Angelegenheiten im Zusammenhang mit dem Irak.

In schon veröffentlichten Dokumenten ist festgehalten, dass Michail Gorbatschow vor Wut raste, als die Verhaftungen und Deportationen von sowjetischen Agenten in mehreren Ländern begannen, denn ihm war nicht bekannt, dass der Inhalt des *Dossier Farewell* sich in den Händen der wichtigsten Regierungsoberhäupter der NATO befand. Auf einer Sitzung des Politbüros am 22. Oktober 1986, die einberufen worden war, um seine Kollegen über den Gipfel in Reykjavik zu berichten, brachte er hervor, dass die US-Amerikaner »sehr unhöflich handelten und sich wie Banditen aufführten«. Obwohl er in der Öffentlichkeit eine gefällige Miene aufsetzte, bezeichnet Gorbatschow Reagan privat als »einen Lügner«.

In den letzten Tagen der Sowjetunion musste der Generalsekretär der KPdSU im Blinden tappen. Gorbatschow hatte keine Ahnung, was in den Hightech-Labors und -Industrien der Vereinigten Staaten vor sich ging. Ihm war vollkommen unbekannt, dass die sowjetischen Labors und Industrien kompromittiert worden waren und bis zu welchem Grade.

Die Pragmatiker des Weißen Hauses tappten ebenfalls im Dunklen während dies geschah.

Präsident Reagan spielte seinen Trumpf aus: die Strategische Verteidigungsinitiative/Krieg der Galaxien. Er wusste, dass die Sowjets in dieser Liga nicht mithalten konnten, denn sie konnten nicht ahnen, dass ihre Elektronik-Industrie von Viren und Trojanern infiziert war, die dort von der Geheimdienstgemeinschaft der Vereinigten Staaten eingeführt worden waren.

Die ehemalige britische Premierministerin hat in ihren Memoiren ausgedrückt, die 1993 unter dem Titel *»Margaret Thatcher, The Downing Street Years«* von einem bedeutenden englischen Verlag veröffentlicht worden sind, dass Reagans gesamter Plan bezüglich des Krieges der Galaxien und des Versuchs, die Sowjetunion wirtschaftlich lahm zu legen, der glänzendste Plan jener Regierung gewesen ist und dass jener endgültig zum Zusammensturz des Sozialismus in Europa geführt hat.

Im Kapitel XVI erklärt sie die Teilnahme ihrer Regierung an der Strategischen Verteidigungsinitiative.

Diese in die Wirklichkeit umzusetzen, war Thatchers Meinung nach die »wichtigste Entscheidung« von Reagan, »sie erwies sich als Schlüssel zum Sieg des Westens im kalten Krieg«. Sie erlegte der sowjetischen Gesellschaft »größeren wirtschaftlichen Zwang und größere Enthaltsamkeit« auf, kurz und gut, »ihre technologischen und finanziellen Auswirkungen für die UdSSR waren verheerend«.

Unter dem Untertitel »Neubewertung der Sowjetunion« beschreibt sie eine Reihe Konzepte, deren Wesen in wörtlichen, diesem langen Passus entnommenen Absätzen enthalten ist, der das brutale Komplott festhält.

»Zu Beginn des Jahres 1983 müssen die Sowjets begonnen haben mitzubekommen, dass ihr Manipulations- und Einschüchterungsspiel bald zu Ende gehen würde. Die europäischen Regierungen waren nicht bereit, in die gestellte Falle einer ›Atomwaffenfreien Zone‹ für Europa zu gehen. Die Vorbereitungen zur Aufstellung der Marschflugkörper und Pershing-Raketen gingen weiter. Im März kündigte Präsident Reagan die Pläne der Vereinigten Staaten zu einer Strategischen Verteidigungsinitiative (SDI) an, dessen technologische und finanzielle Folgen für die UdSSR verheerend sein würden.«

»[...] mir blieb nicht der geringste Zweifel über die Richtigkeit dessen, dass er sich dem widmete, auf dem Programm zu bestehen. Zurückschauend gesehen wird mir jetzt klar, dass die ursprüngliche Entscheidung von Ronald Reagan über die Strategische Verteidigungsinitiative die wichtigste seiner Präsidentschaft war.«

»Bei der Formulierung unseres Standpunkts bezüglich der Strategischen Verteidigungsinitiative gab es vier verschiedene Elemente, die ich berücksichtigt habe. Das erste war die Wissenschaft an sich.

Die Zielstellung der Vereinigten Staaten bei der Strategischen Verteidigungsinitiative war es, eine neue, viel wirksamere Verteidigung gegen ballistische Raketen zu entwickeln.«

»Dieses Verteidigungskonzept gründete sich auf die Fähigkeit, die lancierten ballistischen Raketen in jeglicher Flugetappe angreifen zu können, angefangen bei der Startphase, wo die Rakete und alle ihre Sprengköpfe und Köder zusammen waren, bis zum Punkt des Wiedereintritts in die Erdatmosphäre auf ihrem Weg zum Abschussziel.«

»Das zweite zu berücksichtigende Element bestand in den vorhandenen internationalen Abkommen, welche die Aufstellung von Waffen im Weltraum und von antiballistischen Raketensystemen begrenzten. Der Vertrag über Begrenzung von antiballistischen Raketensystemen von

1972, der 1974 mit einem Protokoll abgeändert wurde, erlaubte es den Vereinigten Staaten und der Sowjetunion ein feststehendes, antiballistisches Raketensystem mit bis zu einhundert Raketenwerfern aufzustellen, um ihr Silofeld ballistischer Interkontinentalraketen zu verteidigen.«

»Die britischen Außen- und Verteidigungsministerien waren immer bemüht, auf einer so eng als möglich gesehenen Auslegung zu bestehen, die den US-Amerikanern – meines Erachtens zutreffender Weise – als der Tod bei der Geburt der Strategischen Verteidigungsinitiative erschien. Ich habe immer versucht, von dieser Phraseologie Abstand zu nehmen und habe privat und öffentlich klar gestellt, dass man nicht sagen könne, dass die Forschung darüber abgeschlossen sei, ob ein System machbar ist oder nicht, bis es nicht mit Erfolg geprobt worden wäre. Diesem Jargon, diesem anscheinend technischen Standpunkt, lag eine Frage des offensichtlichen gesunden Menschenverstandes zugrunde. Jedoch würde diese zu einer Frage werden, welche die Vereinigten Staaten und die UdSSR beim Gipfel in Reykjavik entzweite, sodass sie große Bedeutung erlangte.

Das dritte Element der Berechnung bestand in der relativen Kraft der beiden Seiten bei der Verteidigung gegen ballistische Raketen. Nur die Sowjetunion besaß ein antiballistisches Raketensystem (als GALOSH bekannt), und zwar in der Umgebung von Moskau, welches sie zu jenem Zeitpunkt gerade perfektionierten. Die US-Amerikaner hatten niemals ein entsprechendes System aufgestellt.«

»Die Sowjets waren ebenfalls bei Satellitenabwehrwaffen weiter fortgeschritten. Folglich gab es ein starkes Argument, dass die Sowjets schon einen unannehmbaren Vorteil auf diesem gesamten Gebiet erreicht hatten.

Das vierte Element war das, was die Strategische Verteidigungsinitiative für die Abschreckung bedeutete. Am

Anfang, nach dem Abkommen über die Begrenzung der antiballistischen Raketensysteme, spürte ich recht viel Sympathie für die Philosophie, dass je ultramoderner und wirksamer die Verteidigung gegenüber Atomraketen sei, so größer sei der Druck, um sehr kostspielige Fortschritte in der Nuklearwaffentechnologie zu erreichen zu versuchen. Ich habe immer an eine Version unter bestimmten Bedingungen der als ›sichere gegenseitige Zerstörung‹ bezeichneten Doktrin geglaubt, MAD nach ihren Anfangsbuchstaben auf Englisch. Die Bedrohung von dem, was ich als ›unannehmbare Zerstörung‹ zu nennen vorziehe, die bei einem gegenseitigen Atomwaffenangriff die Folge sein würde, war solcherart, dass die Atomwaffen ein wirksames Abschreckungselement nicht nur gegen den Atomwaffenkrieg, sondern ebenfalls gegen hergebrachte Kriege darstellte.«

»Bald begann ich einzusehen, dass die Strategische Verteidigungsinitiative die nukleare Abschreckung nicht untergraben würde, sondern diese stärken würde. Im Unterschied zu Präsident Reagan und anderen seiner Regierungsmitglieder habe ich niemals geglaubt, dass die Strategische Verteidigungsinitiative einen hundertprozentigen Schutz bieten könne, sondern dass sie ermöglichen würde, dass genügend Raketen der Vereinigten Staaten einen Erstschlag der Sowjets überleben würden.«

»Das Thema der Strategischen Verteidigungsinitiative war dasjenige, welches meine Gespräche mit Präsident Reagan und den Mitgliedern seiner Regierung beherrschte, als ich am Samstag, dem 22. Dezember 1984, nach Camp David ging, um die US-Amerikaner über meine vorangegangenen Gespräche mit Herrn Gorbatschow zu informieren. Dort hörte ich Präsident Reagan zum ersten Mal über die Strategische

Verteidigungsinitiative sprechen. Er sprach leidenschaftlich davon. Er befand sich an seinem im höchsten Grade idealistischen Punkt. Er hob hervor, dass die Strategische Verteidigungsinitiative ein Verteidigungssystem sein würde und dass es nicht seine Absicht sei, für die Vereinigten Staaten einen einseitigen Vorteil zu erreichen. Mehr noch, er sagte, dass er für den Fall, dass die Strategische Verteidigungsinitiative Erfolg hätte, bereit wäre, sie zu internationalisieren, sodass sie allen Ländern zur Verfügung stünde und dass er dasselbe Herrn Gromyko gesagt habe. Er bestätigte als sein langfristiges Ziel die vollkommene Beseitigung der Atomwaffen.

Jene Bemerkungen machten mich nervös. Mich erfüllte die Idee mit Entsetzen, dass die Vereinigten Staaten bereit wären, den so hart erkämpften Vorteil auf technologischem Gebiet über Bord zu werfen, indem sie diese der ganzen Welt zur Verfügung stellten.«

»Was ich zu hören bekam, als wir jetzt zur Diskussion der realen Möglichkeiten kamen, war anstelle einer weit gefassten Konzeption beruhigend. Präsident Reagan täuschte nicht vor, dass sie noch wüssten, wohin die Forschungen sie führen könnten. Aber er unterstrich, dass – außer seinen vorangegangenen Argumenten zugunsten der Strategischen Verteidigungsinitiative – diese der Sowjetunion einen wirtschaftlichen Druck auferlegen würde, dem Rhythmus der Vereinigten Staaten zu folgen. Er argumentierte, dass es keine praktische Grenze dafür gäbe, bis wohin die sowjetische Regierung ihr Volk auf dem Weg der Enthaltsamkeit mitreißen könnte.«

»Ich habe jetzt, während ich mich mit dem Berater für Nationale Sicherheit Bud McFarlane unterhielt, die vier Punkte aufgeschrieben, die mir im höchsten Grade entscheidend schienen.

Meine Beamten haben anschließend die Einzelheiten eingefügt. Der Präsident und ich haben einen Text vereinbart, in dem die Politik dargelegt wurde.

Im Hauptteil meiner Erklärung heißt es:

Ich brachte dem Präsidenten meine feste Überzeugung zum Ausdruck, dass das Programm der Forschungen der Strategischen Verteidigungsinitiative fortzusetzen ist. Gemäß den zwischen den Vereinigten Staaten und der Sowjetunion bestehenden Abkommen sind die Forschungen selbstverständlich erlaubt; und selbstverständlich ist uns bekannt, dass die Russen bereits ihr Forschungsprogramm besitzen; und nach Meinung der USA sind sie bereits über die Forschungen hinaus gegangen. Wir kamen in vier Punkten überein: 1. Ziel der Vereinigten Staaten, des Westens, war nicht das Erreichen einer Überlegenheit sondern die Wahrung des Gleichgewichts bei Berücksichtigung der sowjetischen Fortschritte; 2. Angesichts der Verpflichtungen, die sich aus den Abkommen herleiten, muss die im Zusammenhang mit der Strategischen Verteidigungsinitiative zu erfolgende Stationierung einen gesonderten Verhandlungspunkt bilden; 3. Das generelle Ziel besteht nicht im Untergraben, sondern im Verstärken der Abschreckung; 4. Die Verhandlungen zwischen Ost und West müssen auf das Erreichen von Sicherheit mit beiderseits reduzierten Offensivsystemen gerichtet sein. Dieses wird das Ziel der zwischen den Vereinigten Staaten und der Sowjetunion wieder aufgenommenen Verhandlungen zur Rüstungskontrolle sein, denen ich beipflichte und die ich gutheiße.«

»Im Nachhinein erfuhr ich, dass der damalige Staatssekretär George Schultz meinte, ich habe in der Abfassung seitens der Amerikaner ein zu hohes Zugeständnis zugesichert. Doch das verschaffte uns – sowohl ihnen als auch uns – eine klare und haltbare Linie und half, die europäischen NATO-Mitglieder zu beruhigen. Ein sehr produktiver Arbeitstag.«

Weiter vorn schreibt Margaret Thatcher unter dem Untertitel »Besuch in Washington im Februar 1985«:

»Im Februar 1985 besuchte ich Washington erneut. Die Rüstungsverhandlungen zwischen den Amerikanern und der Sowjetunion hatte man bereits wieder aufgenommen, doch die Strategische Verteidigungsinitiative war ein Diskussionspunkt geblieben. Am Vormittag des 20. Februar, einem Mittwoch, sollte ich vor dem versammelten Kongress sprechen. Aus London hatte ich als Geschenk eine Bronzestatue mitgebracht, Winston Churchill darstellend, der vor vielen Jahren ebenfalls mit einer derartigen Einladung geehrt worden war. An dieser Rede arbeitete ich besonders hart. Zum Vortrag sollte ein *Teleprompter* zum Einsatz kommen. Mir war bekannt, dass der Kongress dem ›Great Communicator‹ bei musterhaften Reden zugehört hatte; ich würde also eine anspruchsvolle Zuhörerschaft haben. Also beschloss ich, das Vorlesen des Textes so lange zu üben, bis ich die richtige Betonung und den richtigen Nachdruck traf. Hierzu muss ich sagen, dass das Ablesen vom *Teleprompter* eine völlig andere Technik darstellt als das Benutzen von Aufzeichnungen. Präsident Reagan lieh mir de facto seinen eigenen *Teleprompter*; ich brachte ihn an die britische Botschaft, wo ich einlogiert war.

Mein Begleiter Harvey Thomas hatte es zuwege gebracht und alle Zeitverschiebung übergehend, übte ich nun bis 4.00 Uhr morgens. Ich legte mich nicht schlafen und begann den neuen Arbeitstag mit meinem gewohnten schwarzen Kaffee und meinen Vitamintabletten. Danach gab ich ab 6.45 Uhr einige Fernsehinterviews, begab mich zur Friseuse, und um 10.30 Uhr war ich zur Abfahrt zum

Capitol bereit. Meine Rede, die ausführlich internationale Fragen behandelte, benutzte ich für eine starke Unterstützung der Strategischen Verteidigungsinitiative. Ich fand fabelhafte Akzeptanz.

Im Monat darauf, März 1985, ereignete sich der Tod von Herrn Tschernenko und kurz darauf trat Herr Gorbatschow die Nachfolge in der Führung der Sowjetunion an. Wieder einmal war ich bei einer Beerdigung in Moskau zugegen; dabei war es sogar noch kälter als bei der Bestattung von Juri Andropow. Herr Gorbatschow hatte sich um eine große Anzahl ausländischer Würdenträger zu kümmern. Doch an jenem Nachmittag hatte ich mit ihm im Katherinensaal des Kreml eine fast einstündige Unterredung. Die Atmosphäre war förmlicher als in Chequers (seit 1921 öffentlicher Landsitz der britischen Premierminister), und die Präsenz des Herrn Gromyko, schweigsam, sardonisch, machte sie nicht besser. Doch ich konnte ihnen die Auswirkungen der Politik erläutern, die ich im Dezember des Vorjahres mit Präsident Reagan in Camp David abgesprochen hatte. Es war klar, dass für die Sowjets nunmehr die Strategische Verteidigungsinitiative den Hauptpunkt im Rahmen der Rüstungskontrolle bildete.

Herr Gorbatschow brachte, wie wir erwartet hatten, einen neuen Stil in die sowjetische Regierung. Offen sprach er den entsetzlichen Zustand der sowjetischen Wirtschaft an, obwohl er sich in jener Etappe nicht so stark auf eine radikale Reform als vielmehr auf Methoden stützte, wie sie bei Herrn Andropow in seiner Kampagne für eine höhere Effektivität zu finden sind.

Ein Beispiel dafür waren die drakonischen Maßnahmen, die Gorbatschow gegen den Alkoholismus traf. Aber während das Jahr verging gab es kein Zeichen einer Verbesserung der Bedingungen in der Sowjetunion. De facto, wie unser großer und neuer Botschafter in Moskau Brian Cartledge in einem seiner ersten Berichten angekündigt hat, war es eine Frage von ›Babykost morgen und unterdessen, heute, nichts an Wodka‹. Brian Cartledge war mein Privatsekretär für Auslandsbeziehungen, als ich zum ersten Mal Premierministerin wurde.

In den Beziehungen zwischen Großbritannien und der Sowjetunion setzte eine deutliche Kälteperiode ein im Ergebnis der von mir autorisierten Ausweisungen sowjetischer Funktionäre, die Spionagetätigkeit betrieben hatten.

Im November kam es zum ersten Treffen von Präsident Reagan und Herrn Gorbatschow in Genf. Die Ergebnisse waren spärlich – die Sowjets bestanden darauf, die strategischen Kernwaffen im Zusammenhang zu sehen mit der Einstellung der Forschungen zur Strategischen Verteidigungsinitiative – doch bald sollte bei beiden Führern eine persönliche Sympathie aufkommen. Es war eine gewisse Befürchtung laut geworden, der schlaue und junge sowjetische Amtskollege könne Präsident Reagan an Gewandtheit übertreffen. Doch es kam nicht dazu, was mich selbst absolut nicht überraschte, denn Ronals Reagan hatte viel praktische Erfahrung hinter sich in seinen ersten Jahren als Präsident des Verbandes der Filmschauspieler, als er Verhandlungen der Gewerkschaft auf realistischer Grundlage führte – und niemand war mehr Realist als Herr Gorbatschow.

Im Verlaufe des Jahres 1986 bewies Herr Gorbatschow eine ausgeprägte Subtilität, wie er die öffentliche Meinung des Westens bei seinen zwar verlockenden, doch nicht akzeptablen Vorschlägen zur Rüstungskontrolle ausnutzte. Relativ wenig sagten die Sowjets zum Zusammenhang zwischen der Strategischen Verteidigungsinitiative und der Reduzierung der Kernwaffen. Doch gab man ihnen keinerlei Grund zu glauben, die Amerikaner seien bereit, die Forschungen in Bezug auf die Strategische Verteidigungsinitiative einzustellen oder zu stoppen. Ende jenes Jahres wurde ein Treffen von Präsident Reagan und Herrn Gorbatschow – mit ihren Außenministern – im isländischen Reykjawik zur Behandlung substanzieller Vorschläge vereinbart.

Fakt war, wir konnten die Forschungen zu neuen Waffenarten nicht mehr aufhalten. Wir mussten als erste in ihren Besitz kommen. Die Wissenschaft ist unmöglich aufzuhalten; auch durch Ignorieren lässt sie sich nicht aufhalten.

Zurückblickend kann man sagen, der Gipfel in Reykjavik an jenem Wochenende des 11. und 12. Oktober 1986 hatte eine völlig andere Bedeutung als jene, die ihm die meisten der damaligen Kommentatoren zuschreiben. Man hatte den Amerikanern eine Falle gestellt. Während des Gipfels kam es zu immer größeren sowjetischen Zugeständnissen. Sie kamen erstmals überein, die britischen und französischen Abschreckungselemente von den Verhandlungen über die nuklearen Mittelstreckenkräfte auszuschließen und dass die Reduzierungen bei den strategischen Kernwaffen einer jeden Seite den gleichen Bestand gewährleisten – es soll sich also nicht um eine nur prozentuale Reduzierung handeln, die den Sowjets einen deutlichen Vorteil gebracht hätte. Auch kam es zu bedeutsamen Zugeständnissen bei der Anzahl der nuklearen Mittelstreckenkräfte. Als der Gipfel seinem Ende zuging, schlug Präsident Reagan eine Übereinkunft vor, wonach das gesamte Arsenal an strategischen Kernwaffen – Bomber, Marschflugkörper, Langstreckenraketen – binnen fünf Jahren auf die Hälfte zu reduzieren ist und die gewaltigsten dieser Waffen, die strategischen Abwehrraketen, in einem Zeitraum von zehn Jahren zu eliminieren sind. Herr Gorbatschow war noch ambitiöser: Er wollte, dass nach Ablauf von zehn Jahren sämtliche strategischen Kernwaffen vernichtet werden.

Doch dann wurde zum Abschluss des Treffens urplötzlich die Falle gespannt. Präsident Reagan hatte zugestimmt, dass für den Zeitraum von zehn Jahren beide Seiten vereinbaren, nicht vom Abkommen zur Begrenzung der Raketenabwehrsysteme zurückzutreten, wobei abkommenskompatible Entwicklungen und Tests zulässig sind.«

Aber Reagan erlitt einen sonderbaren Gedächtnisverlust zur Frage des Auslösers für den brutalen militärischen Wettlauf, welcher der UdSSR auferlegt wurde und der einen außerordentlichen Wirtschaftsaufwand zur Folge hatte. Sein mit viel Publicity unterstütztes Tagebuch erwähnt mit keinem Wort das *Dossier Farewell.*

In seinen täglichen Aufzeichnungen, neulich veröffentlicht, äußert Ronald Reagan über seinen Aufenthalt in Montebello, Kanada, am Sonntag den 19. Juli 1981:

»Sonntag, am 19. Juli 1981

Das Hotel ist ein wunderschöner Bau, ausschließlich aus Baumstämmen. Das größte Blockhaus der Welt.

Ich hatte ein Gespräch unter vier Augen mit Kanzler Schmidt (Chef der deutschen Regierung). Er war echt deprimiert und pessimistisch in Bezug auf die Welt.

Danach traf ich mich mit Präsident Mitterand, erläuterte ihm unser Wirtschaftsprogramm und auch, dass wir nichts mit den hohen Zinssätzen zu tun haben.

An jenem Abend speisten wir Acht allein. Die sieben Staatschefs und der Präsident der Europäischen Gemeinschaft (Thorn). Es wurde zu einem echt ungezwungenen Gespräch über Fragen der Wirtschaft, im Wesentlichen auf Anraten der Premierministerin Thatcher.«

Das Endergebnis der großen Verschwörung und das wahnsinnige und aufwendige Wettrüsten, als die Sowjetunion in Fragen Wirtschaft tödlich verletzt war, beschreibt der erste Präsident der Bush-Dynastie, George H. W. Bush, der am Zweiten Weltkrieg teilgenommen hatte, in der Einführung des Buches von Thomas C. Reed.

Er schrieb wörtlich:

»Der kalte Krieg war ein Kampf zugunsten der leibhaftigen Seele der Menschheit. Es war ein Kampf zugunsten einer Lebensweise, geprägt von der Freiheit auf der einen und der Repression auf der anderen Seite. Ich glaube, wir haben bereits vergessen, wie lange der Kampf anhielt und wir hart er war und wie nahe wir zuweilen einem Kernwaffendesaster waren. Dass es nicht dazu kam, zeugt von den ehrenhaften Männern und Frauen beider Seiten, die die Ruhe bewahrten und das – ihrer Meinung nach – Richtige für Krisenzeiten taten.

Dieser Konflikt zwischen den Supermächten, die den Zweiten Weltkrieg überlebt hatten, setzte ein, als ich aus dem Krieg heimkehrte. Im Jahr 1948 schloss ich die Universität Yale ab. In jenem Jahr versuchten die Sowjets, den Zugang zu Westberlin zu sperren.

Jene Blockade führte zur Gründung der NATO, es folgte der erste sowjetische Atombombentest, und dann wurde es blutig mit der Invasion in Südkorea. Es folgten vier Jahrzehnte nuklearer Anfeindungen, Kriege, in denen eine jede Supermacht den Gegner ihrer gegnerischen Seite unterstützte, und Entbehrungen wirtschaftlicher Art.

Ich hatte das Privileg, Präsident der Vereinigten Staaten zu sein, als all das seinem Ende zuging.

Im Herbst 1989 begannen sich die Satellitenstaaten zu befreien, und es kam zu größtenteils friedlich verlaufenden Revolutionen in Polen, Ungarn, der Tschechoslowakei und

Rumänien. Als die Berliner Mauer fiel, wussten wir, dass das Ende nahe war.

Noch zwei Jahre sollten vergehen, bis dem Imperium Lenins und Stalins ein Ende bereitet wurde. Ich erhielt die gute Nachricht in zwei Telefonaten. Das erste erreichte mich am 8. Dezember 1991. Aus einer Jagdhütte unweit von Brest in Weißrussland rief mich Boris Jeltzin an. Unlängst war er zum Präsidenten der Republik Russland gewählt worden und hatte mit dem Präsidenten der Ukraine, Leonid Krawtschuk, und dem Präsidenten Weißrusslands, Stanislaw Schuschtschewik Gespräche geführt.

›Heute hat sich etwas Bedeutsames in unserem Land ereignet‹, sagte Jeltzin. ›Und ich wollte es Ihnen mitteilen, bevor Sie es aus der Presse erfahren.‹ Und dann machte er mir die Mitteilung: Die Präsidenten Russlands, Weißrusslands und der Ukraine haben beschlossen, die Sowjetunion aufzulösen.

Zwei Wochen später bestätigte ein zweiter Anruf, dass die Sowjetunion verschwinden würde. Michail Gorbatschow rief mich am Weihnachtsmorgen 1991 in Camp David an. Er wünschte Barbara und mir glückliche Weihnachten und gab mit eine Zusammenfassung dessen, was in seinem Land geschehen war: Die Sowjetunion gab es nicht mehr. Er selbst war eben im nationalen Fernsehen aufgetreten, um den Fakt zu bestätigen, und hat die Kontrolle der sowjetischen Kernwaffen dem Präsidenten von Russland übertragen. ›Sie dürfen einen ruhigen Weihnachtsabend genießen‹, sagte er zu uns. Und damit war alles zu Ende.«

Aus einem Artikel der *The New York Times* geht hervor, dass bei dieser Operation fast alle in Reichweite der CIA befindlichen Waffen zum Einsatz kamen – psychologischer Krieg, Sabotage, Wirtschaftskrieg, strategischer Betrug, Aufklärung, kybernetischer Krieg – all dies in

Zusammenarbeit mit dem Nationalen Sicherheitsrat, dem Pentagon und dem FBI. Das starke sowjetische Spionageteam wurde zerstört, die Wirtschaft geschädigt und der Staat jenes Landes destabilisiert. Es war ein voller Erfolg. Wäre es in umgekehrter Richtung verlaufen (die Sowjets gegen die US-Amerikaner), hätte es den Anschein eines terroristischen Aktes haben können.

Dieses Thema ist auch Gegenstand eines anderen erst neulich veröffentlichten Buches. Es trägt den Titel *Legacy of Ashes*. Auf der Umschlagklappe des Buches steht, dass der Autor Tim Weiner Reporter der *The New York Times* ist, der zwanzig Jahre lang über die US-amerikanischen Nachrichtendienste geschrieben hat und für seine Arbeit über die Geheimprogramme der Nationalen Sicherheit den Pullitzer-Preis erhielt. Er war in Afghanistan und anderen Ländern, um die verdeckten Operationen der CIA aus erster Hand zu ermitteln. Jenes ist sein drittes Buch.

»*Legacy of Ashes* beruht auf mehr als 50 000 Dokumenten, die vor allem aus CIA-Archiven selbst stammen, und hunderten Interviews von Veteranen der genannten Agentur, einschließlich von zehn Direktoren. Es zeigt uns ein Panorama des CIA seit seiner Gründung nach dem Zweiten Weltkrieg, von den Schlachten des kalten Krieges und bis zum Krieg gegen den Terrorismus, der am 11. September 2001 begonnen wurde.«

Der im Juni 2006 in *Rebelión* veröffentlichte Artikel von Jeremy Allison und die von Rosa Miriam Elizalde am 3. und 10. September des laufenden Jahres 2007 veröffentlichten verurteilen öffentlich diese Tatsachen und heben dabei die Idee von einem der Gründer der freien Software hervor, der aufzeigte: »In dem Maße wie die Technologien komplizierter werden, wird es schwieriger werden, Aktionen jener Art aufzudecken«.

Rosa Miriam veröffentlichte zwei kurze Meinungsartikel, jeder von ihnen von knapp fünf Seiten. Wenn sie das will, kann sie ein dickes Buch schreiben. Ich kann mich gut an sie erinnern, seitdem sie mich damals als sehr junge Journalistin ungeduldig fragte – es war zu keinem anderen Zeitpunkt als einer Pressekonferenz vor mehr als 15 Jahren –, ob ich der Meinung sei, dass wir die Sonderperiode überstehen könnten, die mit dem Verschwinden des sozialistischen Lagers auf uns hereinstürzte.

Die UdSSR ist mit Knall und Fall zusammengebrochen. Seitdem haben bei uns mehrere hunderttausend junge Menschen ihre Hochschulausbildung absolviert. Was für eine andere ideologische Waffe bleibt uns denn, als ein höheres Bewusstseinsniveau! Wir hatten sie, als wir ein Volk waren, dessen Mehrheit aus Analphabeten und Halbanalphabeten bestand. Wenn man wissen will, was echte Bestien sind, dann braucht man nur im Menschen die Instinkte überwiegen zu lassen. Darüber kann man viel reden.

In der Gegenwart ist die Welt von einer verheerenden Wirtschaftskrise bedroht. Die Regierung der Vereinigten Staaten verwendet alle nur denkbaren wirtschaftlichen Ressourcen dafür, ein Recht zu verteidigen, das die Souveränität aller anderen Länder verletzt, und zwar das folgende: weiter mit Banknoten aus Papier die Rohstoffe, die Energie, die Hightech-Industrien, die ertragreichsten Ländereien und die modernsten Immobilien unseres Planeten zu kaufen.

Fidel Castro Ruz
18. September 2007

Während ich mit dem schon berühmten Buch von Greenspan arbeite, lese ich einen Artikel, der von *El País* veröffentlicht wurde, dem spanischen Presseorgan mit über 500 000 Exemplaren wie behauptet wird, den ich den Lesern übermitteln möchte. Er ist unterzeichnet von Ernesto Ekaizer und lautet wörtlich:

»Vier Wochen vor der Invasion auf den Irak, die in der Nacht vom 19. auf den 20. März 2003 begann, hielt George W. Bush seine Forderung an Saddam Hussein mit den folgenden Bedingungen aufrecht: Abrüstung oder Krieg. Hinter verschlossenen Türen anerkannte Bush, dass der Krieg unvermeidbar war. Während einer langen privaten Unterredung mit dem damaligen spanischen Präsidenten José María Aznar, die am Sonnabend, den 22. Februar 2003 auf der Ranch Crawford in Texas stattfand, stellte Bush klar, dass der Augenblick gekommen war, sich Saddams zu entledigen. ›Es fehlen zwei Wochen. In zwei Wochen werden wir militärisch vorbereitet sein. Wir werden Ende März in Bagdad sein‹, sagte er zu Aznar.

Der Augenblick ist gekommen, sich Saddams zu entledigen

Innerhalb dieses Plans hatte Bush schließlich am 31. Januar 2003 – nach einem Treffen mit dem britischen Premierminister Tony Blair – zugestimmt, ein letztes diplomatisches Manöver durchzuführen: die Vorlage einer zweiten Resolution des Sicherheitsrates der Vereinten Nationen. Seine Zielstellung: dem unilateralen Krieg die Tür auf legale Weise zu öffnen, den die Vereinigten Staaten sich mit mehr als 200000 in der Region zum Angriff bereitstehenden Soldaten zu entfesseln vorbereiteten.

Bush waren die innenpolitischen Schwierigkeiten von Blair bekannt und er ignorierte nicht die von Aznar. Nur sieben Tage vor dieser Zusammenkunft auf der Ranch Crawford demonstrierten drei Millionen Menschen in mehreren Städten Spaniens gegen den unmittelbar bevorstehenden Krieg. ›Ihr müsst uns in Bezug auf unsere öffentliche Meinung helfen‹, bittet Aznar. Bush erläutert ihm die Tragweite der neuen Resolution, die er vorzulegen beabsichtigt: ›Die Resolution wird genau so maßgeschneidert sein, das sie dir helfen kann. Der Inhalt ist mir ziemlich egal‹. Worauf Aznar antwortet: ›Dieser Text würde uns helfen, damit wir ihn mitunterstützen und seine Mitverfasser sein können und erreichen können, dass viele Leute ihn unterstützen‹. So bietet sich also Aznar an, Bush für Europa politisch Deckung zu geben, zusammen mit Blair. Der Traum von Aznar zur Begründung einer Beziehung mit den Vereinigten Staaten, dem Beispiel des Vereinigten Königreichs folgend, war dabei sich zu verwirklichen.

Aznar war am 20. Februar mit seiner Ehefrau Ana Botella in die Vereinigten Staaten gereist und hatte dabei einen Zwischenaufenthalt in Mexiko gemacht, um Präsident Fox von der Notwendigkeit zur Unterstützung von Bush zu überzeugen – vergeblich. Am 21. kam das Paar in Begleitung der Mitarbeiter des Präsidenten in Texas an. Aznar und seine Ehefrau wurden im Gästehaus der Ranch untergebracht.

An der Zusammenkunft am folgenden Tag, am Samstag, nahmen Präsident Bush, seine damalige Sicherheitsberaterin Condoleezza Rice und der Verantwortliche für europäische Angelegenheiten des Nationalen Sicherheitsrates Daniel Fried teil. Aznar seinerseits wurde von seinem außenpolitischen Berater Alberto Carnero und dem

Botschafter von Spanien in Washington, Javier Rupérez, begleitet. Bush und Aznar führten bei ihrem Treffen ein vierseitiges Telefongespräch mit dem britischen Premierminister Tony Blair und dem italienischen Regierungschef Silvio Berlusconi.

Botschafter Rupérez übersetzte für Aznar aus dem Englischen und ebenfalls aus dem Italienischen für Condoleezza Rice; zwei weitere Dolmetscherinnen arbeiteten für Bush und seine Mitarbeiter. Rupérez übernahm die Ausarbeitung des zusammenfassenden Protokolls der Unterredung in einem Memorandum, das bis heute geheim geblieben ist.

Das Gespräch beeindruckt aufgrund seines direkten, freundlichen und sogar drohenden Tones, als es zum Beispiel um die Notwendigkeit geht, dass solche Länder wie Mexiko, Chile, Angola, Kamerun und Russland, Mitglieder des Sicherheitsrates der UNO, im Zeichen der Freundschaft gegenüber den Vereinigten Staaten für die neue Resolution stimmen oder die Folgen zu tragen haben.

Es wird auf die nichtigen Aussichten bei der Arbeit der Inspektoren hingewiesen, deren Chef Hans Blix gerade eine Woche vorher, am 14. Februar, die vom US-Außenminister Colin Powell am 5. Februar 2003 vor dem Sicherheitsrat mit ›soliden Angaben‹ dargelegten Argumente zerlegt hatte, welche von der spanischen Außenministerin Ana Palacio warm unterstützt worden waren. Angaben, welche Powell selbst später als eine Menge Falschheiten bezeichnete.

Der Bericht von Blix

Gemäß Blix unternahm Irak Schritte zu einer aktiven Kooperation zur Lösung der ausstehenden Abrüstungsthemen. Sein Ton war weniger kritisch als der des Berichts vom 27. Januar 2003. ›Seitdem wir vor drei Monaten im

Irak angekommen waren, haben wir mehr als 400 Inspektionen ohne Vorwarnung an 300 Stellen durchgeführt. Bis jetzt haben die Inspektoren keinerlei verbotene Waffen aufgefunden... Wenn Irak sich entschließt, noch enger zusammenzuarbeiten, dann kann die Abrüstungszeitspanne mittels der Inspektionen noch kurz sein‹, zeigte der Chefinspektor auf.

Der Generaldirektor der Internationalen Atomenergiebehörde (IAEO) Mohamed El Baradei berichtete am 14. Februar, dass noch ein paar technische Fragen zu klären blieben, aber, so fügte er hinzu, ›es sind schon keine Abrüstungsprobleme mehr zu lösen‹. Nach seinen Aussagen hatte man keinerlei Beweis dafür gefunden, dass in Irak atomare Tätigkeiten oder solche bezüglich der Atomenergie durchgeführt würden. Ein weiteres klares Dementi dessen, was Powell über das irakische Atomprogramm behauptete.

Sowohl die ersten Ergebnisse der Inspektionstätigkeit, als auch die Beendigung der Vorbereitungen der Vereinigten Staaten führten Bush dahin, den Beginn der militärischen Operation auf den 10. März 2003 festzulegen, dem noch neun weitere Tage hinzugefügt wurden, um die Verabschiedung der zweiten Resolution zu erreichen. Durch den Prozess der moralischen Überredung für den sich Aznar und Palacio mittels Telefongesprächen und bei bilateralen Zusammenkünften einsetzten, konnten nur vier Stimmen erreicht werden: die drei Schirmherren und Bulgarien. Es waren 9 Stimmen notwendig.

Das Scheitern dieser legalen Deckung für den unmittelbar bevorstehenden Krieg brachte Bush dazu, mit Blair und Aznar die Durchführung eines Gipfels auf den Azoren für den 16. März 2003 zu vereinbaren. Aznar empfahl diesen Ort als Alternative für die Bermudas-Inseln und begründete das selbst Bush gegenüber wie folgt: ›Allein der Name jener Inseln steht in Verbindung zu einem Kleidungsstück, das nicht gerade angebracht ist für die Schwere des Augenblicks, in dem wir uns befinden‹. Dort und an jenem 16. März haben Bush, Blair und Aznar beschlossen, den Sicherheitsrat der Vereinten Nationen zu ersetzen und haben seine Funktionen widerrechtlich an sich gerissen, um auf eigene Faust und eigenes Risiko den Krieg gegen den Irak zu erklären. Am Morgen des 17. März kündete der Botschafter des Vereinigten Königreiches vor der UNO in New York die Rücknahme der zweiten Resolution an. Durch eine Niederlage bei der Abstimmung wäre das Wettrennen zum Krieg komplizierter geworden.«

Fidel Castro Ruz
27. September 2007

Geschenk zum Dreikönigstag

Die Agenturmeldungen haben es im Vorhinein angekündigt. Am 6. Januar wurde bekannt, dass Bush den Mittleren Osten aufsuchen würde, sobald sein christlicher Erholungsaufenthalt zum Weihnachtsfest beendet sein würde. Er hatte vor, in das Gebiet der Moslems zu gehen, die eine andere Religion und Kultur haben und denen die zum Christentum bekehrten Europäer im 11. Jahrhundert unseres Zeitalters, sie als Ungläubige bezeichnend, den Krieg erklärten.

Die Christen selbst haben sich untereinander getötet, sowohl aus religiösen Gründen als auch aufgrund nationaler Interessen. All das schien von der Geschichte überwunden zu sein. Übrig geblieben waren die zu achtenden religiösen Glaubensrichtungen und deren Legenden und Traditionen, ob sie nun christlich seien oder nicht. Diesseits des Atlantiks, wie vielerorts auf der Welt, warteten die Kinder mit Ungeduld auf jeden 6. Januar und suchten genügend Gras für die Kamele der Heiligen Drei Könige. In meiner zartesten Kindheit habe ich selbst diese Hoffnungen gehegt und von den glücklichen Königen das Unmögliche erbeten, mit denselben Illusionen, mit denen einige Mitbürger Wunder von unserer unbeugsamen und würdigen Revolution erwarten.

Ich bin nicht in der notwendigen körperlichen Verfassung, um direkt zu den Nachbarn des Verwaltungskreises zu sprechen, wo ich als Kandidat für die Wahlen am folgenden Sonntag aufgestellt wurde. Ich tue das, was ich kann: ich schreibe. Das ist für mich eine neue Erfahrung: es ist nicht dasselbe zu sprechen als zu schreiben. Jetzt, wo ich mehr Zeit zur Verfügung habe, um mich zu informieren und über das, was ich sehe, nachzudenken, reicht mir kaum die Zeit zum Schreiben.

Auf das Gute wartet man, das Schlechte überrascht und demoralisiert. Auf das Schlimmste vorbereitet zu sein, ist die einzige Art und Weise, sich auf das Beste vorzubereiten.

Es erscheint als irreal, wenn man Bush, den Eroberer der Rohstoffe und Energieressourcen anderer Völker, sieht, wie er der Welt Richtlinien vorschreiben will, ohne dass es für ihn von Bedeutung ist, wie viel Hunderttausende oder Millionen Menschen sterben und wie viele geheime Gefängnisse und Folterzentren geschaffen werden müssen, um seine Zielstellungen zu erreichen. »Sechzig oder mehr dunkle Winkel des Planeten« haben Präventiv- und Überraschungsangriffe zu erwarten. Wir dürfen nicht die

Augen davor verschließen, Kuba ist einer dieser dunklen Winkel. So sagt es der Chef des Imperiums wörtlich und ich habe die internationale Gemeinschaft mehr als einmal darauf aufmerksam gemacht.

Aus Abu Dhabi, der Hauptstadt der Vereinigten Arabischen Emirate, wenige Meilen von Iran entfernt, informierte AP: »Der US-amerikanische Präsident George W. Bush sagte am Sonntag, dass Iran die globale Sicherheit bedrohe und dass die Vereinigten Staaten und ihre arabischen Verbündeten sich zusammenschließen müssen, um der Gefahr zu begegnen, ehe es zu spät sei.«

»Bush hat die Regierung von Teheran bezichtigt, Terroristen zu finanzieren, den Frieden im Libanon zu unterminieren und der religiösen afghanischen Taliban-Miliz Waffen zukommen zu lassen. Er fügte hinzu, dass der Iran versuche, seine Nachbarn mit einer beunruhigenden Rhetorik einzuschüchtern, die Vereinigten Nationen herausfordere und die gesamte Region destabilisiere, indem er sich weigere, die Absichten seines Atomprogramms aufzuklären.«

»›Die Aktionen von Iran bedrohen allerorts die Sicherheit der Nationen‹, sagte Bush. Deshalb stärken wir, die Vereinigten Staaten, unsere langfristigen Sicherheitsverpflichtungen mit unseren Freunden des Persischen Golfs, indem wir unsere Freunde dazu aufrufen, dieser Gefahr zu begegnen.«

»Bush sprach im Hotel Emirates Palace, das mit einem Aufwand von 3 Milliarden Dollar erbaut wurde und in dem eine Suite 2450 Dollar pro Nacht kostet. Es ist einen Kilometer lang und verfügt über einen 1,3 Kilometer langen weißsandigen Strand. Laut Steven Pike, einem Sprecher der Botschaft der Vereinigten Staaten in den Vereinigten Arabischen Emiraten, wurde jedes Sandkorn dieses Strandes aus Algerien importiert.«

Jedermann weiß, dass er den Krieg gegen Iran will, es ist sein Krieg. Er verspricht außerdem, dass die US-amerikanischen Truppen für mindestens weitere 10 Jahre im Irak bleiben werden.

Das Schlimmste ist die Unfähigkeit zur Berichtigung der wichtigsten als seine Nachfolger vorgesehenen Kandidaten der beiden Parteien. Keiner von ihnen wagt es, diese imperiale Praxis auch nur in Gedanken anzugreifen. Unter dem Vorwand, gegen den Terrorismus zu kämpfen, der vom System selbst und seinem kolossalen und unhaltbaren, übertriebenen Konsumverhalten erzeugt wurde, beabsichtigen sie das Unmögliche: anhaltendes Wachstum, Vollbeschäftigung und keine Inflation.

Das waren weder die Träume von Martin Luther King, Malcolm X und Abraham Lincoln, noch der großen Idealisten, welche die Menschheit im Verlaufe ihrer von Höhen und Tiefen gezeichneten Geschichte aufwies.

Wer Zeit hat, die über Internet erschienenen Nachrichten, Agenturmeldungen und Bücher zu lesen und zu analysieren, kann die Widersprüche bestätigen, zu denen die Welt geführt wurde.

In einem von *El País*, einem recht häufig gelesenen spanischen Presseorgan, veröffentlichten Artikel wird das Thema der Nahrungsmittel- und Kraftstoffpreise behandelt. Unterzeichnet von Paul Kennedy, Professor für Geschichte und Direktor für Internationale Sicherheitsstudien der Yale-Universität, einem der einflussreichsten Intellektuellen jenes Landes, behauptet dieser, dass »das Erdöl das Element darstellt, bei dem die Vereinigten Staaten die größte Abhängigkeit gegenüber äußeren Kräften aufweisen.«

»Mitte des 18. Jahrhunderts besaß Großbritannien die größte Segelschiffbau-Industrie der Welt. Jedoch gleichzeitig mit dem Ausstoß von hunderten und sogar tausenden von Segelschiffen pro Jahr waren englische Erfinder dabei, die Dampfmaschine zu schaffen, welche riesige Energiemengen erzeugte, deren Produktion durch die besonders bituminösen Vorkommen im Süden von Wales abgesichert waren. Der Dampfmotor und die Kohle brachten die Entwicklung des britischen Imperiums über weitere 150 Jahre voran.«

Im späteren Textverlauf zeigte er den Standpunkt auf, der uns am meisten interessiert: die ständig zunehmende Verknüpfung zwischen Erdöl und Nahrungsmitteln. Die Gründe sind sehr gut bekannt: der riesige Energiebedarf unter den großen asiatischen Wirtschaften und die Unfähigkeit der reichsten Länder – Vereinigte Staaten, Japan und Europa – ihren Verbrauch zu senken.

»Aber die weltweite Nachfrage nach Soja schnellt ebenfalls in die Höhe, besonders aufgrund des steigenden Verbrauchs in Asien. Die in zweistelliger Millionengröße vorhandenen Schweinebestände in China verschlingen eine unglaubliche Menge Soja pro Jahr. Die Soja-Futures sind dieses Jahr (Dezember 2007) 80 % höher als die des Vorjahres (2006).«

»Niemand kann es mit Sicherheit wissen, aber es wäre logisch, dass das anhaltende Wachstum der Weltbevölkerung und die Zunahme der realen Einkünfte für über 2 Milliarden Menschen in den letzten Jahren zu einer immer höheren Proteinnachfrage führen wird – mehr Rind- und mehr Schweinefleisch, mehr Geflügel, mehr Fisch – und infolgedessen mehr Getreide zu Ernährung der Tiere.«

Der Yale-Professor hätte hinzufügen können: mehr Eier und mehr Milch, da deren Erzeugung bedeutender Futtermengen bedarf. Etwas später im Text erwähnt er einen von *The Economist*, wichtigstes Organ der europäischen

Finanzwelt, veröffentlichten Artikel unter dem Titel **Das Ende der billigen Nahrung**, indem er diesen als »ausgezeichnet, sehr detailliert und erschreckend« bewertet. »Die Zeitschrift begann ihr Nahrungsmittel-Preisverzeichnis schon in so einem zurückliegenden Jahr wie 1845. Der Preisindex für Nahrungsmittel ist der höchste in 162 Jahren«.

Brasilien, das schon Selbstversorger bei Kraftstoffen ist und umfangreiche Reserven aufweist, wird ohne Zweifel diesem Dilemma entkommen. Auf einer Hochebene errichtet, deren Höhe zwischen 300 und 900 Metern schwankt, hat es 77 Mal die Oberfläche von Kuba. Diese Bruderrepublik kommt in den Genuss von drei verschiedenen Klimas. Dort werden fast alle Nahrungsmittel angebaut. Sie leiden nicht unter tropischen Wirbelstürmen. Zusammen mit Argentinien könnte sie die Rettung für die Völker Lateinamerikas und der Karibik, einschließlich Mexiko, sein, aber niemals eine Sicherheitsgarantie für diese, da sie dem Imperium ausgeliefert sind, das diesen Bund nicht zulässt.

Wie viele Menschen wissen, ist die Schrift ein Ausdrucksinstrument, dem die Schnelligkeit, die Stimme und die Mimik der gesprochenen Sprache fehlen, das heißt die nicht die Zeichen verwendet. Der Zeitaufwand von der knappen zur Verfügung stehenden Zeit ist mehrfach größer. Schreiben hat den Vorteil, dass man es zu jeglicher Tages- und Nachtzeit tun kann, aber man weiß nicht, wer es lesen wird. Sehr Wenige können der Versuchung widerstehen, es verbessern zu wollen, etwas hinzuzufügen, was man nicht gesagt hat und einen Teil des Gesagten durchzustreichen; manchmal verspürt man den Wunsch, es in den Papierkorb zu werfen, weil man den Gesprächspartner nicht vor sich hat. Mein Leben lang habe ich es so gehalten, die Ideen über die Geschehnisse so zu übermitteln, wie ich sie sah, beginnend bei der größten Unwissenheit bis jetzt, wo ich über mehr Zeit und Möglichkeiten verfüge, die Verbrechen zu beobachten, die gegen unseren Planeten und unsere Gattung begangen werden.

Besonders den jüngeren Revolutionären empfehle ich, höchsten Ansprüchen gerecht zu werden und eiserne Disziplin zu haben, ohne Machtambitionen, Selbstgefälligkeit oder Dünkel. Sich vor bürokratischen Methoden und Mechanismen zu hüten. Nicht in pure Losungen zu verfallen. In den bürokratischen Verfahrensweisen das schlimmste Hindernis zu sehen. Die Wissenschaft und Informatik zu nutzen, ohne in eine übertrieben fachliche und unverständliche Sprache von Fach-Eliten zu verfallen. Wissensdurst, Beständigkeit, Training des Körpers und ebenfalls des Geistes.

In der Ära, in der wir leben, dient der Kapitalismus nicht einmal als Instrument. Er ist wie ein Baum mit verfaulten Wurzeln, aus dem nur die schlimmsten Formen des Individualismus, der Korruption und Ungleichheit sprießen. Denen, die produzieren können und dies nicht tun, oder wenig erzeugen, sollte nichts geschenkt werden. Der Verdienst derjenigen, die mit ihren Händen oder ihrer Intelligenz arbeiten, soll belohnt werden.

Da wir das Hochschulstudium universell gemacht haben, sollten wir ebenfalls die einfache körperliche Arbeit universell machen, was zumindest dazu beiträgt, Teile der unendlichen Investitionen zu tätigen, die alle fordern, als ob eine riesige Devisen- und Arbeitskräftereserve vorhanden wäre. Hütet euch besonders vor denen, die unter jeglichem Vorwand staatliche Unternehmen erfinden und dann die einfach erlangten Gewinne so verwalten, als ob sie ihr Leben lang Kapitalisten gewesen seien, indem sie Selbstsucht und Vorrechte pflanzen.

Solange kein Bewusstsein über diese Realitäten erlangt wird, kann keine Anstrengung unternommen werden, um »rechtzeitig zu verhindern«, wie Marti sagte – der das Imperium entstehen sah, da er in seinen Eingeweiden lebte – dass das Imperium die Geschicke der Menschheit zerstört.

Dialektisch zu sein und schöpferisch – es gibt keine andere Alternative.

Wir danken Bush für seine Rolle als Heiliger König, indem er den Ort aufsuchte, wo der Sohn des Tischlers Josef geboren wurde, falls jemand den genauen Ort der bescheidenen Krippe kennt, in dem der Nazaräer zur Welt gekommen ist. Der Imperiumschef bringt den arabischen Ländern dieses Mal Dollar in zweistelliger Milliardenhöhe als Geschenk, damit sie dem Industrie-Militärkomplex Waffen abkaufen, und bringt gleichzeitig zwei Dollar für jeden ihnen gegebenen, um den Staat Israel aufzurüsten, wo – wie die für das Thema zuständige Fachorganisation der Vereinten Nationen versichert – 3,5 Millionen Palästinenser ihrer Rechte beraubt bzw. des Territoriums verwiesen wurden.

Sein Zwangsinstrument ist die Bedrohung der Welt mit einem Atomkrieg. Nur er ist fähig, dieses Dreikönigstags-Geschenk zu überbringen.

Fidel Castro Ruz
14. Januar 2008

Bush im Himmel

(Besteht aus zwei Teilen,
die beide am Samstag, dem 22. März aufgesetzt wurden.)

Ich habe mich bei dieser Reflexion an die auf verschiedenen Wegen von mir erhaltenen Nachrichten gehalten, angefangen bei internationalen Agenturmeldungen – ohne jeweils konkret jede einzelne von ihnen als Quelle zu nennen, aber textgetreu – über Bücher, Dokumente und Internet, bis zu einschließlich gut informierten Quellen gestellten Fragen.

Wir sehen um uns herum ein geschäftiges Treiben, als ob wir in einem Irrenhaus leben würden. Unsere bekannten Figuren setzen ihr hektisches Reisen fort.

Nach Brasilien und Chile flog Condoleezza nach Moskau weiter, um dem neuen Präsidenten auf den Zahn zu fühlen. Sie möchte wissen, was er denkt. Sie wird vom Pentagonchef begleitet, der nach dem Sturz im Februar einen Arm verrenkt hat und ausrief: »mit einem verrenkten Arm bin ich als Verhandlungspartner nicht so schwierig.« Ein Witz, der typisch für die Yankees ist. Schätzen Sie dessen Wirkung in den stolzen Ohren eines Russen ein, dessen Volk so viele Millionen Söhne und Töchter im Kampf gegen die Nazihorden verloren hat, die Lebensraum forderten – heute würde man billiges Erdöl, sichere Rohstoffe und Märkte für den Warenüberschuss sagen.

In Bagdad werden die Abenteuer von McCain und Cheney bekannt, einer als Anwärter auf den Posten als Regierungsoberhaupt und der andere als Vize-Oberhaupt, das mehr Richtlinien festlegt, als sein Chef. Sie wurden mit den unverhofftesten und gewalttätigsten Omen empfangen.

Sie haben knapp zwei Tage darauf verwendet, ausreichend, um die Welt mit unheilvollen Prognosen zu überhäufen.

Bush hielt in Washington Reden, während das Gold und das Erdöl beschleunigt im Preis stiegen.

Cheney ist immer unterwegs. Er fliegt in das Sultanat Oman – 774 000 Barrel Erdöl pro Tag im Jahr 2005 und 780 000 im Jahr 2004. Oman hat im vergangenen Jahr seine Pläne bekannt gegeben, in den nächsten fünf Jahren 10 Milliarden Dollar investieren zu wollen, um seine Erdölproduktion auf 900 000 Barrel täglich zu erhöhen und 70 bis 80 Millionen Kubikmeter Gas pro Tag zu erreichen. Das hat die Regierung des Sultanats am 15. Januar 2007 mitgeteilt.

Cheney fährt in Familienbegleitung in der Jacht »Kingfish I« des Sultans zum Angeln an der Grenze zwischen dem Hoheitsgebiet von Oman und Iran. Was für eine Tollkühnheit! Die Nobelpreise sollte man ebenfalls den Supermutigen übergeben, die Gefahr laufen, nach einem üppigen Mittagessen im Familienkreis durch eine Gräte im Hals getötet oder verkrüppelt zu werden. Die Abwesenheit des Eigentümers der Luxusjacht hat dem Helden ein bisschen die Feier verdorben.

McCain ist ebenfalls immer auf Reisen. Er steigt in einen Hubschrauber, um das Gebiet abzufliegen, wo die israelischen Soldaten auf der Suche nach palästinischen Führungskräften ständig mit hochmodernen technischen Mitteln Frauen, Kinder, Teenager und junge Menschen im Gebiet von Westjordanien töten. Darin ist der republikanische Präsidentschaftskandidat Experte.

Er reist nach Jerusalem und dort verspricht er, dass er der Erste sein wird, der diese Stadt in ihrer Gesamtheit als Hauptstadt von Israel anerkennen wird; ein Staat, den die Vereinigten Staaten und Europa in eine hoch entwickelte Atommacht verwandelt haben, dessen satellitengelenkte

Raketen in wenigen Minuten auf Moskau, über 5 000 Kilometer entfernt, fallen können.

Keiner der Erdöl- bzw. Erdgasstaaten wird von Cheney bei seinen Besuchen ausgelassen werden, bevor er zurückkehrt, um dem Präsidenten seines Landes über das Glück der Welt Bericht zu erstatten.

Bush seinerseits hält aus einem Grund eine Rede am 17., aus einem anderen am 18. und am 19. aus Anlass des Beginns seines genialen Krieges. Wie zu vermuten, wird Kuba bei seinen Beschimpfungen nicht ausgelassen.

Bei dem vom Imperium geschaffenen Chaos sind die Kriege untrennbare Begleiter. Der vom Irak hatte gerade seinen fünften Jahrestag. Tiefgründige Denker schätzen die verschiedenen durch ihn geschädigten Personen auf mehrere Millionen und seinen Gesamtaufwand auf Billionen Dollar. Die Verluste betragen 4 000 Soldaten der regulären Streitkräfte und 30 Verletzte je toten Soldaten bei dieser Art und Weise, wie der Krieg geführt wird. Weißes Phosphor und Streubomben sind seine tägliche Nahrung. Alles ist erlaubt, ausgenommen das Leben.

Cheney und McCain stehen im Wettbewerb, einer als Vater der Kreatur und der andere als dessen Stiefvater. Beide treffen sich mit Staatschefs, verlangen Verpflichtungen: die Erzeugung von Erdöl und -gas soll erhöht werden; Verwendung von Yankee-Technologie, Yankee-Lieferungen, Yankee-Waffen des Militär-Industrie-Komplexes; Genehmigung von Yankee-Militärstützpunkten.

Von Jerusalem geht die Reise McCains sprungartig nach London, um mit Gordon Brown zu sprechen. Vorher, als er in Jordanien sprach, irrt er sich und berichtet, dass Iran, ein schiitisches Land, Al Qaeda, eine sunnitische Organisation, ausbildet. Das ist ihm egal, er bittet nicht einmal um Entschuldigung wegen des Irrtums.

Cheney fliegt nach Afghanistan. Der Yankee-Krieg und die NATO haben das Land zum größten Opiumexporteur der Welt gemacht. Die UdSSR hat sich bei einem ähnlichen Krieg aufgerieben und ist gescheitert. Bush hat dort den ersten Kriegs-Prankenhieb gelandet, und zusammen mit ihm die NATO.

Es wird alles Notwendige unternommen, um die parallelen Zusammenkünfte des Kampfes gegen den Terrorismus und die der NATO vorzubereiten.

Eines ist sicher: am 1., 2. und 3. April werden sich in Bukarest, der Hauptstadt von Rumänien, Ban Ki-moon, Generalsekretär der UNO, und Jaap de Hoop Scheffer, NATO-Oberhaupt, mit dem Präsidenten von Afghanistan Hamid Karzai treffen, um am Transatlantischen Forum von Bukarest teilzunehmen. Gleichzeitig wird die vom GMF (German Marshall Fund of the United States), dem rumänischen Außenministerium und Chatham House einberufene Konferenz stattfinden, bei welcher eine große Anzahl von Strategen und Politikern zusammenkommen werden, um Themen zu behandeln, die für die NATO von lebenswichtigem Interesse sind. Wie der Präsident des GMF erklärte, werden 9 Staatsoberhäupter, 24 Premierminister bzw. Minister und 40 Präsidenten von Forschungsinstituten von Europa und Amerika teilnehmen, die die North Atlantic Treaty Organization (NATO) bilden, welche das Jugoslawien von Tito aufgelöst hat und den Krieg in Kosovo geführt hat. Jegliche Übereinstimmung mit den Interessen des Yankee-Imperialismus, das wird doch jeder verstehen, ist reiner Zufall. Die Situation auf der Balkanhalbinsel, die Raketenabwehr, die Energieversorgung und die Waffenkontrolle sind unvermeidliche Themen.

Da Bush seine Rolle als Hauptdarsteller erfüllen muss, hat er schon sein Programm erarbeitet: er wird in der

Schwarzmeer-Stadt Neptun mit Traian Basescu, Präsident von Rumänien, am Vorabend des Konferenzbeginns zusammentreffen. In jenen Händen befindet sich das Schicksal der Menschheit, welche ihren Beitrag in Form von Mehrwert und Blut leistet.

(wird morgen mit dem 2. Teil fortgesetzt)

Fidel Castro Ruz
22. März 2008

Bush im Himmel (II)

Am Dienstag, dem 18. März war der fünfte Jahrestag der Verhaftung von 70 Verrätern, Anführer der Verschwörung des Imperialismus in Kuba, welche, von der US-Regierung bezahlt, die Gesetze des Landes verletzten und die Auffassung teilen, dass diese dunkle Ecke der Welt von der Weltkarte gelöscht werden soll. Anlässlich dieses Tages hat ein Sprecher des State Departments dieses Ereignis als »schwarzer Frühling« bezeichnet, ein Begriff mit einem rassistischen Hintergrund. Wir könnten ihn »weißer Frühling« benennen. Die Dunkelheit existiert nicht im All, sondern in den Köpfen. Was für ein riesiger Unterschied zwischen den Methoden der US-Regierung und denen von Kuba! Keiner der Söldner wurde je gefoltert, noch daran gehindert, einen Rechtsanwalt bzw. ein Gerichtsverfahren zu haben, selbst wenn letzteres den Charakter eines summarischen Verfahrens hatte, wie es in unseren Gesetzen vorgesehen ist, wenn die Gefahr einer Aggression besteht. Sie haben wie alle Gefangenen das Recht, Besuche zu empfangen, Zugang zur Abteilung für Familienbesuche und zu den weiteren gesetzlichen Vergünstigungen zu haben, und wenn ihr gesundheitlicher Zustand es zu einem bestimmten Zeitpunkt ernsthaft erfordert, werden sie freigelassen, ohne dass die Aufforderungen des Imperialismus und seiner Verbündeten Einfluss darauf haben. Wir fordern sie auf, das Gleiche wie Kuba mit der Gefängnis-Bevölkerung in den USA zu tun. Die Revolution verlangt keine Vergebung, sondern Respekt gegenüber der Souveränität.

Wenn am Mittwoch, dem 19. März fünf Jahre des dummen, im Irak entfesselten Krieges vergangen sein werden, wird Bush auf irgendeine fiktive oder reale Erklärung von Bin Laden zurückgreifen, obwohl, wenn sie real sein sollte, weder das Datum der Erklärung gesagt, noch bestätigt werden wird, dass es seine Stimme ist. Sie werden es überprüfen, das versprechen sie. Niemals hat jemand so viel von solchen Materialien profitiert, um die Meinung der Bürger in den USA und in vielen anderen Ländern der Welt mit ähnlicher Kultur und Glauben zu prägen, um die brutalen und völkermörderischen Kriege zu rechtfertigen, derer der Imperialismus dringend bedarf. Er hört nicht auf, immer wieder bestimmte Worte und Sätze zu wiederholen. Die genannten Personen und Institutionen fühlen sich ausnahmslos verpflichtet, darauf zu antworten, ungeachtet dessen, ob diese Erklärungen wahr sind oder nicht. Es sollte beachtet werden, was für einen Nutzen Bush seit den Ereignissen des 11. September Jahr für Jahr daraus zieht.

Nach der Bukarester Konferenz wird Bush zur NATO gehen und von dort aus einen Abstecher »per Stabhochsprung« nach Kroatien machen, das Auseinandersetzungen mit Serbien hatte, dessen Präsident wegen des Geschehens in Kosovo einem Prozess vor dem Internationalen

Strafgerichtshof unterworfen wurde. Dieser hat Gericht über ihn gehalten und ihn verurteilt. Ob er wohl im Gefängnis wirklich eines natürlichen Todes verstorben ist? Was für einen Frieden wird man auf solchen seltsamen steinigen Wegen erreichen?

Der Schwede Hans Blix, ehemaliger Chef der UNO-Rüstungskontrollkommission, welche gründlich nach Massenvernichtungswaffen im Irak gesucht hat und der viele der Ideen und Lügen der unheilvollen Philosophie des Imperiums teilt, schrieb aus Anlass des fünften Jahrestages Folgendes: »Die Invasion von 2003 war eine Tragödie für den Irak, für die Vereinigten Staaten, für die UNO, für die Wahrheit und die menschliche Würde. Sie konnten weder Erfolg bei der Vernichtung der Massenvernichtungswaffen haben, da es keine gab, noch bei ihrem erklärten Ziel der Beseitigung von Al Qaeda-Mitgliedern siegen, da diese sich nicht im Irak befanden und erst anschließend, angezogen durch die Angreifer, ins Land kamen.«

Der Verband der moslemischen Ulemas, die höchste sunnitische religiöse Instanz im Irak, erklärte aus Anlass des fünften Jahrestages Folgendes: »Die Besatzungsmacht ist mit Gewalt in unser Gebiet gekommen und sie werden nicht gehen, es sei denn durch Gewaltanwendung. Jeglicher Aufruf durch Politiker, die akzeptieren unter der Schirmherrschaft der Besatzung zu arbeiten, sollte als eine Einladung zur Kapitulation und sich zu ergeben angesehen werden. Die Besatzungstruppen haben Irak in das gefährlichste Gebiet der Welt verwandelt. Die Besatzungs-Ära wird sehr bald zu Ende sein.«

Der Vizepräsident der Vereinigten Staaten Dick Cheney hat gestern, am Freitag, und heute, am Samstag, ohne sich von der Ermüdung des anstrengenden Treffens mit Karzai in Afghanistan zu erholen, Gespräche mit dem König

Abdullah von Saudi-Arabien geführt, um ihn um seine Kooperation und die der OPEC bei der Versorgung mit Erdöl und der Bezahlung mit den abgewerteten Dollar zu ersuchen. Es ist so, dass es weder einen Krieg ohne Erdöl, noch Erdöl ohne Krieg geben kann.

Auf dem lateinamerikanischen Schauplatz hat der ekuadorianische Generalsstab erklärt, dass die bei dem Angriff auf das Lager von Raúl Reyes verwendeten Bomben GBU-2/B Paveway waren, von über 500 Pfund Gewicht, mit genauer Ortung und hoher Genauigkeit auf der Grundlage von Spitzentechnologie. Es waren 10 und sie haben Krater von 2,80 Meter Durchmesser und 1,80 Meter Tiefe hinterlassen.

In Westeuropa erwartete Sarkozy, dessen Flitterwochen mit der französischen Wählerschaft vor ein paar Tagen zu Ende gingen, ungeduldig auf McCain und seine Gefolgschaft von pro-israelischen republikanischen Senatoren. McCain hat ihn ermahnt, sich den NATO-Mechanismen anzuschließen, hat den Krieg im Irak verteidigt und China stark getadelt. Währenddessen verbluten Hillary und Obama, indem sie von der Rechten, von der Linken und vom Zentrum angegriffen werden. Es gibt nichts, was einem Irrenhaus ähnlicher ist. Das, was unter den US-Präsidentschaftskandidaten diskutiert wird, ist der sichere Krieg gegen den wahrscheinlichen Krieg.

Heute fällt die Rundfunkrede von Bush auf den Ostersonntag. Und was fällt ihm ein? Eine Botschaft, wenn auch sehr kurz, bei der es ausreicht, einige wenige Absätze bzw. Sätze anzuführen, um sie zu verstehen:

»Das ist die wichtigste Feier des christlichen Glaubens. Und zu dieser besonderen und heiligen Zeit halten Millionen US-Bürger jedes Jahr ein, um eines Opfers zu gedenken, das über das Grab hinweg Bedeutung hat und die Welt erlöste.

Ostern ist ein Feiertag, der uns zurück nach Hause ruft. Es ist ein Anlass, um über jene Dinge nachzudenken, die im Leben am Bedeutendsten sind: die Liebe zur Familie, das Lachen der Freunde und der Frieden, der davon herrührt, dass man an jenem Ort ist, den man sein Heim nennt…«

»Die Vereinigten Staaten haben den Segen, die besten Streitkräfte der Welt zu haben, zusammengesetzt aus Männern und Frauen, die ihre Pflicht erfüllen…«

»Zu Ostern erinnern wir uns besonders derer, die ihr Leben für die Freiheit gegeben haben. Sie haben die Worte des Evangeliums gelebt, die da besagen: Es gibt keine größere Liebe, als wenn einer sein Leben für seine Freunde hingibt…«

»Jedes Jahr widmen Millionen US-Amerikaner einen Teil ihrer Zeit, diejenigen zu ernähren, die Hunger leiden und die Bedürftigen zu kleiden und für Witwen und Waisen zu sorgen… Millionen Menschen auf der Welt gedenken des Geschenks, das den Todeshieb beseitigte und das Tor zum ewigen Leben öffnete...«

»Danke für Ihre Aufmerksamkeit.«

Bush bildet sich ein, dass Gott ihn für die Beschleunigung der Apokalypse und des Jüngsten Tages damit belohnen wird, ihn auf einen Ehrenplatz an seiner rechten Seite zu setzen. Vielleicht würde er dann auf den Hass verzichten, der seine Reden prägt, um unter dem gleichen Dach zu verweilen, wo sich die Seelen der Menschen befinden, die er in seinem Krieg gegen den Terrorismus vernichtet hat, derer Mehrheit aus Kindern, Jugendlichen und jungen Menschen, Frauen und älteren Menschen besteht, die wegen nichts beschuldigt werden können.

Nach dem Alten Testament gab es Erzengel, die wegen ihres Ehrgeizes in Gottes Feinde verwandelt und in die

Hölle vertrieben wurden. Es fällt schwer, den Gedanken zu verwerfen, dass im Bush-Kopf Gene von einigen dieser Erzengel vorhanden sind.

Heute ist Sonnabend. Der Tag ist arm an politischen Nachrichten. Die Reporter ruhen sich aus.

Fidel Castro Ruz
22. März 2008

Jugoslawien

Zuneigungsbedürftig

Der einzige Ort, wo Bush echte Zuneigung entgegengebracht wurde, war Albanien, und das auf eine solche Art und Weise, dass jenem der Empfang in Bulgarien, dort wo ihn mehrere tausend Menschen mit US-amerikanischen Fähnchen in der Hand empfingen, kalt erschien.

Bushs Unterstützung zum unmittelbaren Eintritt Albaniens in die NATO und sein Entschluss, die Unabhängigkeit der Provinz Kosovo zu fordern, ließen nicht wenige Albaner außer sich geraten.

Pressemitteilungen und andere Medien bringen die Nachricht, dass mehrere von ihnen auf individuelle Befragung so antworteten: »Bush ist ein Symbol der Demokratie, die Vereinigten Staaten sind ein Beschützer der Freiheit der Völker.«

Tausende entwaffneter albanerischer Soldaten und Polizisten – sie trugen keine Waffen, weil die Yankee-Regierung es so gefordert hatte – standen entlang der mehr als 20 Kilometer vom Flughafen bis zur Hauptstadt doppelreihig Wache.

Das dornige Problem der Unabhängigkeit eines Teils von Serbien ist in Europa sehr kontrovers, da es einen Präzedenzfall schaffen kann, dem von anderen Gebieten in verschiedenen Ländern gefolgt werden kann, die innerhalb der jetzigen Grenzen Souveränität fordern.

So wechselte Albanien von der extremen Linken zur extremen Rechten über.

Wer hätte das gedacht! Man muss es gesehen haben, um es zu glauben!

Serbien bekommt so nicht nur einen harten politischen, sondern auch wirtschaftlichen Schlag versetzt. Kosovo besitzt 70 Prozent der Energieressourcen Serbiens. Von 1928 bis 1999, dem Jahr des NATO-Krieges gegen Serbien, brachte die Provinz 78 Prozent des Zinks und des Silbers ein. Es wird eingeschätzt, dass sie 82 Prozent der möglichen Reserven dieser Metalle besitzt. Die größten Bauxit-, Nickel- und Kobaltvorkommen befinden sich ebenfalls dort.

Serbien verliert Fabriken, Gebiete und Besitztum. Ihm verbleibt nur die Verpflichtung, die vor 1998 für die Investitionen in Kosovo gemachte Auslandsschuld zu zahlen.

Ich habe gerade eine AFP-Agenturmeldung bekommen, die mich dazu zwingt, einige Zeilen hinzuzufügen. Sie besagt wörtlich:

»Moskau, den 13. Juni 2007«

»Russland beschuldigt den Westen, die Unabhängigkeit von Kosovo im Geheimen zu diskutieren.«

»Russland warf den westlichen Ländern am Mittwoch vor, im Geheimen und auf ›unilaterale‹ Art und Weise zu arbeiten, um die Unabhängigkeit von Kosovo vorzubereiten, wie aus einem Kommuniqué hervorgeht, das vom russischen Außenministerium herausgegeben wurde.«

»Die ›geheimen Beratungen lassen darauf schließen, dass auf unilaterale Weise die Schauplätze für eine Unabhängigkeit von Kosovo vorbereitet werden‹, zeigte der Sprecher des Ministeriums, Michail Kamynin, in Bezug auf die Zusammenkunft der Westmächte vom Dienstag in Paris auf, zu der die Regierung von Moskau nicht eingeladen worden war.

»Diese Haltung, fuhr er fort, kann ›nicht toleriert werden‹ und außerdem ›wurde Russland nicht zur Zusammenkunft eingeladen, was unvereinbar mit jenen Erklärungen im Sinne einer Suche nach Kompromisslösungen ist‹, fügte er hinzu.«

Fidel Castro Ruz
13. Juni 2007

Das Schweigen von Aznar

Bei einem im kubanischen Fernsehen übertragenen Podiumsgespräch, das am 25. April 2003 stattgefunden hat, enthüllte ich, dass der damalige Regierungschef José María Aznar, Verbündeter der Supermacht bezüglich des Völkermordens und der Massaker, am 13. April 1999 – zu einem Augenblick, als es eine bestimmte Ungewissheit im Krieg gegen Jugoslawien gab – mit Präsident Clinton zusammengetroffen war und wörtlich zu ihm gesagt hatte:

»Da wir uns im Krieg befinden, wollen wir ihn nicht nur ein bisschen, sondern vollständig machen, um ihn zu gewinnen. Wenn wir einen Monat, drei Monate dort ausharren müssen, tun wir es. Ich verstehe nicht, warum wir noch nicht Rundfunk und Fernsehen von Serbien bombardiert haben.«

Hierzu haben sowohl Aznar, als auch die Regierungssprecher der Vereinigten Staaten geschwiegen. Alles was folgt, wird zum ersten Mal veröffentlicht. Weiteres Material, sowohl öffentliches als vertrauliches, werde ich bei folgenden Reflexionen verwenden.

[...]

»AZNAR: Ich werde aufrichtig sprechen. Wie ich schon Präsident Clinton gesagt habe, das Einzige, was nicht geschehen darf, ist, dass die NATO jetzt nicht gewinnt. Die

NATO riskiert hier schon nicht mehr nur ihre Glaubwürdigkeit, sondern ihre Existenz selbst. Wenn dieser Konflikt vor 30 Jahren verursacht worden wäre, hätten wir nicht eingegriffen. In Europa hat es immer ethnische Säuberungen, Konfrontationen zwischen Minderheiten und Mehrheiten, religiöse Strittigkeiten gegeben. Jetzt kann das nicht mehr zugelassen werden. Vom politischen Standpunkt aus gesehen werden wir aufgrund des vorher Gesagten nie die Unabhängigkeit von Kosovo begünstigen.«

Er sagte, indem er sich auf Chirac, den Präsidenten von Frankreich bezog:

»Ich werde ihn morgen in Brüssel sprechen. Wenn ich eine gute Zeit mit Chirac verbringen will, dann beginne ich zu ihm zu sagen, dass ›diese Amerikaner wirklich schrecklich sind‹. Vor drei Wochen habe ich mit ihm im Elysée-Palast zu Abend gegessen. Ich weiß nicht, was ihm mit euch passiert war, aber er sprach sehr schlecht von euch. Ich sagte zu ihm, nun gut, aber ich bin nicht gekommen, darüber zu sprechen.

Meine Idee besteht darin, dass die Kommunikation zwischen der Regierung von Belgrad und dem Volk unterbrochen werden muss, um diesen Krieg zu gewinnen. Es ist vital, alle Kommunikationen von Serbien zu unterbrechen, Rundfunk, Fernsehen und Telefonverkehr.

Andererseits müssen wir unsere Informationspolitik umstrukturieren. Die Informationspolitik der NATO ist eine Katastrophe. Wir vermitteln den Eindruck, dass wir uns in ein Abenteuer eingelassen haben, nicht in einen Krieg. Es gibt echte Nachrichtenlücken. Man muss im höchsten Grade vorankommen, jeden Nachschub und die Kommunikationen mit Geduld unterbrechen.

Mit Italien und Griechenland muss man vorsichtig sein. Italien sieht seinen Luftverkehr und den Fremdenverkehr beeinträchtigt. D'Alema leistet gute Arbeit, wenn man seine Umstände berücksichtigt. Es darf nicht zugelassen werden, dass er auf bequeme Lösungen verfällt.

Wir müssen die humanitäre Hilfe vermehren. Der Ausgleich zu den Bombardierungen ist, dass unsere Bürger die Wirksamkeit unserer humanitären Arbeit spüren.

Es hätte keinen Sinn, jetzt die Position zu ändern. Ich habe gestern mit Annan gesprochen. Ich hatte den Eindruck, dass er sehr verantwortungsbewusst bei seinen Gesichtspunkten ist. Ich habe bei Annan sehr darauf bestanden. Wir können flexibel sein, aber wir können nicht den Anschein erwecken, dass die NATO sich zurückzieht.

Wir können flexibel bezüglich dessen sein, ob jene Kraft unter der Leitung der NATO stehen wird oder nicht, aber wir können uns nicht mit der Rückkehr der Beobachter der OSZE (Organisation für Sicherheit und Zusammenarbeit in Europa) zufrieden geben. Außer Sichtbarkeit soll Garantie gegeben werden.

Man muss die Strategie beibehalten, um zu sehen, ob eine von innen kommende Niederlage möglich ist.« (Er bezieht sich auf den Präsidenten von Serbien, Slobodan Milosevic.)

»Wenn einige seiner Generäle befürchten, dass sie vor dem Gericht in Den Haag angeklagt werden können, dann kooperieren sie vielleicht. Milosevic wird möglicherweise versuchen ein Abkommen zu erreichen. Wir müssen versuchen, dieses Abkommen so zustande zu bringen, dass es zur Schwächung der Macht beiträgt und nicht zur Stärkung.

Wir brauchen das Thema Bodenoperation nicht einmal zu erwähnen.

Jedermann versteht, dass Pläne gemacht werden, das Gegenteil wäre unlogisch. Wenn unsere jetzige Strategie keinen Erfolg zeitigt, werden andere ausprobiert werden müssen. Sie muss vorläufig weiter als Thema zur Diskussion stehen. Wenn alles was wir tun keine Lösung ergibt, werden wir in den nächsten Monaten eingreifen müssen. Aber es müsste eine nicht nur auf Kosovo beschränkte Aktion sein, sondern sie würde weitere Gebiete der Bundesrepublik Jugoslawien umfassen und sogar über Bosnien und Ungarn einmarschieren. Der Präsident von Ungarn ist ein junger und intelligenter Regierungschef. Er sagte zu mir, dass der Erfolg unmöglich sein wird, wenn nicht Folgendes geschieht: Milosevic weg von der Macht, Kosovo geteilt und Revision der Politik in Bosnien-Herzegowina mit Trennung der Bestandteile; die Republik Serbien mit Serbien vereint, der kroatische Teil mit Kroatien und der muslimische Teil unabhängig. Ich bin nicht mit diesem Gesichtpunkt einverstanden. Aber ich glaube, dass die Idee in den Ländern des Gebiets an Boden gewinnt. Es ist kaum möglich, dass die Serben und Albaner erneut werden zusammenleben können. Wir müssen das weiter führen, was wir bis jetzt getan haben; aber wir sind schon viele Jahre in Bosnien und wir wissen nicht, wann wir von dort weggehen können. Vielleicht akzeptieren die Albaner die Formel eines Staatenbunds, aber das wird unmöglich sein, wenn Milosevic sich hält.

Wenn nicht die Garantie für eine gewisse serbische Präsenz in jenen Gebieten vorliegt, welche die Geburt ihrer Zivilisation symbolisieren, werden sie nicht zustimmen. Es wird der Irredentismus[4] bezüglich des ›zu befreienden Gebiets‹ aufkommen.

Zuerst muss der Krieg gewonnen werden und dann werden wir sehen.«

---

4 Ideologie, die auf die Zusammenführung möglichst aller Vertreter einer bestimmten Ethnie in einem einheitlichen Staat hinzielt, in der Regel durch Annexion von Gebieten anderer Staaten.

[...]

Ich bitte Herrn Aznar zu sagen, stimmt es oder nicht, dass er am 13. April 1999 Präsident Clinton geraten hat, Rundfunk und Fernsehen von Serbien zu bombardieren.

Fidel Castro Ruz
29. September 2007

Die illegalen Kriege des Imperiums

Als der Krieg der Vereinigten Staaten und ihrer Verbündeten der NATO in Kosovo begann, hat Kuba unmittelbar Stellung bezogen und diese am 26. März 1999 auf der Titelseite der Zeitung Granma veröffentlicht. Dies geschah mittels einer Erklärung seines Außenministeriums unter dem Titel »Kuba ruft dazu auf, die ungerechtfertigte Aggression der NATO gegen Jugoslawien zu beenden«.

Ich zitiere hier wichtige Abschnitte jener Erklärung:

»Nach einer Menge schmerzhafter und sehr manipulierter politischer Geschehnisse, langwierigen bewaffneten Auseinandersetzungen und schwierigen und wenig transparenten Verhandlungen um die Kosovo-Frage hat die Organisation des Nordatlantikpakts schließlich ihren angekündigten und brutalen Luftangriff gegen die Bundesrepublik Jugoslawien gestartet, deren Völker zu denen gehörten, die während des Zweiten Weltkrieges in Europa am heldenhaftesten gegen die Nazihorden gekämpft haben.

Diese Aktion, welche als ›Bestrafung der jugoslawischen Regierung‹ geplant wurde, wird außerhalb des Rahmens des Sicherheitsrats der UNO durchgeführt.

[...]

Der von der NATO lancierte Krieg lässt die berechtigten Befürchtungen der Menschheit aufgrund der Herausbildung solch eines beleidigenden Unipolarismus erneut aufleben, der von einem kriegerischen Imperium bestimmt wird, das sich selbst zum Weltgendarmen ernannt hat und bereit ist, seine politischen und militärischen Verbündeten zu den wahnwitzigsten Handlungen mitzureißen, und zwar auf die selbe Art und Weise, wie es zu Beginn und in der ersten Hälfte dieses Jahrhunderts mit der Schaffung von kriegshetzerischen Blöcken geschah, welche Europa mit Zerstörung, Tod und Elend bedeckten, es teilten und schwächten, während die Vereinigten Staaten ihre wirtschaftliche, politische und militärische Macht stärkten.

Man sollte sich fragen, ob die Anwendung und der Missbrauch der Gewalt die Probleme der Welt lösen und die Menschenrechte der unschuldigen Personen verteidigen werden, welche jetzt unter den Raketen und Bomben sterben, die auf ein kleines Land jenes gebildeten und zivilisierten Europa fallen.

Das Außenministerium der Republik Kuba verurteilt energisch diese durch die Vereinigten Staaten angeführte Aggression der NATO gegen Jugoslawien.

[...]

In diesen Augenblicken der Pein und des Schmerzes für die Völker Jugoslawiens ruft Kuba die Völkergemeinschaft auf, ihre Kräfte zu mobilisieren, um sofort diese ungerechtfertigte Aggression zu beenden, neue, noch beklagenswertere Menschenopfer von Unschuldigen zu verhindern und es jener Nation zu ermöglichen, den friedlichen Weg der Verhandlungen zur Lösung ihrer inneren Probleme wieder aufzunehmen, eine Angelegenheit, die einzig und allein vom souveränen Willen und der freien Selbstbestimmung der jugoslawischen Völker abhängt.

[...]

Der lächerliche Anspruch, Lösungen mit Gewalt aufzuzwingen, ist unvereinbar mit jeglichem zivilisierten Denken und den wichtigsten Prinzipien des Völkerrechts. [...] Wenn auf diese Art und Weise fortgefahren wird, dann könnte dies nicht voraussagbare Folgen für Europa und die gesamte Menschheit haben.«

Anlässlich jener Ereignisse hatte ich am Vortag über den jugoslawischen Botschafter in Havanna und unseren Botschafter in Belgrad eine Botschaft an Präsident Milosevic entsendet.

»Ich bitte Sie, Präsident Milosevic Folgendes mitzuteilen:

Nachdem wir sorgfältig alle Ereignisse und die Ursachen des jetzigen gefährlichen Konflikts analysiert haben, ist unser Standpunkt der, dass ein schweres Verbrechen gegen das serbische Volk begangen wird und gleichzeitig ein riesiger Fehler der Aggressoren, den sie nicht werden aufrecht erhalten können, wenn das serbische Volk, wie in seinem heldenhaften Kampf gegen die Nazihorden, zu widerstehen in der Lage ist.

Wenn solch brutale und ungerechtfertigte Angriffe im Herzen Europas nicht aufhören, wird die weltweite Reaktion noch größer werden und viel schneller, als jene, welche der Krieg in Vietnam hervorrief.

Wie zu keinem anderen Anlass in letzter Zeit sind mächtige Kräfte und Interessen auf der Welt sich dessen bewusst, dass solch ein Verhalten in den internationalen Beziehungen nicht fortgesetzt werden kann.

Auch wenn ich über keine persönliche Beziehung zu ihm verfüge, habe ich viel über die Probleme der jetzigen Welt nachgedacht und bin der Meinung, dass ich ein Gespür für die Geschichte habe, ein Konzept der Taktik und Strategie im Kampf eines kleinen Landes gegen eine Supermacht und dass ich tiefen Hass gegenüber der Ungerechtigkeit fühle, weshalb ich mir erlaube, ihm eine Idee in drei Worten zu übermitteln:

Standhalten, standhalten und standhalten.

25. März 1999«

Fidel Castro Ruz
1. Oktober 2007

Die Antwort von Milosevic

In der Reflexion vom Montag, dem 1. Oktober, erwähnte ich die Botschaft, die ich am 25. März 1999 an Milosevic gesendet hatte.

Am 30. März erhielt ich von Milosevic die folgenden Worte:

»Ihre Exzellenz, Herr Präsident!

Aufmerksam und mit aufrichtigem Dank habe ich am 25. März 1999 ihre Botschaft erhalten. Ich danke Ihnen für Ihre tapferen Worte zur Unterstützung und zum Ansporn für Jugoslawien, ebenfalls für die von Kuba und seinen Vertretern besonders in den Foren der Vereinten Nationen ausgesprochene Verurteilung der Aggression durch die NATO. Die Bundesrepublik Jugoslawien (BRJ) ist einer Aggression der Vereinigten Staaten und der NATO ausgesetzt, und zwar der größten auf der Welt seit jenen Zeiten der Aggressionen von Hitler. Das Verbrechen wurde nicht nur gegen die Bundesrepublik Jugoslawien als einem friedlichen, souveränen und unabhängigen Staat begangen, sondern es ist ebenfalls eine Aggression auf alles, was an der Schwelle zum 21. Jahrhundert Wert hat auf der Welt: auf das System der Vereinten Nationen, die Bewegung der Blockfreien Staaten, auf die Grundlagen der Rechtsordnung, auf die Menschenrechte und die Zivilisation überhaupt. Ich bin stolz darauf, Ihnen mitteilen zu können, dass die Aggression den Entschluss der Völker Jugoslawiens zum Widerstand und zur Verteidigung der Freiheit, Souveränität und territorialen Integrität nur homogener gemacht und gestärkt hat. Unsere Streitkräfte und das Volk sind entschlossen und bereit, ihre Aufgabe zu erfüllen. Deshalb ist für uns die Solidarität und Hilfe der Freunde auf der ganzen Welt willkommen und außerdem notwendig und zwar auf eine Art und Weise, die so breit und stark als möglich angelegt sein sollte.

Das Verhalten des Sicherheitsrats der Vereinten Nationen in Bezug auf die Aggression der NATO auf die BRJ bedeutet eine Niederlage für die Vereinten Nationen. Es ist ein sehr schlechtes Zeichen und eine große Warnung für die gesamte Welt, besonders für die Länder mittlerer Größe und die kleinen, obwohl nicht nur für sie. Ich bin sicher, dass Sie wissen, dass die BRJ und die Republik Serbien ständig und aufrichtig bemüht waren, im Interesse aller nationaler Gemeinschaften, die dort ansässig sind und unsere verfassungsmäßige Ordnung achten, eine politische Lösung für Kosovo und Metohija zu finden. Ich bitte Sie, Herr Präsident, dass die Freundschaft von Kuba ihre Aktion im Rahmen der Bewegung fortsetzt, um das Koordinationsbüro der Blockfreien einzuberufen und zu erreichen, dass die Gruppe der Freunde entschlossen die Aggression der NATO auf die Bundesrepublik Jugoslawien verurteilt. Ich bin ebenfalls überzeugt, dass Ihr persönliches Ansehen von großem Nutzen sein würde, um Länder Zentralamerikas und des Südens, sowie Blockfreie Staaten überhaupt anzuregen, dass sie ihre Stimme zu einer harten Verurteilung jener zerstörerischen Aggression erheben. Ich möchte Ihnen ein weiteres Mal als Dank für die Solidarität und Unterstützung der BRJ die Hoffnung zum Ausdruck bringen, dass wir engen Kontakt aufrechterhalten werden. Ich möchte Ihnen, Herr Präsident, meine tief empfundene Hochachtung ausdrücken.

Unterschrift: Slobodan Milosevic«

In Wirklichkeit gab es zwei Kriege, von denen einer noch nicht beendet ist, und zwei Unheil bringende Treffen von Aznar, eines mit Clinton und das andere mit Bush. Zwei identische Reisen des Ersten über Mexiko-City nach Washington und über Mexiko-City nach Texas mit derselben Zielstellung und dem gleichen Mangel an ethischen Prinzipien, bei denen Aznar sich selbst die Rolle des Kriegskoordinators der austauschbaren Präsidenten der Vereinigten Staaten zuweist.

Fidel Castro Ruz
2. Oktober 2007

Die Botschaften 2 und 3 an Milosevic und seine Antwort

Am 2. April 1999 sendete ich über unsere UNO-Mission die zweite Botschaft an Milosevic:

»Es wäre empfehlenswert, die drei US-amerikanischen Gefangenen nicht vor Gericht zustellen. Die internationale öffentliche Meinung reagiert jetzt sehr empfindlich und es würde eine starke Bewegung gegen die Serben hervorrufen.«

Am 5. April 1999 habe ich ihm eine dritte Botschaft über unsere Missionen in der UNO und in Jugoslawien übermittelt:

»Wir beglückwünschen Sie zur bezüglich der drei Gefangenen getroffenen Entscheidung, wie die Nachrichtenagenturen berichten. Das Versprechen, sie gut zu behandeln und sobald die Bombardements aufhören freizulassen, ist sehr intelligent und korrekt. Das hat die Machenschaften der Vereinigten Staaten zerstört, mit denen sie versuchten, die innere öffentliche Meinung, die bezüglich der Aggression sehr geteilt ist, gegen Serbien zu sensibilisieren. Die unbarmherzigen Bombardierungen auf zivile Ziele und der heldenhafte Widerstand des serbischen Volkes haben große Wirkung innerhalb und außerhalb von Europa, sogar innerhalb der NATO selbst.«

Am selben Tag, d. h. am 5., erhielten wir die offizielle Antwort von Milosevic über seinen Botschafter in der UNO:

»Ich möchte dem Präsidenten und dem Volk der Republik Kuba meinen Dank für ihre Sympathie und Solidarität mit unserem Volk und Land aussprechen, welche Opfer der Aggression durch die Vereinigten Staaten-NATO sind.

Ich hoffe auf die Fortsetzung ihrer sehr nützlichen Anstrengungen im Kontakt mit führenden Persönlichkeiten der Länder, besonders mit den Staatschefs der Blockfreien, damit sie die äußerste Gefahr begreifen, die sich aus dem mit der Aggression durch die Vereinigten Staaten-NATO gegen die Souveränität und Unabhängigkeit eines kleinen Landes geschaffenen Präzedenzfall für die internationalen Beziehungen in ihrer Gesamtheit ableitet. Ich möchte Sie auffordern und bitten, den Präsidenten Mandela, Nujoma,

Mugabe, Obasanjo, Rawlings und Vajpayee eine persönliche Botschaft zu senden, um sie zu bitten, dass sie die Aggression verurteilen, und wenn sie dies schon getan haben, sie zu bitten, diese Verurteilung zu wiederholen, damit die Aggression weiter zurückgewiesen wird, damit die größtmögliche Unterstützung der Blockfreien für Jugoslawien in diesem so wichtigen Augenblick mobilisiert wird. Ich übermittele Ihnen meine herzlichsten Wünsche und Grüße. Ich schätze Ihre freundschaftliche Empfehlung bezüglich der drei gefangenen US-amerikanischen Militärangehörigen sehr hoch ein und möchte Ihnen mitteilen, dass diese Soldaten stark bewaffnet und bis weit in jugoslawisches Gebiet eindrangen, wobei sie einige Panzerwagen verwendeten. Die Nachforschungen über dieses Ereignis sind im Gang. Sie werden menschlich und verantwortungsbewusst behandelt. Ihre Empfehlung wurde verstanden und praktisch akzeptiert. Wir haben keine Eile, die Soldaten vor Gericht zu stellen. Wir werden es jetzt nicht tun. Vielleicht später, oder vielleicht werden wir es gar nicht tun. Wir werden es nicht in aller Eile tun.«

Fidel Castro Ruz
4. Oktober 2007

Das komplizenhafte Schweigen

Die Welt kann es sich nicht leisten zu erlauben, dass das Drama des Krieges der NATO gegen Jugoslawien aufgrund des Schweigens derjenigen, die Ausführende und wichtige Mittäter jenes brutalen Völkermords waren, dem Vergessen anheim fällt.

In der Unterredung von Clinton mit Aznar am 13. April 1999 im Weißen Haus, wo die Entscheidung zur Intensivierung der Bombardements getroffen wurde und Aznar den Angriff auf das Fernsehen, den Rundfunk und andere Punkte anregte, was dann das Leben von unzähligen wehrlosen Zivilopfern fordern würde, waren Präsident Clinton, der Berater für Nationale Sicherheit Sandy Berger, die Außenministerin Madeleine Albright und weitere, dem Präsidenten nahe stehende Mitarbeiter anwesend, darunter derjenige, der von Berger den Befehl bekam, nicht Protokoll zu führen, sobald über Kuba gesprochen würde.

Es kann sein, dass irgendjemand von ihnen in Presseerklärungen oder in irgendeinem Buch bzw. in Memoiren im Einzelnen etwas über das Abenteuer geschrieben hat, aber nicht im Kontext der realen Gefahrensituation und selbstmörderischen Kriege, zu denen die Vereinigten Staaten die Menschheit führen. Es gibt geheime Dokumente, die in 200 Jahren als Vermächtnis irgendeines Präsidenten veröffentlicht werden sollen, zu einem Zeitpunkt, zu dem es bei dem jetzigen Gang der Ereignisse schon keine Veröffentlichungen oder Leser mehr geben wird.

Seitdem sind weniger als zehn Jahre vergangen.

In Europa und anderenorts haben sie viele Komplizen, die Schweigen bewahren.

Nach der dritten Botschaft an Milosevic kam der Verkehrsminister von Italien zu einem Besuch nach Kuba, den ich empfing und mit dem ich am 30. März 1999 direkt über die Angelegenheit des Krieges gegen Jugoslawien sprach.

Im Folgenden das, was ich gemäß den gemachten Aufzeichnungen unserer Unterredung im Beisein des Personals meines Büros und des Außenministers zu ihm sagte:

»Ich begann ihn zu fragen, warum sie Serbien überfallen hatten. Wie sie eine Lösung finden würden. Dass es meines Erachtens ein großer Fehler war und dass es sie in eine Sackgasse führen würde, wenn die Serben widerstehen würden. Welche Notwendigkeit bestand für Europa, Jugoslawien zu teilen, das viele Reformen durchgeführt hatte und das streng genommen am Ende des Kalten Krieges weder als ein kommunistischer Staat und noch weniger als ein Feind Europas bezeichnet werden konnte? Dass Europa, um die Forderung der deutschen Regierung zu befriedigen, die Abspaltung von Kroatien betrieben und unterstützt hatte, wo in Wirklichkeit das Nazi-Deutschland während des Zweiten Weltkrieges die gefürchteten Tschetnik-Gruppen organisierte, welche unzählige Verbrechen und Massaker gegen die Serben und die von Tito angeführte Befreiungsbewegung begingen.

Aufgrund dieser Gefälligkeit und fehlender politischer Voraussicht inmitten der Hochstimmung der Tage der Krise des sozialistischen Lagers und der UdSSR hat Europa Jugoslawien geteilt, was zu blutigen Ereignissen geführt hat und besonders zum langen und blutigen Krieg von Bosnien und schließlich zum jetzigen Krieg der NATO gegen Serbien. Wie ebenfalls die Abspaltung von Mazedonien erfolgt war, was die Verstümmelung des größten Teils der Bundesrepublik Jugoslawien bedeutete. Auf diese Art und Weise blieben nur Serbien, Montenegro und Kosovo übrig.

Wie bekannt ist, hat die Bevölkerung albanischer Abstammung während mehreren Jahrzehnten nicht aufgehört zu wachsen, bis sie die große Mehrheit darstellte. Zu Lebzeiten von Tito, recht lange vor seinem Tod, haben viele serbische Familien Kosovo verlassen, da sie Sicherheit vor zahlreichen Gewaltakten suchten, die Extremistengruppen von Kosovo gegen sie begingen. Zu jener Zeit fand gegen die in Kosovo lebenden Serben das statt, was heute als ethnische Säuberung bezeichnet wird.

Die unnötige und blutige Desintegration von Jugoslawien stimulierte und entfesselte die schwelenden Konflikte zwischen der Mehrheit albanischer Abstammung und der serbischen Minderheit von Kosovo, die die Grundlage für die jetzigen Probleme bilden.

Das serbische Volk stellt im Wesentlichen den Kern dessen dar, was von dem ehemaligen Jugoslawien übrig geblieben ist. Es ist ein kämpferisches und mutiges Volk, das außerordentlich gedemütigt worden ist. Ich war der Überzeugung, dass Serbien eine ehrenhafte und friedliche Lösung des Kosovo-Problems auf der Grundlage einer weitgehenden Autonomie akzeptiert hätte.

Die gemäßigten Gruppen von Kosovo, die intelligent und konstruktiv handelten, unterstützten diese Lösung, da das Vorhandensein einer großen Bevölkerungsmehrheit albanischer Herkunft früher oder später das Entstehen eines unabhängigen Staates auf friedlichem Wege ermöglichen würde. Europa weiß genau, dass die Extremistengruppen von Kosovo jene Lösung nicht wollten; sie forderten die sofortige Unabhängigkeit und wünschten deshalb die Intervention der NATO-Kräfte.

Es ist ungerecht, die gesamte Verantwortung Serbien aufzuladen. Serbien hat kein souveränes Land überfallen. Es hat sich im Grunde genommen der Anwesenheit von ausländischen Truppen in seinem Gebiet widersetzt. Monatelang und besonders in den letzten Wochen wurde nichts anderes getan, als es ständig zu bedrohen. Man forderte von ihm die bedingungslose Kapitulation. Kein Land kann so behandelt werden, und noch weniger das Volk, das in der Zeit des besetzten Europas mit dem größten

Heldentum gegen die Nazis gekämpft hat und große Erfahrung im irregulären Krieg besitzt.

Wenn die Serben widerstehen – und ich bin überzeugt, dass sie widerstehen werden – bleibt der NATO nichts weiter als ein Völkermord übrig; aber ein Völkermord der aus den folgenden zwei Gründen keinen Erfolg haben würde:

Erstens: Sie könnten das serbische Volk nicht besiegen, wenn dies alle seine Erfahrung und seine Doktrin des irregulären Kampfes anwendet.

Zweitens: Die öffentliche Meinung der NATO-Länder selbst würde es nicht zulassen.

Es ist nicht eine Frage der Panzerdivisionen, unsichtbaren Bombenflugzeuge, Tomahawk-Raketen und Marschflugkörper oder jeglicher anderer der so genannten intelligenten Waffen. Es müsste eine Rakete oder eine Bombe für jeden Mann, der in der Lage ist, ein Gewehr, eine Bazooka bzw. eine tragbare Luftabwehrwaffe zu tragen, abgeworfen werden. Die gesamte Macht der NATO wäre in diesem Falle überflüssig. Es gibt Kriege der Sterne und Kriege auf der Erde. Trotz aller technologischen Fortschritte, würde der individuelle Kämpfer das Hauptgewicht in dieser Art Kampf tragen.

Abgesehen von Kosovo befindet sich ein viel größeres Problem zum Nachteil der Interessen von Europa und der Welt in Entwicklung. Russland wurde schrecklich gedemütigt. Die NATO ist schon bis zu den Grenzen dessen vorgedrungen, was die UdSSR war. Sie verspricht, weitere Staaten des ehemaligen sozialistischen Lagers einzubegreifen, und sogar die baltischen Länder, die Bestandteil der Sowjetunion waren. Die Russen haben allen Grund anzunehmen, dass sie unaufhörlich bis zu den Mauern des Kremls vordringen will.

Die Russen sind Slawen, genau wie die Serben, und dieses Gefühl ist sehr stark unter jenen Völkern. Die Angriffe gegen Serbien stellen für sie eine ungeheure Demütigung dar und haben mehr als jedes andere Ereignis tiefe und berechtigte Gefühle der Unsicherheit nicht nur für sie, sondern ebenfalls für andere Länder wie Indien und China ausgelöst, die logischerweise versuchen werden, sich mit Russland zu verbünden, um ihre Sicherheit zu garantieren. Ich glaube nicht, dass die Russen darauf verzichten werden, alles zu tun, was notwendig ist, um die Reaktionsfähigkeit als einzige Garantie gegenüber dem zu bewahren, was jetzt gerade geschieht.

Weder Europa noch die Welt, mit den jetzigen bedrückenden Wirtschaftsproblemen, hätten durch diesen Kurs der Geschehnisse auch nur im Geringsten etwas zu gewinnen.

Vor wenigen Tagen, am Freitag, den 26. März bei Tagesanbruch, als er vorzeitig aus Kolumbien nach der UdSSR zurückkehrte, hat der Vorsitzende der Staatsduma der Russischen Föderation, Gennadi Seleznjow, eine Zwischenlandung auf dem Flughafen von Havanna gemacht. Auf eigene Initiative sprach ich diese Probleme an. Ich sagte zu ihm, dass es keine mögliche militärische Lösung gäbe, dass ohne Zweifel jegliche Anstrengung, Serbien militärisch zu unterstützen, unweigerlich zu einem allgemeinen Krieg führen würde, da die einzigen jetzt dazu zur Verfügung stehenden Mittel nicht die konventionellen sind; dass die Schlacht politischen Charakters sei und nicht militärischen.

Seleznjow selbst informierte öffentlich über diesen ihm von mir übermittelten Standpunkt.

Sowohl Europa als auch die Welt haben die Pflicht, jene Lösung zu suchen, die, obwohl schwierig und kompliziert, voll und ganz möglich ist. Wenn man, anstelle sich vollkommen dem zu widmen, Serbien mit schrecklichen Bombardierungen zu drohen, Druck auf die Extremisten von Kosovo ausgeübt hätte, dann wäre jene Lösung auffindbar gewesen. Allein die NATO kann die Extremisten von Kosovo bremsen, wenn sie dies auf aufrichtige und kategorische Art und Weise tut. Es geht nicht darum, zu diesem Zweck die Waffen zu verwenden, sondern auf solch eine Art und Weise zu warnen, dass jene nicht den geringsten Zweifel hegen, dass sie nicht mit ihrer Unterstützung rechnen können.

Es ist nicht zu bestreiten, dass die Bomben, die seit einer Woche auf Serbien abgeworfen werden, niemals zu jenen Überredungsbemühungen beitragen werden.

Andererseits halte ich es für einen schwerwiegenden Fehler jener sowohl seitens der Vereinigten Staaten als auch von Europa verfolgten Politik, Russland auf wirtschaftlichem Gebiet am Rande des Abgrunds zu halten, indem man versucht, dem Land die unmöglichen Formeln des Internationalen Währungsfonds aufzuzwingen.

Der Westen spricht nicht über die 300 Milliarden Dollar, die in Russland geraubt und nach Portugal, Spanien, Frankreich, Italien, Österreich und andere Länder überwiesen wurden. Fünfzehn Mal mehr als die armselige Summe von 20 Milliarden, welche als Anleihe des Internationalen Währungsfonds schon seit Monaten diskutiert wird. Der Westen ist nicht ganz unschuldig an dieser unbarmherzigen Ausplünderung der russischen Reichtümer, aufgrund der von ihm empfohlenen und aufgezwungenen Methoden und Modelle der Wirtschaftspolitikleitlinien.

Eine innere Explosion in Russland wäre eine Katastrophe. Hinzu kommt das schon von mir erwähnte Vorrücken der NATO, das Vorhaben, den ABM-Vertrag (strategische Raketenabwehr) aufzukündigen und jetzt die unwahrscheinliche Demütigung des von den mächtigen Kräften der NATO lancierten Angriffs gegen ein kleines Land wie Serbien.

Ich war gegen jede Art von Völkermord bzw. Gemetzel, egal wer ihn ausübt und dass alle Ethnien und Religionen ohne Ausnahme die Achtung ihres Rechts auf das Leben, auf die Kultur und den Frieden verdienen.

Wenn ich mir die Freiheit genommen habe, das zu erklären, dann deshalb, weil ich an die Pflicht denke, vor diesen Gefahren zu warnen und die Notwendigkeit zu ihrer Lösung aufzuzeigen. Dies darzulegen, schadet absolut niemandem und kann im Gegenteil allen Nutzen bringen. Ich wiederholte meine Überzeugung, dass die Serben widerstehen würden, und dass, obwohl es nicht einfach sein wird, mit einem Land zu verhandeln, auf das tausende Bomben abgeworfen und dessen Ehre, Würde und Wirtschaft hart angeschlagen wurden, meiner Meinung nach eine friedliche Lösung möglich ist.

Der NATO verbleiben schon keine militärischen Angriffsziele mehr, vielleicht nur Truppenkonzentrationen oder Truppen in Bewegungen, und nichts ist einfacher auf der Welt, als diese zu verstreuen, um eine andere Art Krieg zu führen, ohne dass man sie durch Luftangriffe zerstören kann.

Europa weiß, dass der Bodenkrieg sehr viele Menschenleben fordern und außerdem unnütz sein würde; dass für den Fall, dass die Serben die selbe Konzeption anwenden, die wir in unserem Lande für den Fall einer Invasion seitens der Vereinigten Staaten anwenden würden, und bei der sie schon eine außerordentliche Erfahrung bewiesen haben, der von der NATO angezettelte Krieg unnütz und widerlich sein, und eine universelle Verurteilung gegen einen Völkermord im Herzen von Europa erfahren würde.«

Heute ist ein ruhmreicher Tag unseres Vaterlandes, der Tag, an dem Carlos Manuel de Céspedes den Unabhängigkeitskrieg gegen die spanische Metropole begonnen hat.

An seinem Beispiel haben sich die nachfolgenden Generationen von Kubanern inspiriert. Die uns hieraus auferlegte Lehre besteht in der Pflicht zu denken und gegen die Gefahren zu kämpfen, welche heutzutage die menschliche Gattung bedrohen.

Fidel Castro Ruz
10. Oktober 2007

China

Der chinesische Sieg (Teil I)

Ohne elementare historische Kenntnisse wird man das Thema, das ich anspreche, nicht verstehen.

In Europa hatte man von China gehört. Marco Polo berichtete im Herbst 1298 über wunderbare Dinge dieses einzigartigen Landes, das er Katai nannte. Der kluge und kühne Seefahrer Kolumbus war von den Kenntnissen der Griechen über die Rundung der Erde informiert. Seine eigenen Beobachtungen stimmten mit jenen Theorien überein. Er entwarf den Plan, von Europa aus auf dem Seeweg in westlicher Richtung nach Fernost zu gelangen. Er kalkulierte die Entfernung viel zu optimistisch, um ein vielfaches zu hoch. Ohne es zu ahnen, erschien auf seiner Route zwischen dem Atlantischen und dem Pazifischen Ozean dieser Kontinent. Magellan hat seine Reiseroute eingeschlagen, starb aber vor seiner Rückkehr nach Europa. Aus dem Erlös der mitgebrachten Gewürzen konnte die Expedition mit mehreren Schiffen finanziert werden, von denen nur eins zurückkehrte, als Vorbote kolossaler Gewinne in der Zukunft.

Seit jener Zeit begann sich die Welt mit rasanten Schritten zu verändern. Überkommene Formen der Ausbeutung kamen erneut zur Anwendung, von der Sklaverei bis zum Frondienst. Alte und neue religiöse Glaubensrichtungen verbreiteten sich über den Planeten.

Aus jener Verschmelzung der Kulturen und Ereignisse, in Verbindung mit den Fortschritten der Technik und den Entdeckungen der Wissenschaft, bildete sich die gegenwärtige Welt heraus, die man ohne ein Minimum von Kenntnissen über die tatsächlichen Hintergründe nicht verstehen würde.

Der internationale Handel mit all seinen Vor- und Nachteilen wurde von Kolonialmächten wie Spanien, England und anderen europäischen Mächten aufgezwungen, die, wie insbesondere England, sehr bald den südwestlichen, südlichen und südöstlichen Teil Asiens sowie Indonesien, Australien und Neuseeland zu beherrschen begannen und ihre Herrschaft gewaltsam überall hin auszudehnen suchten. Den Kolonisatoren war es noch nicht vergönnt, das riesige Land China mit seiner tausendjährigen Kultur und den bedeutenden Natur- und Humanressourcen zu unterjochen.

Der direkte Handel zwischen Europa und China setzte im 16. Jahrhundert ein, nachdem die Portugiesen ihre Handelsenklaven Goa in Indien und Macao im Süden Chinas etabliert hatten.

Die spanische Herrschaft über die Philippinen beschleunigte den Austausch mit dem großen asiatischen Land. Die in China regierende Qing-Dynastie versuchte mit allen Mitteln, diesen unvorteilhaften Handel mit dem Ausland zu beschränken. Er wurde nur über den Hafen Kanton, heute Guangzhou, erlaubt. Großbritannien und Spanien erlitten große Einbußen wegen der geringen Nachfrage des riesigen asiatischen Landes nach Waren, die in der englischen Metropole hergestellt wurden, oder nach spanischen Produkten, die aus der Neuen Welt kamen, welche für China keine wesentliche Bedeutung hatten. Beide haben dann begonnen, Opium nach China zu verkaufen.

Der Opiumhandel im großen Umfang wurde ursprünglich von den Holländern vom indonesischen Jakarta aus beherrscht. Die Engländer erzielten Gewinne in Höhe von fast 400 %. Ihr Opiumexport, der im Jahr 1730 15 Tonnen betrug, erhöhte sich auf 75 Tonnen im Jahr 1773. Das Opium wurde in Kisten zu je 70 kg verschifft. Damit kauften sie Porzellan, Seide, Gewürze und chinesischen Tee. Opium, nicht Gold, war die Währung in Europa, mit der man chinesische Waren erwerben konnte.

Im Frühjahr 1830, angesichts des ungezügelten Missbrauchs mit dem Opiumhandel in China, befahl Kaiser Daoguang dem Reichsbeamten Lin Hse Tsu, diese Plage zu bekämpfen. Jener ordnete daraufhin die Vernichtung von 20 000 Kisten Opium an. Lin Hse Tsu sandte einen Brief an die Königin Victoria, indem er sie darum ersuchte, dass die internationalen Normen geachtet und der Handel mit giftigen Drogen nicht erlaubt werden.

Die englische Antwort lautete: Opiumkrieg. Der erste dauerte drei Jahre, von 1839 bis 1842. Der zweite, dem sich Frankreich anschloss, dauerte vier Jahre, von 1856 bis 1860. Diese Kriege sind auch als anglo-chinesische Kriege bekannt.

Das Vereinigte Königreich zwang China zur Unterzeichnung von ungleichen Verträgen, die China dazu verpflichteten, mehrere Häfen für den Außenhandel freizugeben und Hongkong abzugeben. Andere Länder folgten dem Beispiel Englands und diktierten ungleiche Austauschbedingungen.

Ähnliche Erniedrigung führte von 1850 bis 1864 zum Taiping-Aufstand, von 1899 bis 1901 zum Boxer-Aufstand und schließlich im Jahre 1911 zum Fall der Qing-Dynastie, die aus verschiedenen Gründen, darunter aufgrund der Schwäche gegenüber den ausländischen Mächten, in China äußerst unpopulär geworden war.

Was geschah mit Japan?

Dieses Land mit seiner alten Kultur und so arbeitsam wie auch andere Völker dieser Region, hat sich der »westlichen Zivilisation« widersetzt und sich über 200 Jahre lang hermetisch gegenüber dem Außenhandel verschlossen, zum Teil auch bedingt durch das Chaos in der inneren Verwaltung.

1854 drohten die Seestreitkräfte der Vereinigten Staaten von Amerika unter dem Kommando von Kommodore Matthew Perry, nach einer vorausgegangenen Aufklärungsfahrt mit vier Kanonenbooten, mit einem Bombardement der japanischen Bevölkerung, die angesichts der modernen Technologie jener Schiffe wehrlos war, und zwangen die Shogun am 31. März 1854, im Namen des Kaisers den Vertrag von Kanagawa zu unterzeichnen. So nahm die Verpflanzung kapitalistischen Handels und westlicher Technologie in Japan ihren Anfang. Zu jener Zeit hatten die Europäer noch keine Ahnung von den Fähigkeiten, mit denen sich die Japaner später auf diesem Feld behaupten sollten.

Nach den Yankees kamen die Vertreter des Russischen Reiches aus den Fernen Osten. Sie befürchteten, dass die Vereinigten Staaten von Amerika, an die sie später, am 18. Oktober 1867, Alaska verkauften, ihnen im Handel mit Japan vorangehen würden. Großbritannien und die übrigen europäischen Kolonialmächte machten sich mit gleichem Ziel schnell auf den Weg in jenes Land.

Während der Intervention der Vereinigten Staaten von Amerika in Mexiko im Jahr 1847, hat Perry mehrere Landesteile besetzt. Mexiko verlor am Ende des Krieges mehr als 50 % seines Territoriums, speziell die Gebiete mit den größten Erdöl- und Erdgasreserven, auch wenn damals das Hauptziel der Eroberer noch nicht der Brennstoff war, sondern Gold und Land.

Der erste Chinesisch-japanische Krieg wurde offiziell am 1. August 1894 erklärt. Japan wollte sich damals Koreas bemächtigen, eines Vasallenstaates, der China untergeordnet war. Aufgrund der höher entwickelten Bewaffnung und Technik wurden die chinesischen Streitkräfte in mehreren Schlachten nahe den Städten Seoul und Pjöngjang geschlagen. Spätere militärische Siege öffneten den Weg nach China.

Im November jenes Jahres nahmen sie Port Arthur ein, das heutige Lüshun. An der Mündung des Flusses Yalu und im Flottenstützpunkt Weihaiwei wurden sie landseitig von der Halbinsel Liaodong aus von schwerer japanischer Artillerie überrascht, die die Flotte der angegriffenen Seite zerstörte.

Die Dynastie musste um Frieden bitten. Der Vertrag von Shimonoseki, der den Krieg beendete, wurde im April 1895 unterzeichnet. China wurde gezwungen, »auf ewig« Taiwan, die Halbinsel Liaodong und den Archipel der Fischerinseln an Japan abzutreten und außerdem eine Kriegsentschädigung in Höhe von zweihundert Millionen chinesischen Silbertael zu zahlen und vier Häfen für den Zugang von außen zu öffnen. Russland, Frankreich und Deutschland verteidigten ihre eigenen Interessen und zwangen Japan, die Halbinsel Liaodong gegen die Zahlung von weiteren 30 Millionen Silbertael zurückzugeben.

Bevor ich mich dem zweiten Chinesisch-japanischen Krieg zuwende, muss ich eine andere Kriegsepisode erwähnen, die zweifach geschichtliche Bedeutung hat, sich zwischen 1904 und 1905 ereignete, und die man nicht außer Acht lassen darf.

Nach der Einbeziehung Japans in die bewaffnete Zivilisation und nach den vom Westen zur Aufteilung der

Welt aufgezwungenen Kriegen hat Japan, das den ersten beschriebenen Krieg gegen China geführt hatte, seine Seestreitkräfte in einem Maße entwickelt, dass es in der Lage war, dem russischen Reich einen solch harten Schlag zu versetzen, dass dieser beinahe einen vorzeitigen Beginn der Revolution provozierte, die von Lenin mit der Schaffung der Partei, die später die Oktoberrevolution auslösen sollte, zehn Jahre zuvor in Minsk programmiert wurde.

Am 10. August 1904 griff Japan ohne Vorankündigung die Russische Pazifikflotte in Shandong an und vernichtete sie. Zar Nikolaus II. von Russland, aufgebracht über diese Attacke, befahl die Mobilmachung und ließ die Anker der Baltischen Flotte in Richtung Fernost lichten. Konvois von Kohleschiffen wurden zusammengestellt, um rechtzeitig die notwendigen Ladungsmengen bereitzustellen, die die Flotte bis zu ihrem fernen Ziel benötigte. Aufgrund diplomatischer Zwänge musste eine der Umladungen von Kohle auf hoher See vorgenommen werden.

Die Russen kamen in den Süden Chinas, wo sie Kurs auf den Hafen von Wladiwostok nahmen, dem einzigen für die Operationen der Flotte verfügbaren. Um dahin zu gelangen gab es drei Routen: als beste Variante die Tsushima-Route; die anderen beiden verliefen östlich von Japan, vergrößerten das Risiko und bedeuteten einen enormen Aufwand an Schiffen und Besatzung. Den gleichen Gedanken hatte der japanische Admiral, legte daraufhin seinen Plan fest und positionierte seine Schiffe, hauptsächlich Kreuzer, so, dass die japanische Flotte, wenn sie in U-Form navigierte, in etwa 6000 Meter Abstand zu den gegnerischen Schiffen vorbeilief, darunter vielen Panzerschiffen, alle in Reichweite der japanischen Kreuzer, die mit sehr gut ausgebildeten Kanonieren besetzt waren.

Infolge der langen Fahrt liefen die russischen Panzerschiffe nur mit einer Geschwindigkeit von 8 Knoten, die Japaner mit 16 Knoten.

Dieses militärische Ereignis ist unter dem Namen Schlacht von Tsushima bekannt, die am 27. und 28. Mai 1905 stattfand.

Auf russischer Seite waren elf Panzerschiffe und acht Kreuzer beteiligt.

Befehlshaber der Flotte: Admiral Zinovy Rozhdestvensky.

Verluste: 4380 Tote, 5917 Verwundete, 21 Schiffe versenkt, 7 Schiffe gekapert und 6 kampfunfähig.

Der Befehlshaber der russischen Flotte wurde von einem Projektilfragment am Schädel verwundet.

Auf japanischer Seite waren 4 Panzerschiffe und 27 Kreuzer beteiligt.

Befehlshaber der Flotte: Admiral Heichachiro Togo.

Verluste: 117 Tote, 583 Verwundete und 3 Torpedoschiffe versenkt.

Die Baltische Flotte war vernichtet. Napoleon hätte es als Austerlitz auf See bezeichnet. Jeder kann sich vorstellen, welch tiefe Wunde dieses dramatische Ereignis im traditionellen russischen Stolz und Patriotismus hinterlassen hat.

Nach dieser Schlacht wurde Japan zu einer gefürchteten Seemacht und zum Rivalen für Großbritannien und Deutschland und konkurrierte mit den Vereinigten Staaten von Amerika.

Japan griff auch in folgenden Jahren auf das Konzept der Panzerschiffe als Hauptwaffe zurück. Es stellte sich die Aufgabe, die Armee des japanischen Reiches zu verstärken. Auf einer britischen Werft wurde der Bau eines Spezialkreuzers in der Absicht in Auftrag gegeben und bezahlt, ihn auf japanischen Werften nachzubauen. Später wurden Panzerschiffe gebaut, die andere zeitgenössische Schiffe dieser Art an Panzerung und Stärke übertrafen.

Es gab auf der Erde in den 1930er Jahren keine andere Nation, die mit den japanischen Bautechnik von Kriegsschiffen mithalten konnte.

Das erklärt die Furcht einflössende Aktion, mit der sie eines Tages ihren Lehrmeister und Rivalen, die Vereinigten Staaten von Amerika angriffen, die sie einst unter Kommodore Perry auf den Kriegspfad geführt hatte.

Die Fortsetzung folgt morgen.

Fidel Castro Ruz
30. März 2008

Der chinesische Sieg (Teil II)

Bei Ausbruch des Ersten Weltkrieges im Jahr 1914 stellt China sich auf die Seite der Alliierten. Als Kompensation bietet man dem Land die Rückgabe der deutschen Konzessionen in der Provinz Shandong nach Beendigung des Krieges an. Beim Abschluss des Versailler Abkommens, der Freunden und Feinden vom US-Präsidenten Woodrow Wilson auferlegt wurde, werden die deutschen Siedlungen Japan, einem mächtigeren Verbündeten als China, übereignet.

Diese Handlung verursachte den Protest tausender Studenten, die sich am 4. Mai 1919 auf dem Tiananmen-Platz versammelten. Dort begann die erste siegreiche nationalistische Bewegung in China. Sie nannte sich »4. Mai«. Das

Kleinbürgertum und die nationale Bourgeoisie gehörten zusammen mit den Arbeitern und Bauern zu ihr.

Die nationalistische Strömung hatte sich gegen Ende des 19. Jahrhunderts und zu Beginn des 20. herausgebildet und festigte sich mit der Gründung des Kuomintang, das heißt der Nationalen Volkspartei, unter Führung von Doktor Sun Yat-sen, einem fortschrittlichen Intellektuellen und Revolutionär, auf den die Sozialistische Oktoberrevolution sehr große Wirkung ausübte und zu der er seine Beziehungen intensivierte.

Die Kommunistische Partei Chinas wurde auf einem Kongress gegründet, der vom 23. Juli bis zum 5. August 1921 stattfand. Lenin schickte Vertreter der Internationale zu jenem Kongress.

Die kommunistische Bewegung widmete sich der Wiedervereinigung Chinas. Zu den Gründern gehörte der junge Mao Zedong. In den Jahren 1923 und 1924 wird die Antiimperialistische Einheitsfront der KPCh und des Kuomintang gebildet.

Im März 1925 stirbt Sun Yat-sen und Chiang Kai-shek übernimmt die Macht, wobei er besonders darauf bedacht ist, mittels seiner starren Führung den chinesischen Süden, besonders das Gebiet von Shanghai, zu kontrollieren.

Chiang sympathisierte nicht mit der kommunistischen Doktrin, und im Jahr 1927 begann er einen groß angelegten Unterdrückungsprozess gegen die Kommunisten in den Einheiten der Nationalen Revolutionsarmee, in den Gewerkschaften und in anderen gesellschaftlichen Bereichen des Landes, besonders in Shanghai. Er unterdrückte ebenfalls stark die Linke innerhalb der Kuomintang. Nach 5monatiger militärischer Besetzung der Mandschurei errichtete Japan im Jahr 1932 den Staat Manschukuo, was eine große Gefahr für China darstellte. Chiang Kai-shek startete fünf Feldzüge zur Einkesselung und Vernichtung der Kommunisten, welche in den im Süden des Landes errichteten Stützpunkten standhaft blieben.

Mit jenen, denen es gelang, dem Verrat von Chiang Kai-shek im Jahr 1927 zu entkommen, leitete Mao Zedong in den bergigen Gebieten der Provinzen Jiangxi und Hunan, in einem großflächigen Gebiet, die Gründung des Zentrums für den bewaffneten Widerstand, das in seinem Kern von konsequenten und gut organisierten Kommunisten gebildet wurde und sich als Chinesische Sowjetrepublik bezeichnete.

In der Konfrontation mit den zahlenmäßig viel stärkeren nationalistischen Kräften von Chiang Kai-shek, initiierten circa 100000 chinesische Kämpfer unter Führung von Mao im Jahr 1934 unter Umgehung des Zentralteils den Langen Marsch Richtung Nordwesten. Ihr Weg führte sie über mehr als 6000 Kilometer, wobei sie ständig auf der ganzen Wegstrecke und über mehr als ein Jahr kämpften, was eine Heldentat ohnegleichen darstellte und Mao zum unangefochtenen Führer der Partei und der Revolution in China machte. Die Anwendung der Ideen von Marx und Lenin auf die politischen, wirtschaftlichen, natürlichen, geographischen, sozialen und kulturellen Voraussetzungen Chinas haben ihn als einen genialen politischen und militärischen Strategen der Befreiung eines Landes ausgezeichnet, dessen Gewicht in der jetzigen Welt nicht unterschätzt werden darf.

Der zweite chinesisch-japanische Krieg begann am 7. Juli 1937. Die Japaner haben wohl überlegt den Zwischenfall verursacht, der den Krieg auslöste. Ein japanischer Soldat verschwindet bei einer Militärparade seiner Armee auf der Brücke Marco Polo, die über einen Fluss 16 Kilometer westlich von Beijing führt. Die am anderen

Flussufer stationierte chinesische Armee wird beschuldigt, den Soldaten entführt zu haben und es wird ein Kampf von mehreren Stunden verursacht. Dieser wiederholt sich fast unmittelbar erneut. Die Beschuldigung war falsch, aber der japanische Befehlshaber hatte schon den Befehl zum Angreifen gegeben. Tokio stellte mit der gewohnten Arroganz Bedingungen, die für China nicht akzeptierbar waren, und befahl die Entsendung von drei seiner mit den besten Waffen ausgerüsteten Divisionen. Innerhalb weniger Wochen kontrollierte die japanische Armee den Ost-West-Korridor vom Golf von Chihli – heute Bo Hai – bis nach Beijing.

Ausgehend von Beijing wendete sie sich nach Nanjing, dem Sitz der Chiang Kai-shek-Regierung. Sie führten eine der schrecklichsten terroristischen Kampagnen der Kriege der modernen Zeit durch. Die Stadt wurde, ebenso wie andere ähnliche, dem Erdboden gleichgemacht, mehrere zehntausend Frauen wurden vergewaltigt und mehrere hunderttausend Menschen wurden brutal ermordet.

Die Kommunistische Partei Chinas hatte den Kampf um die nationale Einheit gegen den japanischen Plan zur Priorität gemacht. Die Zielstellung dieses Plans bestand darin, sich des enormen Landes und seiner Naturreichtümer zu bemächtigen und über 500 Millionen Chinesen der unbarmherzigen Knechtschaft zu unterwerfen. Japan suchte Lebensraum. Seine Haltung war eine Mischung von Kapitalismus und Rassismus: es war die japanische Version des Faschismus.

Die Einheitsfront gegen Japan wirkte schon in jenem Jahr 1937. Die Nationalisten waren sich ebenfalls der Gefahr bewusst. Japan besetzte den Großteil der Küstenstädte. Als der Zweite Weltkrieg zu Ende ging, betrugen die chinesischen Verluste Millionen Menschen.

Während des epischen Kriegsgeschehens wurde der Kampf der Kommunisten gegen die Invasoren immer intensiver und sie verursachten Letzteren sensible Schäden.

Die Vereinigten Staaten gaben den Kommunisten und den Nationalisten Unterstützung. Da ihnen klar wurde, dass ihr Kriegseintritt unmittelbar bevorstand, beantragten sie bei der chinesischen Regierung eine Genehmigung zur Entsendung einer Freiwilligen-Kolonne. So wurde die Luftwaffen-Einheit Fliegende Tiger geschaffen. Roosevelt schickte Flugkapitän i. R. Lee Chenault, der in Ausübung seiner Aufgabe seine Bewunderung für die Disziplin, die Taktik und die Effizienz der kommunistischen Kämpfer zum Ausdruck brachte.

Nach dem Angriff auf Pearl Harbor im Dezember 1941 erfolgte der Kriegseintritt der Vereinigten Staaten. Jedoch konnte Japan zu keinem Zeitpunkt seine Elitentruppen, die gegen Kriegsende eine Million Soldaten betrugen, aus China abziehen.

Chiang Kai-shek, von der Truman-Regierung – die als eine Terrorhandlung die Atomwaffen gegen die Zivilbevölkerung von Japan anwendete – in den starken Mann der Vereinigten Staaten verwandelt, begann erneut den antikommunistischen Bürgerkrieg, aber seine demoralisierten Truppen konnten der unaufhaltsamen Angriffswelle der Chinesischen Volksarmee nicht standhalten.

Als jener Krieg im Oktober 1949 zu Ende war, sind die Kuomintang-Leute mit Unterstützung der Vereinigten Staaten nach Taiwan geflohen, wo sie unter voller Rückendeckung der Yankees eine antikommunistische Regierung errichteten. Chiang Kai-shek nutzte die US-Flotte für seine Reise nach Taiwan.

Ist China etwa ein dunkler Winkel der Welt?

Schon bevor Troja errichtet wurde und in den Stadtstaaten von Griechenland die Ilias und die Odyssee verbreitet wurden, die ohne Zweifel wunderbare Schöpfungen der menschlichen Intelligenz sind, entwickelte sich an den breiten Ufern des Gelben Flusses eine mehrere Millionen Menschen umfassende Zivilisation.

Die Wurzeln der chinesischen Kultur befinden sich in der Zhou-Dynastie, 2000 Jahre vor Christus. Ihre eigentümliche Schrift beruht auf mehreren tausend Schriftzeichen, die normalerweise Worte oder Morpheme (ein Begriff der modernen Linguistik, welcher der nicht mit dem Thema vertrauten Allgemeinheit wenig bekannt ist) der Sprache darstellen. Wir sind alle weit davon entfernt, den mysteriösen Zauber jener Sprache zu verstehen, deren Erlernen die natürliche Intelligenz der chinesischen Kinder entwickelt.

Viele jener Erzeugnisse, die in China entstanden sind, wie zum Beispiel das Schießpulver, der Kompass und andere, waren auf dem Alten Kontinent vollkommen unbekannt. Wenn die Winde entgegengesetzt zu der von Kolumbus gefolgten Route blasen würden, dann hätten vielleicht die Chinesen Europa entdeckt.

Seit dem Jahr 2000 regierte in Taiwan eine Partei, deren neoliberale und pro-imperialistische Politik noch schlimmer war, als die traditionelle der Kuomintang, die entschlossener Befürworter dessen ist, Schluss mit dem Prinzip eines einzigen China zu machen, das seit langer Zeit von der Kommunistischen Partei Chinas ausgerufen wurde. Diese dornige Angelegenheit konnte – wie ein modernes Damoklesschwert über den Köpfen von 1,3 Milliarden Chinesen – einen Krieg von unvorhersehbaren Folgen auslösen.

Dass am 23. März der Kandidat jener Partei gewählt wurde, die ehemals die politische Grundlage für Chiang Kai-shek bildete, stellt ohne Zweifel in der Tat einen politischen und moralischen Sieg Chinas dar. Das entfernt in Taiwan eine Partei von der Macht, welche knapp acht Jahre regiert hat und dabei war, neue und unheilvolle Schritte zu unternehmen.

Wie die Nachrichtenagenturen berichten, war ihre Niederlage überwältigend, da sie nur 4,4 Millionen Stimmen der 17,3 Millionen stimmberechtigten Wähler erhielt.

Der neue Präsident wird am 20. Mai sein Amt antreten. »Wir werden einen Friedensvertrag mit China unterzeichnen«, erklärte er.

Die Agenturmeldungen teilen mit, dass »Ma Ying-jeou Befürworter der Schaffung eines Gemeinsamen Marktes mit China ist, welches Haupthandelspartner der Insel ist.«

Die Volksrepublik China zeigt sich gegenüber der heiklen Angelegenheit würdig und vorsichtig. Der Regierungssprecher im Amt für Taiwan-Angelegenheiten im Staatsrat von Beijing erklärte, dass der Sieg von Ma Ying-jeou beweist, »dass die Unabhängigkeit unter den Taiwanern nicht populär ist«. Mit dieser lakonischen Botschaft wird viel ausgesagt.

In einigen von anerkannten Forschern der Vereinigten Staaten ausgearbeiteten Abfassungen wurde das veröffentlicht, was im chinesischen Gebiet von Tibet geschah.

Im Buch *The CIA's Secret War in Tibet*, von Kenneth Conboy – *University Press* aus Kansas – werden die schmutzigen Machenschaften der Verschwörung beschrieben. William Leary bezeichnet es als »eine ausgezeichnete und beeindruckende Untersuchung über eine der wichtigsten Geheimoperationen des CIA während des kalten Krieges«.

Im Verlaufe von zwei Jahrhunderten hatte kein einziges Land der Welt Tibet als unabhängige Nation anerkannt. Man betrachtete es als einen Bestandteil Chinas. Im Jahr 1950, nach dem Sieg der kommunistischen Revolution, sah es Indien so. England hat dieselbe Haltung angenommen. Die Vereinigten Staaten betrachteten es bis zum Zweiten Weltkrieg als Bestandteil Chinas und haben sogar England in diesem Sinn unter Druck gesetzt. Jedoch sahen sie es nach dem Krieg als ein religiöses Bollwerk gegen den Kommunismus an.

Als die Volksrepublik China in den tibetanischen Gebieten die Agrarreform durchführte, akzeptierte deren gesellschaftliche Elite es nicht, dass ihre Besitztümer und Interessen beeinträchtigt würden. Das führte 1959 zu einem bewaffneten Aufstand. Die bewaffnete Rebellion im Tibet wurde – im Unterschied zu denen von Guatemala, Kuba und anderen Ländern, wo sie unter Zeitdruck handelten – jahrelang von den Geheimdiensten der Vereinigten Staaten vorbereitet, wie aus den vorher genannten Untersuchungen hervorgeht.

Ein weiteres Buch, *Buddha's warriors* – das in diesem Fall apologetisch für den CIA ist –, dessen Autor Mikel Dunshun ist, berichtet, wie die Institution mehrere hundert Tibetaner in die Vereinigten Staaten brachte, wie sie die Rebellion leitete, ausrüstete, Fallschirme mit Waffen schickte, jene in dessen Bedienung ausbildete, wobei sie sich gleichzeitig auf Pferden fortbewegten, wie es die arabischen Guerilla-Kämpfer taten. Das Vorwort des Werks wurde vom Dalai Lama geschrieben, der Folgendes zum Ausdruck bringt: »Auch wenn ich tief in meinem Inneren das Gefühl habe, dass der Kampf der Tibetaner nur durch ein langfristiges Konzept und unter Verwendung friedlicher Mittel siegreich sein kann, habe ich doch immer jene Freiheitskämpfer wegen ihrem Mut und ihrer unerschütterlichen Unerschrockenheit bewundert.«

Jener Dalai Lama, der mit der Goldenen Medaille des US-Kongresses ausgezeichnet wurde und George W. Bush wegen seiner Bemühungen zugunsten der Freiheit, der Demokratie und der Menschenrechte lobte.

Der Krieg in Afghanistan wurde vom Dalai Lama als eine »Befreiung« bezeichnet, der Krieg in Korea als eine »fast-Befreiung« und der von Vietnam als ein »Scheitern«.

Ich habe eine kurze Zusammenfassung der dem Internet entnommenen Angaben gemacht, vor allem von der Website von *Rebelión*. Aus Raum- und Zeitgründen habe ich nicht die Seiten der Bücher angegeben, aus denen die verwendeten Zitate stammen.

Es gibt Menschen, die unter Chinesen-Phobie leiden, eine recht verbreitete Gewohnheit bei Vielen im Westen, die aufgrund der andersartigen Erziehung und Kultur daran gewohnt sind, alles was aus China kommt mit Verachtung zu betrachten.

Ich war praktisch noch ein Kind, als man schon von der »gelben Gefahr« sprach. Die chinesische Revolution schien damals etwas Unmögliches; die wirklichen Gründe der chinesenfeindlichen Haltung waren als solche rassistische.

Warum ist der Imperialismus so sehr bemüht, China direkt oder indirekt einer Zermürbung auf internationaler Ebene zu unterwerfen?

Einst, das heißt vor 50 Jahren, um dem Land die heldenhaft verdienten Vorrechte als ständiges Mitglied des Sicherheitsrates zu verweigern; später, aufgrund der begangenen Fehler, die zu den Protestaktionen von Tiananmen führten, wo die Freiheitsstatue glorifiziert wurde, welche ein Symbol eines Imperiums ist, das heutzutage die Verneinung jeglicher Arten von Freiheit ist.

Die Gesetzgebung der Volksrepublik China hat sich bei der Ausrufung und Anwendung der Achtung von Recht und Kultur der 55 ethnischen Minderheiten besondere Mühe gegeben.

Die Volksrepublik China ist gleichzeitig äußerst empfindlich in Bezug auf alles, was mit der Integrität ihres Hoheitsgebiets zu tun hat.

Die gegen China geführte Kampagne ist wie ein Trompetensstoß, der zum Angriff ruft, um dem verdienten Erfolg des Landes und seines Volkes als Gastgeber der nächsten Olympischen Spiele den Glanz zu nehmen.

Die Regierung von Kuba hat eine kategorische Erklärung in Unterstützung Chinas bezüglich der in Verbindung zum Tibet gegen das Land gestarteten Kampagne abgegeben. Diese Haltung war korrekt. China achtet das Recht der Bürger, einen Glauben zu haben oder nicht. In jenem Land gibt es muslimische, christlich katholische oder nicht katholische Gruppierungen von Gläubigen, Gläubige anderer Religionen und mehrere Dutzend ethnische Minderheiten, deren Rechte in der Verfassung abgesichert sind.

In unserer Kommunistischen Partei ist die Religion kein Hindernis, um Parteimitglied zu sein.

Ich achte das Recht des Dalai-Lama auf seinen Glauben, aber ich bin nicht dazu gezwungen, an den Dalai-Lama zu glauben.

Ich habe viele Gründe, an den chinesischen Sieg zu glauben.

Fidel Castro Ruz
31. März 2008

Kuba

Selbstkritik Kubas

Die Landesleitung des Kommunistischen Jugendverbandes UJC vereinbarte, folgende Maßnahme mitzuteilen, nachdem ihre Anwendung ausgeführt worden war: »Am vergangenen Samstag, dem 7. Juli, hat die Landesleitung der Kommunistischen Jugend beschlossen, den Mobilisierungsplan für die Studentenbrigaden BET anzupassen, und zwar unter dem Prinzip des Einsatzes im Aufgabenbereich Soziales und Freizeitgestaltung, mit einer minimal notwendigen Anzahl studentischer Arbeitskräfte und in ihren entsprechenden Wohnkreisen, zur Vermeidung der Personenbeförderung.«

»Dieser Entschluss wurde am selben Tag mit dem Landesgeneralstab der BET diskutiert, der sich aus den Studentenorganisationen und den Organen der zentralen Staatsverwaltung zusammensetzt, und ebenfalls mit allen Provinzleitungen der Kommunistischen Jugend.«

»Es wurde besonders Nachdruck auf die rationelle Nutzung der zu mobilisierenden Kräfte und das Einsparen von Mitteln, hauptsächlich von Kraftstoff, gelegt und auf die Absicht, dass die Studenten die Zeit nutzen, um Kenntnisse zu festigen, Lesegewohnheiten zu erwerben und über äußerst wichtige Themen zu diskutieren.«

»Im Ergebnis der getroffenen Entscheidungen werden nur 200000 Studenten der anfänglich vorgesehenen 600000 in den Monaten Juli und August auf weitere Entfernungen befördert. Es werden keine Mobilisierungen zwecks Landarbeit in Camps oder Landschulen durchgeführt, deren Lage eine Beförderung und die Schaffung anderer logistischer Voraussetzungen notwendig macht.«

»Der diesjährige Aufruf wird nur für 7 Tage sein und die durchzuführenden Arbeiten stehen im Bezug zu den Aufgaben der Energierevolution – gemeinsam mit den Sozialarbeitern – und beinhalten solche, wie die Weiterbildung in den Gemeinden zur Verbesserung der Allgemeinbildung bezüglich des Einsparens, Übergabe der noch ausstehenden elektrischen Haushaltgeräte und Besuche der Haushalte, welche diese erhalten und die entsprechenden Zahlungsverpflichtungen übernommen haben, aber ihnen nicht nachgekommen sind.«

»Ebenfalls werden sie an der Bekämpfung gegen die Krankheitserregerquellen teilnehmen, damit das Dengue-Fieber nicht erneut eingeführt werden kann und an der Primär- und Sekundärbetreuung im Gesundheitswesen, indem sie Polikliniken und Krankenhäuser unterstützen.«

»Die Förderung von kulturellen und sportlichen Aktivitäten und Veranstaltungen zur Freizeitgestaltung in den Wohnorten wird eine weitere Aufgabe sein, welche die Teilnehmer der Studentenbrigaden in Angriff nehmen werden.«

»Der UJC wird unter den Brigadeteilnehmern und den anderen Jugendlichen das Studium und die Debatte fördern.«

Ich komme nicht umhin, die Landesleitung des Kommunistischen Jugendverbands zu beglückwünschen und ebenfalls die Verantwortlichen der Abteilungen Organisation und Ideologische Arbeit der Partei, die von jener um Rat gefragt wurden und ohne Zögern diese Maßnahme unterstützt haben.

Die körperliche Arbeit erzeugt nicht von sich aus ein Bewusstsein. Jeder Werktätige ist anders. Sein Temperament, sein Organismus, seine Nerven, die Art der von ihm ausgeführten Arbeit, die Härte derselben, die äußerlichen Arbeitsbedingungen – unter gleißender Sonne oder in einem klimatisierten Raum – ob er Akkord arbeitet oder mit einem Festgehalt entlohnt wird, ob er Gewohnheiten der Arbeitsdisziplin hat oder nicht, ob er geistig voll zurechnungsfähig ist oder irgendeine Behinderung aufweist, die von ihm durchlaufenen Schulen, die Lehrer, die ihn unterrichtet haben, ob seine Arbeit eine qualifizierte Tätigkeit ist oder nicht, ob der Werktätige bäuerlicher oder städtischer Herkunft ist. Folgendes ist etwas sehr Wichtiges: wenn er mit Gütern oder Dienstleistungen zu tun hat oder diese vertreibt – wer seine Chefs sind, welches Bild sie abgeben, wie sie sprechen, wie ihr Blick ist. Ich könnte Seiten damit füllen, von den individuellen Unterschieden jedes Beschäftigten zu sprechen. Deshalb sind die Kenntnisse das, was der Bürger unseres Landes am meisten benötigt, wenn man ein Bewusstsein schaffen will.

Das Gebot von Martí über die Bedeutung der Verbindung von Studium und Arbeit bei der Ausbildung des Menschen brachte uns in der Vergangenheit dazu, die Teilnahme der Universitätsstudenten, einschließlich von Schülern der mittleren höheren Reife, an der körperlichen Arbeit zu fördern. Dies war in erster Linie eine unumgängliche Notwendigkeit. Wir mussten die Leere füllen, die damals aufgrund derjenigen entstand, die massenweise die Zuckerrohrfelder verließen, sobald andere Arbeitsmöglichkeiten auftauchten. Das mittlere Bildungsniveau war sehr niedrig, selbst nach der Alphabetisierung, dem massenhaften Aufschwung der Grundschulbildung und später der Mittelschulbildung. Unsere Jugendlichen haben das begriffen und ihren Beitrag mit Disziplin und Enthusiasmus geleistet.

Heute wird die Hochschulbildung im großen Maßstab angewendet, es begann mit den Ärzten und Erziehern und wurde mit den Sozialarbeitern, denen der Informatikwissenschaften, den Kunstausbildern und der Universalisierung der Hochschulausbildung einer großen Anzahl von Studiengängen fortgesetzt. Wenn man das in der Vielschichtigkeit der jetzigen Welt so notwendige Bewusstsein schaffen will, muss man die Gehirnzellen zum Arbeiten bringen.

Die Absicht, sich ein oder zwei Wochen – was dieses Jahr nur 7 Tage sein werden – mit dem angebrachten Material weiterzubilden, das ihnen übergeben werden wird, wird die Befriedigung über die gut genutzte Zeit hervorrufen und das Bewusstsein, das unsere Gesellschaft dringlich benötigt.

Das ganze Jahr über müssen wir auf dem Laufenden über die Hauptfragen und Einzelheiten darüber bleiben, was in Kuba und auf der Welt geschieht.

Ich glaube, dass speziell im ökonomischen Bereich in fast jedem Land alle Bürger alles ignorieren. Es ist absolut notwendig zu wissen, warum der Erdölpreis steigt, der am vergangenen Montag einen Kurs von 77 Dollar pro Barrel erreichte; warum die Lebensmittelpreise zum Beispiel beim Weizen und bei anderen Erzeugnissen steigen, die aufgrund des Klimas importiert werden müssen; ob der Grund für den Anstieg anhaltend oder konjunkturell ist.

Nicht alle Beschäftigte bekommen Anreizzahlungen in konvertierbaren Peso, eine Praxis, die sich in der Sonderperiode in einer Großzahl von Unternehmen verallgemeinerte, ohne dass hierfür in nicht wenigen Fällen die vorgesehenen minimalen Vorraussetzungen erfüllt wurden. Nicht alle Bürger erhalten konvertierbare Währung aus dem Ausland. Etwas, was nicht illegal ist, aber in einem

Land, das sich um die lebenswichtigen und kostenlosen Dienstleistungen bemüht, die es seiner Gesamtbevölkerung bietet, manchmal irritierende Ungleichheiten und Privilegien hervorbringt. Ich nenne hier nicht die saftigen Gewinne derjenigen, die illegal Beförderungsaufgaben ausführten, oder die Art und Weise wie sie uns an der Nase herum führten, indem sie die US-amerikanischen Scheine in andere Währungen tauschten, um die Maßnahmen gegen den Dollar zu umgehen.

Das reale und sichtbare Fehlen von Gleichheit und der Mangel an sachdienlicher Information geben Anlass zu kritischen Meinungen, vor allem in den bedürftigsten Schichten.

Es ist unzweifelhaft, dass diejenigen in Kuba, die auf die eine oder andere Art und Weise konvertierbare Peso bekommen – obwohl in diesen Fällen die Summen eingeschränkt sind – oder diejenigen Bürger, die Devisen aus dem Ausland erhalten, gleichzeitig kostenlos wesentliche soziale Dienstleistungen, Nahrungsmittel, Arzneien und andere Güter zu geringsten und staatlich gestützten Preisen erwerben. Trotzdem erfüllen wir strikt unsere finanziellen Verpflichtungen, eben gerade deshalb, weil wir keine Konsumgesellschaft sind. Es werden ernsthafte, mutige und bewusste Verwalter benötigt.

Diejenigen, die mit unserem jetzigen Flotte von Fahrzeugen aller Art Benzin kreuz und quer vergeuden; die vergessen, dass die Nahrungsmittelpreise stetig steigen und dass die Rohstoffe für die Landwirtschaft und die Industrie – viele von deren Erzeugnissen werden an alle zu staatlich gestützten Preisen verteilt – zu Marktpreisen erworben werden müssen; die vergessen, dass das Land die heilige Pflicht hat, bis zum letzten Blutstropfen zu kämpfen und Ausgaben für Rohstoffe und Verteidigungsmittel machen muss, die es gegenüber einem Feind benötigt, der ständig auf der Lauer liegt; diejenigen können die Unabhängigkeit und das Leben Kubas gefährden. Damit spielt man nicht!

Mir sträubten sich die Haare, als vor wenigen Tagen ein angesehener Bürokrat im Fernsehen ausrief, dass wir jetzt, da die Sonderperiode zu Ende ist, jedes Jahr mehr und mehr Delegationen zu dieser und jener Aktivität schicken werden.

Woher wohl jener Barbar kommt, dachte ich bei mir. Das ist vielleicht eine Spende, die uns Sancho Panza von seiner kleinen Insel Barataria sendet?

In Kuba ist die Sonderperiode erträglicher geworden; aber die Welt ist in eine ganz besondere Periode hineingeraten und es ist abzuwarten, wie sie daraus herauskommt. Wir verschwenden Milliarden Dollar an Kraftstoffen. Nicht nur als Verschwender von Amts wegen, was eine natürliche Tendenz ist, sondern ebenfalls aufgrund der Notwendigkeit, Zehntausende alte sowjetische Motoren aus einer Zeit, wo das Benzin im Überfluss vorhanden war, gegen sehr sparsame chinesische Motoren mit vernünftigen Zahlungserleichterungen auszutauschen. Dieses Programm hat sich verzögert.

In der Weltwirtschaft steigen die Metalle, genau wie das Erdöl, über ihre historischen Werte, aber sie erleiden plötzliche Preisstürze.

Jedoch nichts kann in kurzer Zeit die Bedürfnisse an Kraftstoff für den privaten und öffentlichen Verkehr und die Landwirtschafts- und Baumaschinen und -anlagen lösen. In den entwickelten Ländern ist alles mechanisiert. Die Reisenden erzählen, dass sie Gebäude aller Art, eines nach dem anderen errichten sehen und dass das bei Tage und bei Nacht ohne Aufenthalt weitergeht. Die Städte werden immer gigantischer. Es sind immer mehr Millionen Menschen, die Trinkwasser, Gemüse, Früchte und Nahrungsmittel auf Proteingrundlage benötigen, die andere erzeugen und dann auf manchmal große Entfernungen zuliefern müssen. Sie benötigen außerdem drei- oder vierspurige Straßen in jeder Richtung, Brücken, aufwendige Ingenieursbauten. Der kleinste Zwischenfall, ein einfacher seitlicher Kontakt zwischen zwei Fahrzeugen, lähmt alles. Jedes Jahr sind die Staatsausgaben größer und die Entwicklungshilfe ist geringer.

Das Schlimmste ist, dass es je tausend Personen mehr als 500 Privatautos gibt. In den Vereinigten Staaten fast tausend. Sie leben oder arbeiten an entfernten Orten. Jeder hat seine Garage. Jede Arbeitsstelle ihren Parkplatz. Die Raffinerien reichen nicht aus. Viele benötigen eine Erweiterung und außerdem sollen neue Anlagen gebaut werden. Der Rohstoff der Raffinerie ist das Erdöl; je schwerer, desto mehr wird benötigt und seit langer Zeit werden keine großen Vorkommen von leichtem Erdöl entdeckt. Ein Streik in Nigeria, der Krieg in Irak, die Bedrohungen gegen den Iran, die alten politischen Konflikte in Europa, ein Seebeben, ein Zyklon, alles dies treibt die Preise in die Höhe. Die alten und neuen großen Verbraucher benötigen jedes Mal mehr Millionen Barrels täglich.

Gleichzeitig nehmen natürlich die Pläne zum Bau von neuen Atomkraftwerken zu. Ich diskutiere jetzt hier nicht die Auswirkungen bzw. Umwelt- oder Klimagefahren, sondern die Unsicherheiten, die sie in der realen Wirtschaft hervorrufen.

Nachdem er einen Berg Gold dabei verbraucht hatte, Vietnam zu zerstören, ersetzte Nixon das Gold durch Papiergeldscheine, aber kaum jemand wurde sich der Folgen bewusst. Die technologische Entwicklung der Vereinigten

Staaten, ihre Produktionsfähigkeit für industrielle und landwirtschaftliche Güter und besonders ihre enorme militärische Macht waren so groß, dass der Ersatz des Goldes durch Papiergeldscheine keine Tragödie darstellte. Es erfolgte eine Inflation von mehr als 10 Prozent, die unter Kontrolle gebracht wurde. Danach erfolgten die mit Scheinen bestrittene Wiederaufrüstung der Vereinigten Staaten am Ende des Kalten Krieges und der Sieg der Konsumgesellschaft, welche die Nationen mit ihrer Zügellosigkeit des scheinbaren Wohlstandes blendete. Mit Scheinen erwarb das Imperium einen großen Teil der Reichtümer der Welt, wo es seine Gesetze, die der Vereinigten Staaten, aufzwingt, indem es die Souveränität der Nationen gering schätzt.

Der Dollar verlor zunehmend seinen Wert, bis er in den 70er Jahren auf weniger als 6 Prozent kam. Die Experten sind gegenüber den neuen Phänomenen ratlos. Niemand ist sich sicher, was geschehen wird.

Gibt es nun Gründe oder nicht, um diese Themen zu vertiefen?

Fidel Castro Ruz
10. Juli 2007

Die ewige Flamme

Dies ist eine politische Reflexion. Um es exakter auszudrücken: es ist ein weiterer Aufruf. Genau heute vor einem Jahr hatte ich den ersten Aufruf bekannt gegeben. Dieses Jahr hat aber den Wert von 10 Jahren, bezüglich der Möglichkeit eine einzigartige Erfahrung erlebt zu haben, die mir Information und Kenntnisse über lebenswichtige Fragen für die Menschheit vermittelte und die ich unserem kubanischen Volk mit hundertprozentiger Ehrlichkeit weitergeben konnte.

Nun werde ich mit Fragen bombardiert über den Moment, wann ich, was einige als Macht bezeichnen, wieder ausüben werde, als wäre solche Macht möglich ohne Unabhängigkeit. Es gibt in der Welt eine reale destruktive Macht, die vom dekadenten Imperium ausgeht, und uns alle bedroht.

Selbst Raúl hat sich darum gekümmert, darauf zu antworten, dass im Prozess meiner Rekonvaleszenz jede wichtige Entscheidung mit mir beraten wurde. Was werde ich nun tun? Ich werde unermüdlich kämpfen, sowie ich es mein ganzes Leben getan habe.

Nach einem Jahr seit dem Aufruf teile ich mit dem Volk die Freude, das das Versprochene mit der unerschütterlichen Realität übereinstimmt: Raúl, die Partei, die Regierung, die Nationalversammlung, der Kommunistische Jugendverband, die Massen- und sozialen Organisationen mit den Arbeitern an der Spitze schreiten voran, geleitet vom unverletzlichen Prinzip der Einheit.

Mit der gleichen Überzeugung kämpfen wir pausenlos für die Freilassung unserer Fünf Helden aus dem grausamen und unbarmherzigen Gefängnis, die Informationen über die antikubanischen terroristischen Pläne in den USA geliefert hatten.

Der Kampf gegen die eigenen Mängel und gegen den arroganten Feind, der sich Kuba aneignen will, muss unerbittlich forgesetzt werden.

In dieser Frage bin ich verpflichtet auf etwas besonders aufmerksam zu machen, was niemals von den Führungskräften unserer Revolution außer Acht gelassen werden darf: Es ist heilige Pflicht, unsere Verteidigungsfähigkeit ohne Ruhepause weiter zu stärken, nach dem Prinzip, die Invasoren unter jeglichen Umständen einen unbezahlbaren Preis büßen lassen.

Niemand sollte sich die geringste Illusion machen, dass das Imperium, das in sich selbst die Gene seiner eigenen Zerstörung trägt, mit Kuba verhandeln wird. So oft wir auch immer dem Volk der USA sagen, dass unser Kampf nicht gegen sie gerichtet ist – was auch richtig ist –, ist es nicht in der Lage, den apokalyptischen Geist seiner Regierung und auch nicht den trüben und manischen Gedanken eines so genannten »demokratischen Kuba« zu bremsen. Nach diesem Motto würde hier jeder führende Genosse sich selbst als Kandidat aufstellen und sich selbst wählen ohne durch das rigorose Sieb der überwiegenden Mehrheit eines gebildeten Volkes, das sie unterstützt, gehen zu müssen.

Bei dem ersten Aufruf hatte ich historische Namen erwähnt: Martí, Maceo, Agramonte, Céspedes. Für das ewige Gedenken an die endlose Liste der im Kampf Gefallenen, der sich für die Heimat geopfert haben, hat Raúl eine ewige Flamme angezündet. Der Anlass war der 50. Jahrestag des Todes von Frank País, der junge Held, der mit nur 22 Jahren uns alle rührte. Ein Leben ohne Ideen ist nichts wert. Es gibt keine größere Freude als für diese Ideen zu kämpfen.

Fidel Castro Ruz
31. Juli 2007

Die Unterwerfung unter die imperiale Politik

Von den Präsidenten der Vereinigten Staaten und den Anwärtern auf dieses Amt habe ich nur einen einzigen kennen gelernt, der aus ethisch-religiösen Gründen nicht Komplize des brutalen Terrorismus gegen Kuba wurde: James Carter. Das setzt natürlich einen weiteren Präsident voraus, der das Verbot aussprach, Beamte der Vereinigten Staaten zur Ermordung von führenden kubanischen Persönlichkeiten zu verwenden. Es handelt sich um Gerald Ford, der Nixon nach dem Watergate-Skandal ersetzte. Mit seinem außerplanmäßigen Amtsantritt könnte man ihn als einen symbolischen Präsidenten bezeichnen.

Dem erlauchten Präsidenten Eisenhower, der überhaupt nicht gegen den antikubanischen Terrorismus, sondern eher derjenige war, der ihn eingeleitet hat, haben wir aber zumindest die Definition des militärisch-industriellen Komplexes zu verdanken, der heute mit seiner unermesslichen und unheilbaren Gefräßigkeit den Motor darstellt, welcher die menschliche Gattung zu ihrer jetzigen Krise führt. Es sind mehr als drei Millionen Jahre vergangen, seitdem auf dem Planeten Erde die ersten Lebensformen entstanden sind.

Eines Tages sind Che und ich Golf spielen gegangen. Er war Caddie gewesen, um in seiner Freizeit etwas zu verdienen. Ich meinerseits wusste überhaupt nichts von jenem kostspieligen Sport. Die US-Regierung hatte schon die Aussetzung und Aufteilung der Zuckerquote von Kuba angeordnet, nachdem die Revolution das Agrarreformgesetz verabschiedet hatte. Die Golfpartie war im Beisein der Printmedien. Die wirkliche Absicht war, uns über Eisenhower lustig zu machen.

In den Vereinigten Staaten kann man mit Stimmenminderheit die Präsidentschaft gewinnen. Das ist es, was Bush geschehen ist. Gore verfügte über die Stimmenmehrheit der Wähler und verlor die Präsidentschaft, das war es, was ihm geschehen ist. Davon leitet sich ab, dass der Bundesstaat Florida aufgrund der ihm erteilten Anzahl an Wahlmännerstimmen von allen begehrt ist. Im Fall Bush war außerdem der Wahlbetrug notwendig, bei dem die ersten kubanischen, aus den Batista-Anhängern und der Bourgeoisie herstammenden Emigranten, Experten waren.

Davon sind auch Clinton bzw. die Vor-Kandidatin der Demokratischen Partei nicht ausgenommen. Mit seiner Unterstützung wurde das Helms-Burton-Gesetz verabschiedet, für das er einen Vorwand fand: den Abschuss der Kleinflugzeuge der Hermanos al Rescate, die mehr als einmal über die Stadt Havanna geflogen sind und dutzende Male das Hoheitsgebiet von Kuba verletzt haben. Der Befehl, Flüge über der Hauptstadt zu verhindern, war Wochen vorher an die kubanischen Streitkräfte ergangen.

Ich muss euch erzählen, dass der Abgeordnete Bill Richardson fast zeitgleich mit jenem Ereignis, am 19. Januar 1996, nach Kuba zu Besuch gekommen war. Wie üblich brachte er Gesuche zur Freilassung mehrerer konterrevolutionärer Häftlinge mit. Als ich ihm darlegte, dass wir dieser Gesuche müde sind, sprach ich zu ihm über die Flüge der Hermanos al Rescate. Ich sprach ebenfalls über die nicht erfüllten Versprechungen bezüglich der Blockade. Richardson kehrte nach wenigen Tagen, am 10. Februar, zurück und drückte mir mit ehrlichem Tonfall soweit ich mich erinnere ungefähr Folgendes aus: »Das wird nicht wieder vorkommen. Der Präsident hat schon Befehl gegeben, dass sie ausgesetzt werden«.

Ich glaubte damals, dass die Befehle eines Präsidenten der Vereinigten Staaten befolgt würden. Die Flugzeuge wurden am 24. Februar abgeschossen, einige Tage nach der Antwort. Die Zeitschrift *The New Yorker* spricht über dieses Treffen mit Richardson und bietet Einzelheiten.

Es scheint wahr zu sein, dass Clinton den Befehl gegeben hat, dass solche Flüge ausgesetzt werden sollten, aber niemand hat sich daran gehalten. Es war ein Wahljahr und er nutzte jenen Vorwand, um die führenden Köpfe der Cuban American Foundation einzuladen und mit Unterstützung aller das kriminelle Gesetz zu unterzeichnen.

Als Folge der 1994 ausgelösten Migrationskrise erfuhren wir, dass Carter wünschte, etwas zur Auffindung einer Lösung beizutragen. Clinton akzeptierte es nicht und rief Salinas de Gortari, Präsident von Mexiko, an. Kuba war das letzte Land gewesen, das seinen Wahlsieg anerkannt hatte. Ich hatte bei seiner Amtseinführung als neuer Präsident von Mexiko Kontakt zu ihm aufgenommen.

Salinas teilte mir am Telefon den Beschluss von Präsident Clinton mit, eine zufriedenstellende Lösung zu suchen und dass dieser ihn gleichzeitig um seine Unterstützung hierbei gebeten hatte. So erreichten wir im Grunde genommen ein Übereinkommen. Die genannte Vereinbarung mit Clinton schloss die Idee ein, die Wirtschaftsblockade zu beenden. Als einzigen Zeugen hatten wir Salinas. Clinton hatte Carter bei diesem Prozess »beiseite gelassen«. Kuba konnte nicht entscheiden, wer der Vermittler sein würde. Salinas erzählt diese Episode wahrheitsgetreu. Wer dies möchte, kann es in seinen Texten lesen.

Clinton war wirklich sehr liebenswürdig, als wir bei einem Treffen der UNO unter Anwesenheit vieler Staatschefs zufällig aufeinander trafen. Er war außerdem freundlich und gleichzeitig intelligent, als er die Erfüllung der

Gesetze in Bezug auf den verschleppten Jungen forderte, indem er ihn mit aus Washington geschickten Spezialtruppen befreite.

Die Vor-Kandidaten sind jetzt in das Abenteuer Florida vertieft: Hillary, die Erbin von Clinton; Obama, der populäre afroamerikanische Kandidat und mehrere der anderen 16, die bis zum Augenblick ihre Kandidatur in beiden Parteien aufgestellt haben, mit Ausnahme von Ronald Ernest Paul, republikanischer Abgeordneter und Maurice Robert Gravel, ehemaliger Senator der Demokraten für Alaska.

Mir ist nicht bekannt, was Carter in den Tagen gesagt hat, als er Kandidat war. Egal welche Stellung er damals eingenommen hat, so ist doch wahr, dass ich erahnte, dass seine Wahl dem Volk von Panama einen Holocaust verhindern könnte und so sagte ich es Torrijos. Er schuf die Interessenvertretung in Kuba und begünstigte ein Abkommen zur Festlegung der maritimen Hoheitsgrenze. Die Umstände seiner Amtszeit haben ihm nicht mehr ermöglicht und er ließ sich, meiner Meinung nach, in einige imperiale Abenteuer ein.

Jetzt wird davon gesprochen, dass mit dem Team Hillary als Präsident und Obama als Vize ein scheinbar unbesiegbares Ticket geschaffen werden könnte. Beide fühlen sich in der heiligen Pflicht, »eine demokratische Regierung in Kuba« zu fordern. Sie machen nicht Politik. Sie spielen Karten an einem Sonntagnachmittag.

Die großen Medien behaupten, dass das umgänglich sein wird, ausgenommen, wenn Gore seine Kandidatur aufstellen würde. Ich glaube nicht, dass er es tun wird. Er kennt besser als irgendjemand die große Katastrophe, welche die Menschheit erwartet, wenn sie auf dem jetzigen Weg weitergeht. Als er Kandidat war, hat er natürlich den Fehler begangen, nach »einem demokratischen Kuba« zu seufzen.

Nun genug der Erzählungen und Nostalgien. Das ist einfach und allein dazu geschrieben worden, um das Bewusstsein des kubanischen Volkes zu erhöhen.

Fidel Castro Ruz
27. August 2007

Die Superrevolutionäre

Ich lese jeden Tag sorgfältig die Meinungen traditioneller Nachrichtenagenturen über Kuba, einschließlich jener der Völker, die zur UdSSR gehörten, die aus der Volksrepublik China und andere. Ich erhalte Nachrichten aus Printmedien von Lateinamerika, Spanien und den anderen Ländern Europas.

Die Szene ist immer ungewisser angesichts der Angst vor einer langwierigen Rezession wie derjenigen der Folgejahre von 1930. Die Regierung der Vereinigten Staaten erhielt am 22. Juli 1944 die der mächtigsten Militärmacht in Bretton Woods erteilten Vorrechte, den Dollar als Weltleitwährung in Umlauf zu bringen. Die Wirtschaft jenes Landes war nach dem Krieg im Jahre 1945 unversehrt und verfügte fast über 70 % der Goldreserven der Welt. Nixon entschied am 15. August 1971 auf einseitige Weise, die Golddeckung für jeden in Umlauf gebrachten Dollar aufzuheben. Hiermit hat er das Töten in Vietnam finanziert, in einem Krieg, der 20 mal den realen Wert der ihnen verbliebenen Goldreserven gekostet hat. Seitdem hält sich die Wirtschaft der Vereinigten Staaten auf Kosten der Naturschätze und Ersparnisse der anderen Länder der Welt.

Die Theorie des stetigen Wachstums der Investition und des Verbrauchs, die von den höchst entwickelten Ländern angewandt wird, in denen die riesige Mehrheit arm ist und von dem Luxus und der Verschwendung einer geringen Minderheit von Reichen umringt wird, ist nicht nur demütigend, sondern auch zerstörerisch. Jene Ausplünderung und ihre katastrophalen Folgen sind der Grund für den wachsenden Widerstand der Völker, obwohl sehr wenige die geschichtliche Entwicklung der Tatsachen kennen.

Die höchst begabten und gebildeten Intelligenzen sind in der Liste der Naturschätze mit einbegriffen und ihre Tarife werden auf dem Weltmarkt der Waren und Dienstleistungen festgelegt.

Was geschieht mit den Superrevolutionären der so genannten äußersten Linken? Einige sind es aufgrund fehlendem Realismus und des angenehmen Genusses, süße Dinge zu träumen. Andere haben nichts von Träumern an sich, sie sind Experten der Materie, sie wissen, was sie sagen und wozu sie es sagen. Das ist eine gut aufgestellte Falle, in die man nicht stürzen sollte.

Sie erkennen unsere Fortschritte an, wie jemand, der Almosen gibt. Fehlt ihnen wirklich die Information? Das ist nicht der Fall. Ich kann euch versichern, dass sie vollkommen informiert sind. In bestimmten Fällen erlaubt ihnen die angebliche Freundschaft mit Kuba bei zahlreichen internationalen Versammlungen anwesend zu sein und sich mit so vielen Leuten aus dem Ausland oder unseres Landes zu unterhalten, wie sie möchten, ohne irgendein Hindernis seitens unserer imperialen, nur 90 Meilen von den kubanischen Küsten entfernten Nachbarn.

Was raten sie der Revolution? Echtes Gift. Die typischsten Formeln des Neoliberalismus.

Die Blockade gibt es nicht, als wäre sie eine kubanische Erfindung.

Sie unterschätzen die phänomenalste Aufgabe der Revolution, ihr Bildungswerk, die massenweise Pflege der Intelligenzen. Sie bestehen auf der Notwendigkeit von Menschen, die davon leben, einfache und grobe Arbeiten auszuführen. Sie unterschätzen die Ergebnisse bei wissenschaftlichen Investitionen und übertreiben die Ausgaben hierfür. Schlimmer noch: Der Wert der von Kuba der Welt geleisteten Dienste im Gesundheitswesen wird unterschätzt, wo die Revolution in Wirklichkeit mit bescheidenen Mitteln das vom Imperialismus auferlegte System entblößt, welches nicht über das menschliche Personal verfügt, um sie durchzuführen. Es werden Investitionen angeraten, die ruinös sind, und die von ihnen eingebrachten Leistungen, wie zum Beispiel die Mieten, sind praktisch gratis. Wenn die ausländischen Investitionen im Wohnungsbau nicht rechtzeitig gestoppt worden wären, hätte man mehrere zehntausende Wohnungen ohne weitere Mittel als die des Vorverkaufs derselben an in Kuba oder im Ausland ansässige Ausländer gebaut. Es waren außerdem gemischtwirtschaftliche Unternehmen, die von einer anderen Gesetzgebung geregelt wurden, die für Produktionsbetriebe bestimmt war. Es gab keine Grenzen für die Befugnisse der Käufer als Eigentümer. Das Land würde jenen Ansässigen oder Benutzern solche Dienstleistungen erbringen, für welche die Kenntnisse eines Wissenschaftlers oder eines Informatik-Fachmanns nicht erforderlich sind. Viele der Unterkünfte könnten von den feindlichen Geheimdiensten und deren Verbündeten erworben werden.

Man kann auf einige gemischtwirtschaftliche Unternehmen nicht verzichten, da sie Märkte kontrollieren, die unentbehrlich sind. Aber man kann auch nicht das Land mit Geld überschwemmen, ohne seine Souveränität zu verkaufen.

Die Superrevolutionäre, die solche Arzneien verordnen, ignorieren absichtlich andere, für die Wirtschaft wirklich entscheidende Mittel, wie es zum Beispiel die steigende Erzeugung von Gas ist, das gereinigt zu einer unschätzbaren Stromquelle wird ohne die Umwelt zu belasten und mehrere hundert Millionen Dollar jedes Jahr beisteuert. Über die von Kuba geförderte Energie-Revolution, die von vitaler und entscheidender Bedeutung für die Welt ist, wird kein einziges Wort gesagt. Sei gehen noch weiter: sie sehen in der Zuckerrohrproduktion, einem Anbau, der in Kuba mit halbversklavten Arbeitskräften aufrechterhalten wurde, einen energetischen Vorteil für die Insel, der in der Lage sei, den hohen Preisen für Dieselkraftstoffe entgegenzuwirken, welche die Kraftfahrzeuge der Vereinigten Staaten, von Westeuropa und anderen entwickelten Ländern zügellos verschwenden. Man stimuliert den egoistischen Instinkt der menschlichen Wesen, während sich die Preise für Nahrungsmittel verdoppeln und verdreifachen.

Niemand war kritischer gegenüber unserem eigenen revolutionären Werk als ich, aber man wird mich niemals auf Gefälligkeiten bzw. Gnadenbezeugungen des schlimmsten der Imperien warten sehen.

Fidel Castro Ruz
3. September 2007

Bush, die Millionäre, das übertriebene Konsumverhalten und der Unterverbrauch

Es ist nicht nötig zu beweisen, dass das Gemetzel im Irak mit zunehmendem Hass fortgesetzt wird, in einem Land, in dem über 95 Prozent der Bevölkerung Muslime sind – davon über 60 Prozent Schiiten und die anderen Sunniten – sowie in Afghanistan, in dem ebenfalls über 99 Prozent Muslime sind – 80 Prozent Sunniten und die anderen Schiiten. Beide Völker setzen sich außerdem aus Nationalitäten und ethnischen Gruppen verschiedenen Ursprungs zusammen, die an verschiedenen Orten ansässig sind.

Außer den US-Soldaten haben in Afghanistan Soldaten aus fast allen europäischen Staaten eingegriffen, einschließlich des von Sarkozy angeordneten französischen Nachschubs.

Die Russen haben sich nicht in diesen Krieg verwickeln lassen; ihre Blutquote war dort groß genug gewesen und deren politische Kosten unkalkulierbar. Sicher sind in Afghanistan als sowjetische Soldaten Einwohner von Estland, Litauen, Lettland, Georgien und der Ukraine gestorben, die heute zur NATO gehören bzw. als ehemalige Sowjet-Republiken einen Eintritt in diesen Pakt anstreben.

Eine weitere sehr reale Tatsache ist, dass der Kampf gegen das Heroin nicht erwähnt wird in einem Land, wo der Krieg diejenigen, die den Schlafmohn anbauen, dazu befähigt hat, den medizinischen Opiumbedarf zu decken und außerdem noch eine unzählige Menge von Personen mit Opium zu beliefern.

Der Präsident von Russland bemerkte, dass die NATO von 16 auf 28 Mitglieder wuchs. Bush erklärt, dass er in die Augen seines russischen Gesprächspartner geschaut hat und seine Gedanken las – das ist das, was er mit dem Teleprompter tut – aber er erklärte nicht, ob es auf Englisch oder auf Russisch geschrieben war.

Über die kapitalistischen Länder von Westeuropa hat man mehr als 500 Milliarden Dollar aus Russland abgezogen. Ein wichtiger Teil davon wurde in höchstrentablen Unternehmen oder Luxuswohnsitzen investiert, und der Rest wurde unter dem Schutz jener Regierung in US-amerikanische Banken eingezahlt. Alles war illegal und unmoralisch. Vor ihrem Zusammenbruch war die UdSSR Opfer von Sabotagen, wie jener, die durch technische Mittel die Erdgasleitung von Sibirien in die Luft sprengte, die mit US-amerikanischer Software gesteuert wurde, ein Trojanisches Pferd des Imperiums. Und, wie es bewiesen wurde, hat die UdSSR gegenüber Reagan einseitig abgerüstet.

Ich konnte nicht anders, als mich an Montag, den 3. April, zu erinnern, als ich den umfangreichen Band der internationalen Nachrichten beiseite gelegt habe und die Tageszeitung *Granma* jenes Tages genommen habe, um mich ein bisschen zu zerstreuen. Ich habe die letzte Seite zuerst angesehen. Was für eine Überraschung! Juan Varela erhellte uns mit einer fast perfekten Beschreibung des Unterschieds zwischen der Autobahnraststätte von Aguada de Pasajeros in der Provinz Cienfuegos und der von Nueva Paz in der Provinz La Habana, beide rund um die Uhr geöffnet. Am ersten Ort hat man gekämpft und kämpft man weiter in einer bis jetzt gewonnenen Schlacht. Im zweiten kämpft man, aber man hat noch nicht gewonnen.

Was erzählt uns Juan Varela? »Die Straßenverkäufer kommen aus verschiedenen Orten, sie funktionieren wie eine Vereinigung mit einem eigenartigen Benachrichtigungssystem. Mittels Zeichen machen sie auf die Anwesenheit von

Polizisten oder irgendeinem leitenden Beamten aufmerksam. Mit katzenhafter Geschwindigkeit sind sie in der Lage, in wenigen Minuten ihr Operationsfeld zu räumen und die Ware zu einem vereinbarten Ort zu bringen. Dort warten sie auf das Zeichen, das ihnen die Normalität zurückgibt.«

Woher kommt das, was die fünfte Kolonne in Nueva Paz verkauft? Es sind aus Betrieben, Transportmitteln, Lagerhäusern oder Vertriebszentren entwendete Waren. Diejenigen, die den Egoismus ohne Einschränkung staatlicherseits verehren, wobei sie den Staat als störend betrachten, könnten nie ein solides und dauerhaftes Werk auf sozialem Gebiet errichten, das in unserer Zeit mit der erreichten Entwicklung der Produktivkräfte nur Frucht der Erziehung und des Gewissens sein kann, in dem man Werte schafft, die man verbreiten und pflegen muss.

Denken ist nicht verboten, träumen auch nicht, aber wenn man denkt, schadet man niemandem; träumend kann man sogar ein Land zugrunde richten oder sogar noch schlimmer: die eigene Gattung. Zusammen mit den Produktivkräften hat die Wissenschaft gleichzeitig die zerstörenden Kräfte entwickelt. Kann das jemand verneinen?

Am selben Tag, blätterte ich die *Granma* um und fand die Sparte »Hinter den Nachrichten« (»Detrás de la noticia«), die Elson Concepción Pérez schreibt. Was er wortwörtlich sagt ist sehr wertvoll:

»Keine einzige Mitteilung der großen Presse bezieht sich auf die sozialen Unterschiede, die Arbeitslosigkeit, die Inflation, unter anderen, mit dem Kapitalismus aufgetauchten Übeln.

In Internet kann man trotzdem diese Kehrseite der Medaille kennen lernen: eine Gruppe von 300 Rumänen – die reichsten – hat die spektakuläre Zahl von über 33 Milliarden Dollar erreicht, die 27 Prozent des Bruttoinnenprodukts dieses Landes bedeuten, wie die Zeitschrift *Capital ›Top 300‹* informierte.

Während es Millionen sind, die unter den Armutsniveaus leben, gibt es in der Nation in Osteuropa einen Einwohner mit einem auf 3,1 bis 3,3 Milliarden Dollar berechneten Vermögen. Sein Name ist Dinu Patriciu, der neulich einen Teil der Ölgesellschaft Rompetrol der Gruppe KazMunaiGaz von Kasachstan zu 2,7 Milliarden Euro verkauft hat.« Fast 4 Milliarden Dollar.

»Die Veröffentlichung lautet wortwörtlich, dass Dinu Iosif Constantin Drăgan entthront hat; der jetzt mit einem Vermögen von 1,5 bis 1,6 Milliarden Dollar auf den siebenten Platz verwiesen wurde.

Gigi Becali, Eigentümer des Fußballklubs Steaua, hat das zweitgrößte Vermögen, geschätzt auf 2,8 bis 3 Milliarden Dollar, das er besonders in der Immobilienbranche gewonnen hat.

Der ehemalige Tennisspieler und Geschäftsmann Ion Tiriac, im Jahr 2006 der zweitreichste Mensch, mit Geschäften im Bankwesen, bei Versicherungen und in der Automobilbranche, ist mit einem Vermögen von 2,2 bis 2,4 Milliarden auf den dritten Platz gekommen.«

Bis dahin das, was Elson ausführlich in der Sparte von *Granma* berichtet.

Erinnern wir uns alle daran, dass Rumänien ein sozialistisches Land war, wo es Erdöl und eine ziemlich entwickelte Petrochemische Industrie, fruchtbare Böden und gutes Klima für die Erzeugung der protein- und kalorienreichen Lebensmittel gab, um erst gar nicht auf andere Zweige einzugehen.

Es gab dort Theoretiker des leichten Zugangs zu den Konsumgütern, wie es sie in Kuba gibt und imperiale Ohren und Augen, die aufmerksam diese Träume beobachten.

Es gibt andere, vom entwickelten Kapitalismus abgeleitete Gefahren: den Klimawandel.

Eine Agenturmeldung von AFP informiert in Bezug auf die Erklärungen von James Hansen, wichtigster Sachverständiger zum Thema Klima bei der NASA (Nationale Luft- und Raumfahrtbehörde, die von Eisenhower am 29. Juli 1958 gegründet wurde, eine Einrichtung, die für die aktuelle Macht der Vereinigten Staaten entscheidend gewesen ist).

»›Die Emissionen von Kohlendioxid in die Atmosphäre haben schon ein gefährliches Niveau von 385 Partikeln pro Million erreicht‹, was einen ›kritischen Punkt‹ darstellt, hat Hansen der Presseagentur AFP erklärt, der mit seinen 67 Jahren das Goddard Raumforschungszentrum der NASA in New York leitet.«

»Das Haupthindernis zur Rettung des Planeten besteht nicht auf technologischem Gebiet, behauptet James Hansen, der 2006 von der US-Zeitschrift Time unter den 100 einflussreichsten Persönlichkeiten genannt wurde.«

»›Mir ist im Verlaufe der letzten Jahre klar geworden, dass sowohl die Exekutivmacht als auch die Legislative stark unter dem Einfluss der spezifischen Interessen‹ des Sektors der fossilen Energieträger ›standen‹, hob er hervor.

›Die Industrie führt sowohl die Öffentlichkeit als auch die politischen Verantwortlichen zu einer Fehleinschätzung der Ursachen des Klimawandels. Genau so, wie es die Zigarettenhersteller tun: Sie wissen, dass Rauchen Krebs verursacht, aber sie haben Wissenschaftler engagiert, damit diese das Gegenteil behaupten‹, fügte er hinzu.«

»Während einer Anhörung im Kongress verurteilte Hansen öffentlich die Eingriffe, die verhindern, dass die wissenschaftlichen Informationen die Öffentlichkeit erreichen, nachdem sie der Regierung von Präsident Bush vorgelegt werden.

Die Regierungsvertreter für Öffentlichkeitsarbeit, erklärte er zu jenem Zeitpunkt, treffen eine Auswahl der wissenschaftlichen Tatsachen, um bei den Menschen der Idee Bedeutung zu nehmen, dass der Klimawechsel und die vom Menschen verursachten Emissionen der Treibhausgase zueinander in Verbindung stehen.«

»Die politischen Verantwortlichen, die hierüber auf dem Laufenden sein müssten, ›ignorieren den jetzigen Stand des Problems, den Ernst der Situation und besonders seine Dringlichkeit‹, fügte er hinzu.«

Folgenden weiteren wichtigen Punkt möchte ich aufführen: Der Internationale Währungsfond (IWF), Bollwerk des vom entwickelten Kapitalismus der Menschheit auferlegten Systems, besitzt 3 217 Tonnen Gold. Die Vereinigten Staaten, die Anrecht auf 17 Prozent der abzugebenden Stimmen haben – ein Vorrecht, das der nach dem Zweiten Weltkrieg vorherrschenden Macht zuerkannt wurde –, können jegliche Entscheidung mit einem Veto belegen, selbst wenn alle anderen Mitglieder des Währungsfonds ihr zustimmen. Die mit übermäßiger Bürokratie belastete Einrichtung beschloss 403,3 Tonnen Gold zu verkaufen, »um mit größerer Effizienz funktionieren zu können«. Der wirkliche Grund ist, dass sie wegen der ihren Darlehen auferlegten drakonischen Bedingungen ohne Kunden geblieben ist. Diese 403,3 Tonnen Gold entsprechen zu aktuellen Preisen knapp 12 Milliarden Dollar. Dieses Geld bedeutet nichts, eine gleichwertige Summe injizieren die Vereinigten Staaten gezwungenermaßen in wenigen Stunden in den Geldumlauf, um ihre Banken zu retten.

Der kolossale Desinformations-Apparat des Imperiums behauptete unter anderen Dingen bezüglich meiner

Botschaft an die Intellektuellen, dass Fidel gegen die Nutzung der Computer wetterte, als ob es sich um eine realitätsfremde Person handeln würde. Abel Prieto, Kulturminister und anerkannter Intellektueller, antwortete bei seiner Abschlussrede auf dem UNEAC-Kongress brillant auf die Intrige, indem er an die über 600 *Joven Club* (Computerclubs für Jugendliche) erinnerte, die in den letzten 20 Jahren über das ganze Land verteilt geschaffen worden sind und in denen jetzt jährlich über 200000 Kubaner einen Lehrgang im Umgang mit dem PC abschließen. Er erinnerte ebenfalls an die Universität der Informatikwissenschaften, die von den Kongressabgeordneten besucht wurde, und in der jetzt jedes Jahr über 1600 hervorragende Ingenieure in dieser Fachrichtung abschließen, sowie an die Investition für das beinahe unmögliche Projekt zur Sanierung der Cubanacán-Kunstschulen in der schwierigsten Zeit der Sonderperiode.

Die Worte von Esteban Lazo – einem außerordentlichen Zeugen, da er vorher erster Parteisekretär in Havanna und in anderen Provinzen gewesen ist –, überzeugend, realistisch, schlagkräftig, mit seiner schwarzen Haut und seinem schneeweißen Haar, aber der festen Stimme seiner 64 Jahre, haben Abels Argumentation Kraft verliehen.

Wenn es dem Imperium erneut gelingen würde, die Kontrolle über Kuba zu erlangen, würde keine einzige der Hochschulen übrig bleiben, die von der Revolution zu dem Zweck gegründet wurden, allen jungen Leuten Zugang zu diesem Recht zu verschaffen. Es würde die meisten zum Zuckerrohrschlagen schicken; das ist die von ihm ausgerufene Politik. Es würde versuchen, die schon entwickelten Künstler- und Wissenschaftler-Talente zu rauben, wie es das mit den anderen Ländern unserer Hemisphäre handhabt. Über mehr als 70000 Fachärzte in Integraler Allgemeinmedizin zu verfügen und über mehrere hunderttausend andere Fachleute, anderen unter den Ärmsten zu helfen und Dienstleistungen zu exportieren, das ist eine Sünde, die in einem Land der Dritten Welt nicht toleriert werden kann.

Letzten Endes haben wir ihrer Blockade, ihren Aggressionen und ihren brutalen Terrorismus-Handlungen knapp ein halbes Jahrhundert standgehalten.

Ich habe das Privileg genossen, wichtige Beiträge der lateinamerikanischen Gäste und der aus anderen Ländern zum 7. Hemisphärentreffen im Kampf gegen die Freihandelsverträge und zur Integration der Völker hören zu können. Ich danke ihnen für ihre solidarischen Worte und schließe mich den von ihnen verteidigten Idealen an, die sie mit soviel Talent und Mut verteidigen. Bewusstsein herauszubilden und die Massen politisch zu bewegen, das ist eine großartige Losung!

Fidel Castro Ruz
10. April 2008

Der feindlichen Ideologie keine Zugeständnisse machen

Ich habe mich entschieden, diese Reflexion zu schreiben, nachdem ich einen öffentlichen Kommentar gehört habe, der von einem Massenmedium der Revolution verbreitet wurde, welches ich nicht konkret erwähnen werde.

Man muss sehr vorsichtig sein mit allem, was man behauptet, um nicht der feindlichen Ideologie in die Hände zu arbeiten. Man kann die Sonderperiode nicht des vom Imperialismus der Welt aufgedrängten Systems beschuldigen.

Sie hat den Klimawandel und die vom Verbrauch von fossilen Brennstoffen abhängige Zivilisation nicht erfunden, auch nicht die Beförderung jedes Familienmitgliedes in einem Auto, das fast leer fährt, oder die unheilvolle Idee, die Lebensmittel in Kraftstoff zu verwandeln. Sie hat die Weltkriege zur Aufteilung des Planeten, die militärischen Stützpunkte, die atomaren und funkelektronischen Waffen nicht erfunden; auch nicht die Raumsatelliten, die alles ausspionieren und an das Ziel tödliche Strahlen richten, die ferngesteuerten Raketen, die Unterseeboote, die aus tausend Meter Tiefe schießen, sowie die Wissenschaft und die Technologie im Dienst des Todes und der Vernichtung.

Sie hat auch die politische Geographie und den jeder Nation zur Verfügung stehenden Grund und Boden nicht erfunden, die das Ergebnis anderer historischer Faktoren waren.

Man muss gut darüber nachdenken, was man behauptet, um keine beschämende Zugeständnisse zu machen. Man soll die Natur und die Psychologie der Menschen analysieren; ihre Handlungszeit ist sehr kurz und stellt wirklich einen Sekundenbruchteil in der Gattungsgeschichte dar. Das zu verstehen ist ein sehr gutes Mittel gegen Eitelkeiten.

Die Sonderperiode war die unvermeidbare Folge der Auflösung der UdSSR, die die ideologische Schlacht verloren hat und uns zu einer Etappe des heldenhaften Widerstands geführt hat, aus der wir noch nicht ganz herausgekommen sind.

Wie schwer ist es, sich in der Schlacht der Ideen kurz zu fassen!

Fidel Castro Ruz
15. April 2008

Sie könnten der Meinung sein, dass Ihr kleines Boot flussaufwärts fährt, aber wenn der Strom stärker ist, dann werden Sie zurückgeworfen werden.

Der Ideologie des Imperiums keine schamvollen Zugeständnisse machen; – das habe ich gesagt und wiederhole es heute erneut.

Niemand wird jemals ein von meiner bescheidenen Feder geschriebenes opportunistisches Lob lesen, das sein Verhalten herabwürdigt.

Aus diesem Grund unterstütze ich entschlossen die Entscheidung von Partei und Staatsrat, den Bildungsminister zu ersetzen.

Wie bekannt ist, habe ich mich mein ganzes Leben lang, seitdem ich bewusster Revolutionär wurde, an erster Stelle dem Thema Bildung gewidmet, von der Alphabetisierungskampagne bis zur Universalisierung der Hochschulstudien. Sogar unter den Bedingungen der Wirtschaftsblockade und des Angriffs haben wir einen privilegierten und einzigartigen Platz in der Welt erreicht.

Der Amtsinhaber Luis Ignacio Gómez Gutierrez war wirklich erschöpft. Er hatte Energie und revolutionäres Bewusstsein verloren. Er hätte die letzten Reden nicht halten und von zukünftigen Treffen der Erzieher der Hemisphäre und der Welt sprechen sollen, indem er ein wirklich von zahlreichen Revolutionären geschaffenes Werk als seins pries, wie er den Gästen glauben machen wollte.

Ich bedaure es wirklich, wenn einer unserer selbstlosen Lehrer es wie eine ungerechte Behauptung auslegen würde.

Ich muss darauf hinweisen, dass er im Verlauf von zehn Jahren mehr als 70mal ins Ausland gereist ist. In den letzten drei Jahren ist er monatlich gereist, immer unter dem Vorwand der internationalen Zusammenarbeit Kubas. Aus diesem und anderen Urteilsgründen vertraut man ihm jetzt nicht mehr, noch deutlicher: man hat überhaupt kein Vertrauen mehr in ihn.

Wer sollte ihn ersetzen? Das war ein weiterer Aspekt des Problems. Es musste getan werden und zwar sofort. Die Suche erfolgte aus einer großen Auswahl. Mit den Besten wurde eine Liste von fünfzehn Namen aufgestellt, von denen zwei der Aufgeführten auf diesem Gebiet mit bemerkenswertem Erfolg gearbeitet haben:

Ena Elsa Velazquez Cobiella, Doktorin in Pädagogik, gegenwärtige Rektorin der pädagogischen Hochschule »Frank Pais« von Santiago de Cuba. Sie hat das Studium im Jahr 1980 abgeschlossen, besitzt pädagogische Erfahrung in den verschiedenartigsten Bildungseinrichtungen, wo sie mit ihrer Arbeit herausragte. Sie ist 52 Jahre alt und beim Sieg der Revolution war sie erst zwei. Sie ist in der Hauptstadt der ehemaligen Provinz Oriente (Ostprovinz) geboren.

Cira Piñeiro Alonso, Diplom-Psychologin, hat das Studium mit summa cum laude abgeschlossen. Sie ist die Direktorin des Provinzbildungsamts Granma. Sie besitzt 16 Jahre Erfahrung in verschiedenen pädagogischen Aufgabenbereichen. Ihr Erfolg als Verantwortliche für Bildung in Granma ist im ganzen Land anerkannt. Sie ist 39 Jahre alt.

Beide Genossinnen waren wegen ihrer hervorragenden Leistungen und Erfolge der Kandidaturkommission vorgeschlagen und als Abgeordnete in die Nationalversammlung gewählt worden.

Beide werden im Bildungsministerium arbeiten: Ena Elsa als Ministerin und Cira Piñeiro zur Unterstützung der Ministerin und als zukünftiger Kader für das ihr zugewiesene Amt. Beide werden in ihrem gegenwärtigen Aufgabenbereich von Fachleuten aus dem unerschöpflichen Steinbruch unserer revolutionären Lehrkräfte ersetzt.

In diesem besonderen und wichtigen Fall ist es so, dass ich, abgesehen von meiner persönlichen Einschätzung, vollständig zu Rat gezogen und informiert worden bin.

Als ich das Privileg hatte, am Vorabend der Staatsratswahl ebenso zu Rate gezogen zu werden, habe ich nicht gezögert, den Vorschlag zu machen, angesehene militärische Leiter – die unserem heldenhaften Volk Ruhm und moralisches Ansehen gegeben haben – wie Leopoldo Cintras Frías und Alvaro Lopez Miera, beide sind reif, bescheiden, sehr erfahren und voller Energie, jünger als derjenige, der mit Militärrang einer der stärksten und drohendsten Anwärter auf das Regierungsamt des Imperiums ist – der Nationalversammlung als Kandidaten auf Staatsratsmitglieder vorzuschlagen. Ich kenne andere, viel jüngere Kader als sie, die sehr fähig sind, ausgezeichnete Vorbereitung besitzen und der Öffentlichkeit kaum bekannt sind, mit denen man rechnen muss.

Es gefällt mir überhaupt nicht, jemandem zu verletzen, aber ich muss ganz klar die Tatsachen erklären, um das Werk von Generationen zu schützen, die Schweiß, Opfer und sogar häufig die Gesundheit und das Leben für die Revolution gegeben haben.

Ich hoffe, dass meine Landsleute verstehen, dass die unvermeidbare Arbeit, die die Natur mir in dieser Etappe meines Lebens auferlegte, mich zwingt, vor Freunden und Gegnern das auszudrücken, was ich denke, ohne Ausreden und mit mir vorliegenden moralischen Beweisen, die unwiderlegbar sind. Ich übernehme deshalb die volle Verantwortung für diese Entscheidung, unabhängig davon, welches die Reaktionen und Konsequenzen sein werden.

Die feindlichen Pamphlete werden mich beschuldigen, psychologischen Terror ausgehend von der moralischen Autorität anzuwenden. Das ist absolut nicht so für diejenigen, die sich bewusst sind, dass der echte psychologische und körperliche Terror – mit unendlichem menschlichem und moralischem Leiden für unser Volk – die Rückkehr der imperialen Herrschaft über Kuba wäre. In diesem traurigen Fall würde die Ursache nicht eine fehlende Alphabetisierung oder Mangel an Bildung, sondern der Bewusstseinsmangel sein.

Ich werde mich nie mit der Idee abfinden, dass man aus Egoismus, Selbstgefälligkeit, Eitelkeit und angeblicher Unentbehrlichkeit irgendeines Menschen nach der Macht strebt.

Ich werde meine bescheidene Meinung ausdrücken, solange ich es kann und für notwendig erachte.

Wir, die Lebenden und die Toten, werden weiter kämpfen!

Fidel Castro Ruz
22. April 2008

© 2008 für diese Ausgabe:
Verlag Wiljo Heinen, Berlin
Alle Rechte vorbehalten.

Verlagsanschrift:
Verlag Wiljo Heinen
Franz-Mehring-Platz 1
10243 Berlin

www.verlag-wh.de

Der Verlag dankt der Botschaft der Republik Kuba in Deutschland, namentlich dem Botschafter S.E. Gerardo Peñalver, für die freundschaftliche Unterstützung dieser Veröffentlichung.

Den in diesem Buch verwendeten Texten liegen die offiziellen Übersetzungen des kubanischen ESTI (Equipo de Servicios de Traductores e Intérpretes) zugrunde; diese sind im Internet unter http://www.cuba.cu/gobierno/reflexiones/reflexiones.html abrufbar. In Einzelfällen wurde der Sprachgebrauch angepasst.

Bildnachweis:
Umschlagfoto aus: »Juventud Rebelde – Diario de la Juventud Cubana«, vom 22. September 2007 … Internet: http://www.juventudrebelde.cu/cuba/2007-09-22/fidel-alerta-de-la-crisis-y-fustiga-al-imperialismo

Umschlag und Typographie: Wiljo Heinen
Gesetzt aus der Janson Text.
Druck und Weiterverarbeitung: AJS Spaustuvé, Litauen
Printed in the EU.

ISBN 978-3-939828-32-7

Bibliografische Information der Deutschen Nationalbibliothek
Die Deutsche Nationalbibliothek verzeichnet diese Publikation in der Deutschen Nationalbibliografie; detaillierte bibliografische Daten sind im Internet über http://dnb.d-nb.de abrufbar.

Andere Titel aus unserem Programm

Heinz Langer:

KUBA - Die lebendige Revolution

Heinz Langer, ehemaliger Botschafter der DDR in Kuba, ist ausgewiesener Kenner Lateinamerikas und Kubas.

In diesem faktenreichen Buch hat er zusammengetragen, woraus die kubanische Revolution ihre Kraft schöpft und wie sie lebendig bleibt.

Taschenbuch, 272 Seiten

ISBN 978-3-939828-06-8 12,– €

Eberhard Panitz:

Comandante Che

Die biographische Skizze erzählt eindrucksvoll vom Leben und von den Kämpfen des Ernesto Guevara de la Serna.

Eberhard Panitz traf »den Che« auf einer Reise durch das revolutionäre Kuba im Jahr 1961 in Playa Girón, wo kurz zuvor der von der CIA gesteuerte Versuch einer Invasion stattfand.

Pocketformat, 253 Seiten

ISBN 978-3-939828-12-9 5,– €

Unsere Bücher können Sie im guten Buchhandel beziehen.
Eine Direktbestellung beim Verlag ist u. a.
in unserem Internet-Laden möglich:

www.gutes-lesen.de

Andere Titel aus unserem Programm

Solidaritätskomitee ¡Basta Ya!:

Die USA und der Terror

Der Fall der Cuban 5

Hintergründe zum Fall der zu extremen Haftstrafen verurteilten kubanischen Anti-Terrorkämpfer: Wie die USA bekannte Terroristen schützen und die Menschenrechte mit Füßen treten.

Der Erlös dieses Buches dient der Unterstützung des deutschen Solidaritätskomitees.

Taschenbuch, 95 Seiten

ISBN 978-3-939828-16-7 5,– €

Klaus Huhn:

Massenmord am karibischen Himmel

Oktober 1976: Der Terroranschlag auf den Flug CU 455 mit 73 Toten belegt, wie gnadenlos die USA den Kampf gegen Kuba führen. Klaus Huhn recherchierte nach und erinnert an den Massenmord und dessen Hintermänner.

Taschenbuch, 94 Seiten

ISBN 978-3-939828-26-6 5,50 €

Unsere Bücher können Sie im guten Buchhandel beziehen.
Eine Direktbestellung beim Verlag ist u. a.
in unserem Internet-Laden möglich:

www.gutes-lesen.de